Collana

TEORIA E STORIA DELL'EDUCAZIONE

diretta da

Giorgio Chiosso, Simonetta Polenghi, Roberto Sani

Carlo M. Fedeli (ed.)

Un'altra scuola

Quattro questioni aperte, un'unica sfida

SOCIETÀ EDITRICE INTERNAZIONALE - TORINO

www.seieditrice.com

Prima edizione: 2013

Ristampa
0 1 2 3 4 5 6 7 8 9 10
2013 2014 2015 2016 2017 2018

Stampatre - Torino

Indice

Introduzione

di Giorgio Chiosso

> "La storia dell'istruzione ha conosciuto molti periodi critici durante i quali diveniva evidente che premesse e strategie collaudate e apparentemente affidabili non facevano più presa sulla realtà e richiedevano una revisione e riforma.
> L'attuale crisi, tuttavia, appare diversa da quelle del passato.
> Le sfide odierne assestano duri colpi all'essenza stessa dell'idea di istruzione così come si era formata agli inizi della lunga storia della civiltà: esse chiamano in questione le invarianti di quell'idea, le caratteristiche costitutive dell'istruzione che avevano resistito a tutte le sfide passate ed erano emerse intatte da tutte le crisi precedenti".
>
> (Z. Bauman, *Capitalismo parassitario*, Roma-Bari, Laterza, 2009, p. 37)

Il punto di partenza di questo libro è precisamente quello disegnato nella citazione di Zygmunt Bauman e cioè la constatazione di una crisi della scuola molto diversa da quelle del passato, lo scopo quello di interrogarsi sui suoi possibili sviluppi ed esiti. Nella convinzione che per centrare questo obiettivo non bastano le analisi degli specialisti di politica scolastica e degli studiosi di questioni educative e che occorre uno sforzo di comprensione a largo spettro culturale, il volume presenta una serie di saggi di cui sono autori studiosi di varia estrazione e formazione: sociologi, pedagogisti, esperti di politiche formative, filosofi, giuristi.

A essi è stato chiesto di approfondire quattro questioni strategiche per capire se e a quali condizioni è possibile «un'altra scuola»: l'impiego delle nuove tecnologie, il rapporto tra contenuti e competenze, il governo della scuola, la gestione della multiculturalità scolastica. Si tratta di temi su cui non mancano certo approfondite analisi e autorevoli riflessioni, spesso tuttavia circoscritte tra gli addetti ai lavori.

Nell'opinione pubblica hanno avuto e hanno invece ampia risonanza, in specie negli ultimi anni, alcuni acidi *pamphlets* sulla incapacità della scuola italiana di stare al passo dei tempi e, in fondo, sulla sua sostanziale mediocrità. Molti interventi non hanno però oltrepassato il sensazionalismo contingente e la reazione immediata alle riforme (o presunte tali) che si sono succedute negli ultimi due decenni.

L'intento dei contributi che seguono è quello di colmare, per quanto possibile, per l'appunto lo scarto tra l'analisi degli specialisti e il pubblico dei non addetti ai lavori.

A parziale giustificazione della fragilità di molte analisi stanno le ragioni legate alla complessità del fenomeno scolastico. La prima è certamente dovuta alle sue dimensioni. Tra quanti vi operano professionalmente (insegnanti e personale amministrativo, per un totale di circa un milione di dipendenti) e gli alunni che la frequentano (oltre sette milioni, con relativi parenti interessati al profitto scolastico), si può stimare che almeno un italiano su due abbia quotidianamente un diretto contatto con la scuola.

Governare un sistema così imponente è sempre più difficile e neppure l'autonomia delle scuole sembra aver risolto le criticità del sistema scolastico nazionale. Soltanto l'assistenza sanitaria è paragonabile per ampiezza, complessità e capillarità al servizio scolastico.

Ci sono poi i costi dell'istruzione a tenere desta l'attenzione. Anche in quest'ottica non è esagerato dire che la scuola costituisce un aspetto vitale e centrale della realtà sociale. La ricaduta della spesa scolastica sul bilancio dello Stato e delle amministrazioni locali è notevole (per quanto in larga parte destinata al pagamento degli stipendi) e si aggiunge ai costi, più molecolarmente sparsi ma non meno incidenti, che toccano da vicino le tasche delle famiglie (basta pensare anche solo ai libri e al materiale necessario per le esercitazioni). A fronte di tali ingenti risorse necessarie per il servizio scolastico comincia a circolare l'interrogativo se i sistemi politici potranno reggere a lungo le crescenti spese dell'istruzione pubblica.

Non si possono infine tacere le diverse concezioni culturali e pedagogiche che sulla scuola e sul suo ruolo sociale si confrontano, né più né meno che in passato, anche se le visioni ideologiche in prima apparenza non sono più così totalizzanti come qualche decennio orsono.

Marcate differenze segnano il campo della discussione: accanto a chi concepisce la scuola soprattutto come un luogo di «istruzione» funzionale al mondo produttivo stanno coloro che, invece, la pensano anche come un luogo di «educazione». E quando questa parola è accettata, non sempre è facile definirne le caratteristiche peculiari: se centrata sulla crescita della persona oppure se vista in funzione della partecipazione alla vita sociale e produttiva («qualcuno» o «qualcosa»?)[1], se ordinata secondo valori comuni oppure se orientata principalmente alla realizzazione soggettivistica del sé.

I pochi cenni che abbiamo fin qui fatti documentano come il territorio scolastico sia un terreno di complessa esplorazione. Interrogarsi sul futuro della scuola e in specie se sia possibile «un'altra scuola» – come suggerisce il titolo del libro – appare, dunque, alquanto ambizioso. Nelle pagine che seguono il lettore non troverà soluzioni preconfezionate e tanto meno magiche proposte di «riforma», ma semplici spunti per comprendere l'ampiezza e complessità del tema considerato in rapporto a un futuro probabilmente molto diverso dal passato.

Dal modello ottocentesco a «un'altra scuola»

Intorno all'ipotesi di «un'altra scuola» il dibattito tra gli studiosi di questioni educative e di politiche dell'istruzione è apertissimo. La ricerca di una scuola più efficace e meno onerosa dal punto di vista economico è, poi, una costante nell'agenda delle politiche dell'Occidente avanzato. É diffusa la convinzione che la gloriosa stagione avviata tra età dei Lumi e età napoleonica con la creazione dei moderni sistemi scolastici, quali quelli che noi conosciamo, sia entrata nella fase crepuscolare, anche se è difficile stabilire quanto essa potrebbe prolungarsi. Il modello scolastico ottocentesco sarebbe insomma ormai esaurito, almeno nei suoi presupposti fondamentali.

1. E. Spaemann, *Persone. Sulla differenza tra «qualcosa» e «qualcuno»*, Roma-Bari, Laterza, 2005.

Come è risaputo tale modello si basava su tre princìpi fondamentali: l'inderogabile necessità della padronanza degli strumenti essenziali dell'alfabetismo elementare (leggere, scrivere e far di conto) con l'introduzione dell'obbligo di istruzione; la concezione laica dell'educazione scolastica assicurata da un'etica razionale (anche se non irreligiosa) alternativa alla morale fondata su princìpi religiosi; la veicolazione dei modelli pedagogici propri della società borghese come l'intraprendenza personale, la meritocrazia, la lealtà verso l'ordine sociale, il decoro e la privatezza personali.

Questi tre princìpi erano funzionali a una società organica sotto il profilo politico e gerarchizzata dal punto di vista sociale, ordinata intorno a un baricentro di valori largamente condiviso, che mentre prevedeva un minimo di istruzione necessaria per tutti, riservava i titoli di studio non solo più elevati, ma anche quelli intermedi, soltanto ai migliori.

La successiva evoluzione dall'idea liberale a quella democratica di scuola – fenomeno che si compie specialmente intorno alla metà del XX secolo, quale sviluppo del modello ottocentesco – rende più diffusa e facilmente fruibile la scuola, senza tuttavia scalfire la sostanza del modello se non in un punto. Per contrastare l'ineguaglianza e nel tentativo di dar vita a una democrazia matura (e non solo formale) al minimo di istruzione della tradizione casatiano-gentiliana si sostituisce infatti una scuola lunga e aperta, non più ordinata intorno al principio meritocratico, frequentata dalla stragrande maggioranza (per non dire la quasi totalità) dei giovani in età 16-18 anni. È questa la prima incrinatura (nutrita dell'illusione che la scuola possa rettificare le inequità sociali[2]) che mette in discussione il modello ottocentesco sotto il profilo del ruolo sociale della scuola.

Sul versante dell'organizzazione scolastica e didattica esso ha invece dimostrato una tenuta invidiabile. Nonostante le suggestioni introdotte dalle pedagogie attivistiche dei primi decenni del secolo scorso nel dibattito scolastico con le innovazioni promosse da parte di piccoli gruppi di scuole progressiste (piani

2. N. Bottani, *Requiem per la scuola? Ripensare il futuro dell'istruzione*, Bologna, il Mulino, 2013, in specie il secondo capitolo.

individualizzati, lavoro cooperativo, apprendimento mediato da specifici sussidi didattici, indissolubilità docente-disciplina insegnata), l'organizzazione delle scuole e lo svolgimento delle attività didattica restano – nella sostanza e soprattutto negli istituti secondari – quelle collaudate da secoli di esperienza: classi costituite secondo l'età degli alunni, orario delle lezioni rigido, dominio della lezione frontale, alternanza di spiegazioni e interrogazioni. I notevoli cambiamenti intervenuti nella vita sociale e nel costume non hanno modificato se non in minima parte le prassi tradizionalmente in uso.

Nella migliore delle ipotesi si può riconoscere che le tesi elaborate a partire dagli anni '60 sulla formazione da alimentare lungo il corso della vita, la necessità di regolare la massa di informazioni che gli allievi accumulano all'esterno attraverso i media e più recentemente la rete web e un certo permissivismo che ha indebolito il principio di autorità in nome di un mix psico-politico, la frequenza generalizzata hanno parzialmente eroso, ma certamente non oltrepassato, il modello ottocentesco.

La sensazione di obsolescenza che circonda oggi il pluricentenario impianto non può farci scordare quanto di positivo esso ha prodotto. Nessuna altra epoca storica ha conosciuto una diffusione della conoscenza come quella ricompresa tra il XIX e il XX secolo. I governi hanno investito nell'istruzione risorse inimmaginabili in passato; i giovani di oggi sono molto più istruiti dei loro nonni; le donne hanno raggiunto livelli scolastici fino a qualche decennio orsono prerogativa dei soli uomini; l'attenzione verso i minori è nettamente aumentata e le attività educative a essi destinati sono assai più numerose ed efficaci rispetto anche solo a cinquant'anni orsono.

Al tempo stesso sono davanti agli occhi di tutti alcuni evidenti limiti. Non sono poche, infatti, le difficoltà entro cui si dibattono i sistemi scolastici del nostro tempo e tante risorse economiche investite nell'istruzione sembrano non aver portato tutti i frutti che sarebbe stato lecito attendersi.

Anche in Italia il 30% circa, per esempio, dei giovani che ha frequentato regolarmente la scuola per una decina di anni non è in grado di comprendere ciò che legge ed è in seria difficoltà a scrivere una breve frase. Il titolo di studio non è garanzia di mobilità sociale: molti studenti provenienti da ambienti socioeconomici modesti non riescono a far rendere il titolo di studio per migliorare la loro posizione sociale, dando ragione a quanti hanno teorizzato la scuola come un luogo di automatico processo di riproduzione delle stratificazioni sociali. Un rilevante numero di ragazzi abbandona la scuola, non si preoccupa di proseguire, anche in altre sedi, la propria formazione e va a ingrossare il numero di quanti sono destinati a restare ai margini della società della conoscenza.

Neppure sul piano dell'educazione etico-civile la scuola sembra avere compiutamente assolto ai compiti che la società liberale le aveva a suo tempo assegnato. Il persistere e in qualche caso addirittura l'estendersi di fenomeni come il bullismo, gli atti di teppismo, lo scarso senso della cosa pubblica, le nostalgie per ideologie totalitarie, l'intolleranza verso la diversità culturale e religiosa sono altrettanti aspetti della debolezza della scuola nella formazione etica degli studenti, anche se ovviamente non si possono imputare soltanto alla scuola responsabilità che toccano anche la famiglia, la politica, i media, certi stili di vita.

Questi dati problematici, associati alla spietata concorrenza informativa e formativa che giunge attraverso la rete e, più ampiamente, mediata dalla realtà extrascolastica e dalla pluralità degli stili di vita, possono essere ragionevolmente presi come sintomi di una realtà scolastica che fa molta fatica a soddisfare, come invece accadeva più agevolmente in passato, i compiti che le sono attribuiti. Lo confermano, del resto, l'esperienza quotidiana di insegnanti delusi[3] e stressati e di allievi annoiati e svogliati.

Dopo aver a lungo risposto alle esigenze etiche, sociali e produttive il modello scolastico sorto due secoli ora mostra la corda. È perciò del tutto comprensibile si sia aperta la discussione, per l'appunto, intorno a una possibile «altra scuola».

3. Rinvio al riguardo alle numerose ed efficaci riflessioni contenute in A.M. Mariani, *La scuola può fare molto ma non può fare tutto*, Torino, SEI, 2006 e, con un approccio più psicologico, in G. Blandino, *Quando insegnare non è più un piacere. Proposte per insegnanti e formatori*, Milano, Raffaello Cortina, 2008.

Le proposte radicali (una contro l'altra)

Nelle considerazioni che seguono[4] cercherò di delineare le tesi in campo, muovendo dalle due che si contrappongono radicalmente: chi ritiene che sia sufficiente far funzionare bene «questa scuola» senza pensare a «un'altra scuola» *vs.* chi, al contrario, ritiene che l'avvento delle nuove tecnologie e, più generale, gli stili di vita della società della conoscenza segnati dalla rapidità dell'informazione e dalla globalizzazione, stiano irreversibilmente modificando i processi di apprendimento al punto da rendere obsoleta la scuola tradizionale[5].

Esiste un'ampia parte del mondo scolastico – soprattutto composta da insegnanti, ma anche da molte famiglie – che non avverte alcun bisogno di una scuola diversa da quella che ben conosciamo e che, anzi, apertamente diffida di chi si mette su questa strada. Basterebbe, si dice, far funzionare in modo efficace quella che abbiamo. Nel caso si dovesse rendere necessario qualche intervento migliorativo esso andrebbe preferenzialmente attinto dalla consolidata tradizione scolastica del passato. In forma più o meno esplicita le regole e i valori che connotavano la scuola tradizionale – severità, rigore, disciplina, riconoscimento sociale ed economico del valore degli studi – dovrebbero rappresentare la bussola anche per la scuola di domani. Tre le vie privilegiate per recuperare il prestigio di un tempo: il ritorno a una pedagogia «basata sui contenuti», il rilancio del criterio meritocratico, la concorrenza tra le scuole.

La scuola potrebbe ritrovare l'antico splendore, in altre parole, presentandosi come istituzione deputata a una solida trasmissione

4. Nella parte che segue ho tenuto presenti soprattutto i seguenti testi: R. Miller, T. Bentley, *Possible Futures: Four Scenarios for Schooling in 2030*, Nottingham, National College for School Leadership, 2003; Ceri-Ocse, *Personalizzare l'insegnamento*, Bologna, il Mulino, 2008; V. Campione, S. Tagliagambe, *Saper fare scuola. Il triangolo che non c'è*, Torino, Einaudi, 2008; Fondazione Giovanni Agnelli, *Rapporto sulla scuola in Italia 2009*, Roma-Bari, Laterza, 2009; N. Bottani, A.M. Poggi, C. Mandrile, *Un giorno di scuola nel 2020. Un cambiamento è possibile?*, Bologna, il Mulino, 2010. Numerosi spunti ho raccolto nei saggi ospitati sulla rivista «Scuola democratica».

5. Rinvio agli argomenti presentati in F. Antinucci, *La scuola si è rotta. Perché cambiano i modi di apprendere*, Roma-Bari, Laterza, 2001; G. Biondi, *La scuola dopo le nuove tecnologie*, Milano, Apogeo, 2007.

culturale congiunta a una rinnovata funzione selettiva[6]. L'unica concessione alle novità del nostro tempo (non da parte di tutti, ma da una significativa maggioranza) riguarda la necessità dell'aggiornamento dei contenuti dell'insegnamento con uno spazio maggiore riservato alla cultura scientifica rispetto al prevalere di quella umanistica.

Specularmente opposte si configurano le tesi di quanti guardano alle potenzialità offerte dalla società dell'informazione. La diffusione delle tecnologie, della rete e la sua flessibilità, l'ampiezza delle risorse disponibili nel web, la facilità al loro accesso, la naturale propensione dei bambini e dei ragazzi all'esplorazione a alla scoperta sarebbero la piattaforma di partenza per procedere alla radicale ristrutturazione sia dell'apprendimento individuale (non più di tipo trasmissivo, ma a impianto costruttivista), sia della stessa organizzazione dei luoghi ove si svolge l'apprendimento.

Secondo alcune esperienze (come quelle compiute da Sugata Mitra note come *Hole in the Wall* («il buco nel muro») gli alunni posti nella condizione di apprendere da soli utilizzando le tecnologie info telematiche e sostenuti da gruppi di adulti volontari cui rivolgersi in caso di bisogno ottengono risultati molto più soddisfacenti dei loro compagni che apprendono nelle classi normali.

«Un'altra scuola» dovrebbe perciò abbandonare tutte le caratteristiche tradizionali e diventare una «non scuola», dai locali al ruolo e alla funzione degli insegnanti, assumendo semplicemente le caratteristiche di un «ambiente d'apprendimento autorganizzato».

Meno destrutturate, ma ugualmente in linea con i processi di dematerializzazione della scuola, sono le scuole virtuali già attive in alcune parti degli Stati Uniti. Si tratta di scuole senza sede, senza aule, senza classi nelle quali l'apprendimento è interamente *on line*. Gli allievi possono seguire i loro ritmi, da soli o in gruppo. Si studia quando e come si vuole con la supervisione e il monitoraggio assicurato da appositi tutor e da periodiche prove di vario tipo, anch'esse spesso *on line*. Si tratta del tentativo di trasferire

6. Emblematico documento in questa direzione può essere considerato il volume, dalla buona fortuna editoriale (e peraltro oggetto di molte discussioni), di R. Abravanel, *Meritocrazia. Quattro proposte concrete per valorizzare il talento e rendere il nostro Paese più ricco e più giusto*, Milano, Garzanti, 2008.

anche a livello dei bambini e degli adolescenti pratiche didattiche peraltro già da tempo in uso nella formazione in rete destinata agli adulti e da qualche tempo sviluppate in modo diffuso a livello universitario con i *Massive Open Online courses*[7].

Se proprio si volesse assicurare la presenza della figura dell'insegnante, la tecnologia già oggi consente di proiettarne l'immagine a grandezza naturale, in formato tridimensionale, indistinguibile da una persona reale. Il docente si trova fisicamente in un luogo dove, a sua volta, si trova di fronte ai suoi allievi anch'essi in immagine tridimensionale. Entrambi si possono ascoltare in tempo reale e a pieno spettro. Secondo Mitra – che intende così rispondere alle osservazioni di chi lamenta la spersonalizzazione dell'apprendimento *on line* – la tecnologia è in grado di «produrre risultati di apprendimento identici all'interazione in aula. Una configurazione siffatta cancellerebbe qualsiasi differenza esistente tra insegnamento virtuale e insegnamento reale»[8].

Le proposte riformiste

Tra i «conservatori» e i «rivoluzionari» si raccoglie un'ampia gamma di opzioni riformiste: convinti sostenitori della validità delle procedure standardizzate quale garanzia della qualità dell'istruzione; tenaci promotori del cosiddetto «policentrismo forma-

7. I *Massive Open Online courses* (MOOCs, Corsi aperti *on line* su larga scala) sono dei corsi (per ora di carattere in prevalenza scientifico e informatico) di livello superiore che si stanno moltiplicando in specie negli Stati Uniti dove alcune tra le maggiori università (Stanford, Harvard, M.I.T., Yale, Princeton, l'università di Pennsylvania e Duke) si sono lanciate in questo campo e hanno messo a punto molteplici programmi *on-line* che si possono seguire gratuitamente a distanza, in tutte le parti del mondo. Gli studenti iscritti devono visionare una cortissima lezione video (della durata di 10- 15 minuti circa al massimo), svolgono compiti assegnati *on-line*, compiti valutati dagli altri studenti mediante la creazione di comunità di apprendimento, oppure da computer. Fino a ora nessuna università riconosce i certificati rilasciati a coloro che seguono corsi MOOCs. Nondimeno le modalità di verifica degli apprendimenti da parte delle applicazioni MOOCs è uno degli aspetti più rilevanti e più salienti dell'evoluzione attuale.

8. S. Mitra, *Istruzione scolastica alternativa: modelli di apprendimento aut organizzato*, in N. Bottani, A.M. Poggi, C. Mandrile (edd.), *Un giorno di scuola nel 2020*, cit., p. 106.

tivo» nel cui modello la scuola costituisce uno soltanto degli attori educativi e infine appassionati cultori dell'autonomia delle scuole e delle pratiche personalizzanti.

Il primo caso che prendiamo in esame è la scuola disegnata da quelli che potremmo definire i «proceduralisti». Secondo i sostenitori di questa tesi il punto debole della scuola contemporanea – ed è, beninteso, difficile dar loro torto, come del resto abbiamo già segnalato – non risiede nel modello pedagogico, ma nella sproporzione tra le risorse investite nell'istruzione e i risultati poco soddisfacenti. Occorre perciò agire nel senso della ottimizzazione dell'azione di insegnamento/apprendimento in modo da centrare, sulla base di inoppugnabili dati quantitativi, l'obiettivo della «scuola efficace» (*School Effectiveness*), obiettivo da perseguire mediante il miglioramento delle scuole stesse (*School Improvement*)[9]. Quanto più la scuola sa darsi rigorosi protocolli di programmazione in termini di tempi e pratiche cognitive e rigorose prassi di misurazione quantitativa/qualitativa, tanto più è posta nelle condizioni di migliorare la qualità sia del servizio scolastico, sia della prestazione individuale.

La competenza decisiva per assicurare l'efficacia degli apprendimenti passa in tal modo non solo dagli insegnanti agli analisti e agli specialisti nella programmazione organizzativa e della misurazione delle prestazioni singole e collettive dei diversi attori scolastici, ma dal Ministero alle Agenzie di valutazione (nel caso italiano l'Invalsi) che assumono, nella sostanza, la fisionomia di regolatori dell'istruzione pubblica. Una svolta che azzera due secoli di centralismo ministeriale per sostituirlo con un neocentralismo tecnocratico. Il punto di massima estensione di questa impostazione è rappresentato dall'identificazione della qualità dell'apprendimento con i risultati delle prestazioni standardizzate.

9. Le tesi della *School Effectiveness* si basano su modelli costruiti con tecniche di analisi quantitative allo scopo di stabilire le variabili che a diversi livelli, condizionano gli apprendimenti e stimarne l'impatto sui risultati. I sostenitori della *School Improvement* sono interessati invece principalmente a indagare le strategie utili per favorire risultati scolastici migliori. Le due posizioni, concettualmente in antitesi – una di natura quantitativa, l'altra qualitativa – interagiscono nella messa a punto delle iniziative di miglioramento scolastico. Ved. J. Scheerens, *Effectiveness schooling. Research, theory and practice*, London, Cassell, 1992 e *Improving School Effectiveness. Fundamentals of Edutional Planning*, Paris, Unesco, 2000.

La stesura di apposite graduatorie tra sistemi scolastici, scuole o semplici classi con cui spesso si concludono le rilevazioni (per esempio il celeberrimo progetto PISA) riflette, per l'appunto, questo approccio in cui s'intrecciano la dimensione quantitativa e, per quanto consentito dalle rilevazioni standardizzate, anche quella qualitativa. Per disporre di «un'altra scuola» secondo i «proceduralisti» sarebbe necessario attivare buone prassi di monitoraggio/valutazione allo scopo di tenere sotto controllo i costi della scuola, la sua organizzazione e, naturalmente, la qualità degli apprendimenti[10].

I dati raccolti attraverso le procedure andrebbero visti, a loro volta, non come fini a se stessi, ma finalizzati a incentivare nelle scuole e tra gli insegnanti comportamenti virtuosi in grado di replicare le buone pratiche e annullare o, per lo meno, contenere quelle negative.

Con i «proceduralisti» i sostenitori del policentrismo formativo – e passiamo così a un'altra proposta – condividono l'idea di scuola interattiva con il mondo produttivo ed economico. Il loro giudizio sulla scuola è tuttavia più critico e alla sua tradizionale centralità sociale i «policentristi» oppongono la necessità di tenere conto e di valorizzare la varietà di luoghi, di esperienze, di sollecitazioni entro cui maturano gli apprendimenti.

Si tratterebbe, dunque, di ripensare tempi, modalità e luoghi dell'apprendimento e della socializzazione educativa. Il proposito non è quello di dar vita a «un'altra scuola», ma di andare oltre la nozione stessa di «scuola» nel senso della creazione di un insieme sistemico di opportunità formative da realizzare mediante l'interazione tra le diverse articolazioni del sistema d'istruzione e di formazione (scuola, formazione professionale, aziende, agenzie formative).

In tal senso sono orientati, in specie a partire dagli anni '90, i più significativi documenti dell'Unione Europea fino al momento più importane di questa strategia costituito dagli accordi di Lisbona del marzo del 2000 quando il Consiglio Europeo adottò l'obiet-

10. Nell'immensa letteratura che negli ultimi anni è stata prodotta in materia di monitoraggio, misurazione e valutazione delle scuole merita una segnalazione per la capacità di restituire la varietà degli scenari e delle prospettive il volume curato da N. Bottani e D. Checchi, *La sfida della valutazione*, Bologna, il Mulino, 2012.

tivo primario di «diventare l'economia basata sulla conoscenza più competitiva e dinamica del mondo, in grado di realizzare una crescita economica sostenibile con nuovi e migliori posti di lavoro e una maggiore coesione sociale».

Per assicurare a questo progetto qualche *chance* di successo, andrebbero superati l'antica tradizione di diffidenza della scuola nei confronti di tutto ciò che sfugge alla sua certificazione e i pregiudizi verso il lavoro come attività a basso contenuto culturale. Se con il modello scuolacentrico si pensava che le scuole fossero in grado di rielaborare in modo autonomo e autosufficiente la varietà del reale attraverso criteri pedagogici e formativi capaci di introdurre i giovani alle esperienze adulte, questa soluzione oggi sarebbe di ardua, se non addirittura impossibile praticabilità.

I «policentristi» non intendono sottovalutare la potenzialità intellettuale delle scuole. Essi invitano però a guardare all'esperienza scolastica non come a una presuntuosa enciclopedia in grado di far fronte a ogni esigenza, ma a una sede di ripensamento critico e di rielaborazione sistematica anche (di certo non solo) di esperienze compiute all'esterno del sistema scolastico tradizionalmente inteso. Neppure si può pensare – cedendo all'errore opposto – che gli ambienti di apprendimento extrascolastici possano surrogare o addirittura sostituire la scuola.

Il futuro della scuola sarebbe insomma segnato dall'equidistanza verso la descolarizzazione e, al tempo stesso, verso la semplice conservazione dello *status quo*. L'invito è quello di ragionare pragmaticamente in termini sistemici e valorizzare i nessi e le opportunità poste a disposizione dai contesti sociali così da individuare quei punti di contatto e le intersezioni utili per creare un circolo virtuoso al servizio dell'educazione[11].

Una terza ipotesi, infine, è quella prospettata da quanti riten-

11. La strategia dell'integrazione delle risorse e delle opportunità educative – alla base del policentrismo formativo – non ha finora incontrato, almeno nel nostro Paese (a differenza di quanto è accaduto altrove), l'attenzione che merita, nonostante il sostegno di alcuni significativi rapporti internazionali fin dai primi anni '70 (in particolare il già ricordato rapporto *Apprendre à être*, e quello, meno noto, ma altrettanto importante, legato al nome di Clark Kerr, *Educazione e lavoro nella società moderna*) e, per quanto riguarda l'Italia, degli studi e delle ricerche condotte soprattutto in alcuni ambienti universitari, nel mondo imprenditoriale e nei settori della formazione professionale.

gono che «un'altra scuola» si possa costituire intorno ai due princìpi della sussidiarietà e della personalizzazione.

Allo Stato che governa la scuola secondo un modello uniforme, sovrintende al suo funzionamento e gestisce le scuole, si dovrebbe sostituire la rete delle comunità locali impegnate a rispondere alle esigenze educative secondo soluzioni differenziate, in linea con i bisogni espressi nelle varie, diverse e specifiche situazioni. Senza neutralizzare lo Stato che dovrebbe comunque conservare alcune prerogative di carattere generale (e dunque in una prospettiva del tutto diversa da quella del liberismo scolastico puro, favorevole alla concorrenza di mercato), andrebbe riconosciuta una pluralità di centri scolastici dotati di larga autonomia, intermedi tra la società civile e lo Stato stesso.

L'autonomia delle scuole organizzata in rete[12] costituisce un passaggio nodale. Essa affida alla capacità della scuola di lavorare nell'ottica della «responsabilità condivisa», coinvolgendo nel suo progetto soggetti terzi a vario titolo impegnati a unire le proprie forze (famiglie, associazioni, mondo produttivo, comunità religiose, ecc.). Insomma una strategia incentrata su un'«alleanza educativa» costruita sulla pluralità di soggetti sociali interessati al miglior funzionamento delle scuole. Gli interventi sono infatti più incisivi quando vedono coinvolti più attori che agiscono in modo organico e, dunque, secondo un progetto.

La forza della rete dipende non soltanto da strutture esterne all'individuo, ma è fatta anche e soprattutto di relazioni tra persone. Il sistema non funziona perciò in modo impersonale: le reti si basano sulla capacità di agire in forme interconnettive tra gruppi,

12. Per la sua definizione ci avvaliamo dell'efficace descrizione di Norbert Elias: "Una rete è composta da molti fili legati l'uno all'altro. Tuttavia né la totalità di questo intreccio, né la forma che in esso ottiene il singolo filo possono essere comprese rifacendosi a un unico filo o anche a tutti i fili presi ognuno per sé, ma esclusivamente al loro legame, al loro rapporto reciproco. Da questo legame deriva un sistema di tensioni il cui ordine si comunica a ciascun filo, ma a ciascuno in modo differenziato a seconda della posizione e della funzione che ciascuno ha nell'insieme dell'intreccio. La forma dei fili muta quando mutano la tensione e la struttura dell'intero intreccio. Tuttavia questo intreccio non è altro che un'unione di singoli fili; e all'interno di questa totalità ciascun filo costituisce al tempo stesso un'unità a sé, ha una posizione e una forma peculiari" (N. ELIAS, *La società degli individui*, Bologna, il Mulino, 1990).

persone, organizzazioni. Le reti sono dunque espressione di valori espressi dalle persone che ne fanno parte e promuovono atteggiamenti positivi come la fiducia, la reciprocità, la condivisione delle informazioni, la collaborazione.

Proprio attraverso questi valori (o virtù civiche) transita una rilevante fetta di quel capitale sociale indispensabile perché qualsiasi società si configuri con una propria identità e una propria tradizione.

Questo impianto organizzativo a sua volta dovrebbe sorreggere l'azione pedagogica dell'apprendimento personalizzato[13]. Le pratiche personalizzanti (da tenere ben distinte e da non confondere con le didattiche individualistiche) andrebbero poste all'intersezione della valorizzazione delle potenzialità differenziate degli alunni, delle opportunità offerte dalle tecnologie, delle didattiche impegnate a promuovere trasmissione e costruzione del sapere critico (nel quale si fondono indissociabilmente conoscenze e competenze).

L'idea di base intorno a cui si costituisce la scuola della personalizzazione è infatti di puntare sulla promozione di autonomie personali tanto sul piano degli apprendimenti quanto in ordine alla costruzione del carattere personale. In questo caso la nozione di educazione viene proposta nel suo significato pieno di divenire consapevole e di oltrepassamento, nel senso che qualsiasi intervento educativo presuppone lo scavalcamento personale di un confine a cui si è pervenuti per raggiungere nuovi traguardi ed equilibri.

Occorre perciò spendere tempo per incoraggiare i ragazzi a raccontare a loro modo ciò che hanno appreso, come e perché e a segnalare gli ostacoli formali che hanno dovuto superare. Il loro coinvolgimento personale nelle scelte di ciò che apprendono, del modo di apprenderlo e degli obiettivi che si prefiggono costituiscono le vie maestre per farne dei soggetti capaci di autonomia intellettuale. Più le persone hanno coscienza di ciò che si richiede loro, più si pongono le condizioni perché il loro comportamento sia adeguato alla realtà di vita.

In alternativa alla finalità funzionalistica dell'azione educativa dominata dalla preoccupazione di trovare il metodo perfetto e

13. Ceri-Ocse, *Personalizzare l'insegnamento*, cit.; M.E. Mincu (ed.), *A ciascuno la sua scuola. Teorie, politiche e contesti della personalizzazione*, Torino, sei, 2011.

infallibile al punto che le tecnologie dell'istruzione finiscono per porsi quasi come una nuova ontologia di segno tecno-efficientistico, la personalizzazione è volta prima di tutto ad aprire la via alla valorizzazione di ciò che non è ancora, nel far scoprire il senso di sé come persona umana e sperimentare le vie della libertà, dell'imprevedibilità, della iniziativa personale, della responsabilità.

Mi auguro di aver così fornito il quadro generale entro il quale è possibile procedere alla lettura dei saggi che seguono. Il lettore è ovviamente invitato a tenere conto che, come spesso accade quando si procede per schemi concettuali, la realtà è più complessa e articolata delle loro descrizioni. Perciò le annotazioni fin qui svolte vanno considerate come una mappa orientativa per districarsi nell'impervio territorio nel quale si trova il mondo scolastico di oggi.

Gli autori

Sergio Belardinelli è professore ordinario di Sociologia dei processi culturali nella Facoltà di Scienze Politiche "Roberto Ruffilli" dell'Università di Bologna.

Barbara Bruschi è professore associato presso la Facoltà di Scienze della Formazione dell'Università degli Studi di Torino, dove insegna Tecnologie dell'istruzione e dell'apprendimento e Didattica e media.

Giorgio Chiosso è professore ordinario di Storia dell'educazione e di Pedagogia generale presso la Facoltà di Scienze della Formazione dell'Università degli Studi di Torino.

Costantino Esposito è professore ordinario di Storia della filosofia presso l'Università degli Studi di Bari "Aldo Moro"

Carlo M. Fedeli è ricercatore confermato presso la Facoltà di Scienze della Formazione dell'Università degli Studi di Torino.

Claudio Gentili, autore di numerosi studi sul rapporto tra scuola, formazione e lavoro, è Direttore Education di Confindustria.

Alessandro Perissinotto è scrittore e docente di Teorie e tecniche delle scritture nella Facoltà di Scienze della Formazione dell'Università degli Studi di Torino.

Annamaria Poggi è professore ordinario di Diritto costituzionale nella Facoltà di Giurisprudenza dell'Università degli Studi di Torino.

Milena Santerini è professore ordinario nella Facoltà di Scienze della Formazione dell'Università Cattolica del Sacro Cuore di Milano, dove insegna Pedagogia generale e Pedagogia sociale e interculturale.

Un’altra scuola

Quattro questioni aperte, un’unica sfida

Capitolo primo

Libro e computer: strade antiche e nuove per la formazione culturale

Bibliofilia
Alcune buone ragioni per continuare ad amare i libri e prepararsi all'invasione degli *e-book*

di Alessandro Perissinotto

Sopra i libri proibiti, dimenticati, perduti, nascosti ecc.

Negli ultimi anni, le classifiche di vendita dei romanzi hanno visto ai primi posti opere imperniate sulla ricerca o sulla scoperta di libri dai misteriosi poteri; titoli come *Le figlie del libro perduto* di Katherine Howe (Salani 2009), o *La biblioteca dei libri proibiti* di John Harding (Garzanti 2010) sono sicuramente indicativi di questa tendenza, ma il successo editoriale più evidente (più di otto milioni di copie vendute in tutto il mondo dal 2002 al 2010) è quello di Carlos Ruiz Zafón e del suo *L'ombra del vento* (Mondadori 2004). Ecco, dalle pagine iniziali, alcuni passaggi che chiariscono immediatamente il ruolo dei libri all'interno della narrazione:

> Ricordo ancora il mattino in cui mio padre mi fece conoscere il Cimitero dei Libri Dimenticati [...].
> «Daniel, quello che vedrai oggi non devi raccontarlo a nessuno. Neppure al tuo amico Tomás. A nessuno».
> Ci aprì un ometto con la faccia da uccello rapace e i capelli d'argento. Il suo sguardo si posò su di me, impenetrabile.
> «Buongiorno, Isaac. Questo è mio figlio Daniel» disse mio padre. «Presto compirà undici anni, e un giorno manderà avanti il negozio. Ha l'età giusta per conoscere questo posto».
> Isaac ci invitò a entrare con un lieve cenno del capo. Dall'atrio, immerso in una penombra azzurrina, si intravedevano uno scalone di marmo e un corridoio affrescato con figure di angeli e di creature fantastiche. Seguimmo il guardiano fino a un ampio salone circolare sovrastato da una cupola da cui scendevano lame di luce. Era un tempio tenebroso, un labirinto di ballatoi con scaffali altissimi zeppi di libri, un enorme alveare percorso da tunnel, scalinate, piattaforme e impalcature: una gigantesca biblioteca dalle geometrie impossibili. Guardai mio padre a bocca aperta e lui mi sorrise ammiccando.

«Benvenuto nel Cimitero dei Libri Dimenticati, Daniel».
Sui ballatoi e sulle piattaforme della biblioteca scorsi una dozzina di persone. Alcune si voltarono per salutarci: riconobbi alcuni colleghi di mio padre, librai antiquari come lui. Ai miei occhi di bambino, erano una confraternita di alchimisti che cospirava all'insaputa del mondo. Mio padre si chinò su di me e, guardandomi negli occhi, mi parlò con il tono pacato riservato alle promesse e alle confidenze.
«Questo luogo è un mistero, Daniel, un santuario. Ogni libro, ogni volume che vedi possiede un'anima, l'anima di chi lo ha scritto e di coloro che lo hanno letto, di chi ha vissuto e di chi ha sognato grazie a esso. Ogni volta che un libro cambia proprietario, ogni volta che un nuovo sguardo ne sfiora le pagine, il suo spirito acquista forza. Molti anni fa, quando mio padre mi portò qui per la prima volta, questo luogo era già vecchio, quasi come la città. Nessuno sa con certezza da quanto tempo esista o chi l'abbia creato. Ti posso solo ripetere quello che mi disse mio padre: quando una biblioteca scompare, quando una libreria chiude i battenti, quando un libro viene cancellato dall'oblio, noi, i custodi di questo luogo, facciamo in modo che arrivi qui. E qui i libri che più nessuno ricorda, i libri perduti nel tempo, vivono per sempre, in attesa del giorno in cui potranno tornare nelle mani di un nuovo lettore, di un nuovo spirito. Noi li vendiamo e li compriamo, ma in realtà i libri non ci appartengono mai. Ognuno di questi libri è stato il miglior amico di qualcuno. Adesso hanno soltanto noi, Daniel. Pensi di poter mantenere il segreto?»[1].

È innegabile che in queste opere vi sia un minimo di "ruffianeria letteraria" a fini commerciali: celebrando il valore iniziatico ed esclusivo della lettura, questi testi implicitano una *captatio benevolentiæ* e mandano segnali ai possibili acquirenti. Nondimeno, quello del libro da ritrovare è un autentico *topos* letterario. Come non ricordare che il motore narrativo del *Nome della rosa* è la ricerca del secondo fantomatico libro della *Poetica* di Aristotele? E come non riandare con la mente a due capolavori di Borges: *Il libro di sabbia* e *La biblioteca di Babele?*

Da *La biblioteca di Babele* (1944):

«L'universo (che altri chiama la Biblioteca) si compone d'un numero indefinito, e forse infinito, di gallerie esagonali, con vasti pozzi di ventilazione nel mezzo, bordati di basse ringhiere. Da qualsiasi esagono si vedono i piani superiori e inferiori, interminabilmente. La distribuzione

1. C.R. Zafón, *L'ombra del vento*, Milano, Mondadori, 2006, pp. 7-9.

degli oggetti nelle gallerie è invariabile. Venticinque vasti scaffali, in ragione di cinque per lato, coprono tutti i lati meno uno; la loro altezza, che è quella stessa di ciascun piano, non supera di molto quella d'una biblioteca normale [...].
Come tutti gli uomini della Biblioteca, in gioventù io ho viaggiato; ho peregrinato in cerca di un libro, forse del catalogo dei cataloghi; ora che i miei occhi quasi non possono decifrare ciò che scrivo, mi preparo a morire a poche leghe dall'esagono in cui nacqui [...].
I mistici pretendono di avere, nell'estasi, la rivelazione d'una camera circolare con un gran libro circolare dalla costola continua, che fa il giro completo delle pareti; ma la loro testimonianza è sospetta; le loro parole, oscure. Questo libro ciclico è Dio [...].
Sappiamo anche d'un'altra superstizione di quel tempo: quella dell'Uomo del Libro. In un certo scaffale d'un certo esagono (ragionarono gli uomini) deve esistere un libro che sia la chiave e il compendio perfetto di tutti gli altri: un bibliotecario l'ha letto, ed è simile a un dio»[2].

In una finta chiosa al suo stesso racconto, Borges precisa:

«Letizia Alvarez de Toledo ha osservato che la vastità della biblioteca è inutile: a rigore, basterebbe un solo volume di formato comune, stampato in corpo nove o in corpo dieci, e composto d'un numero infinito di fogli infinitamente sottili (Cavalieri, al principio del secolo XVII, affermò che ogni corpo solido è la sovrapposizione d'un numero infinito di piani). Il maneggio di questo serico vademecum non sarebbe comodo: ogni foglio apparente si sdoppierebbe in altri simili: l'inconcepibile foglio centrale non avrebbe rovescio»[3].

Ed ecco che nel *Libro di sabbia* (1975) quello stesso volume composto da un numero infinito di fogli prende corpo:

«Qualche mese fa, verso l'imbrunire, sentii bussare alla porta. Aprii ed entrò uno sconosciuto.
[...] L'invitai a sedersi. L'uomo rimase in silenzio per qualche istante. Esalava malinconia, come me adesso.
"Vendo bibbie" mi disse.
[...] Ci fu un silenzio e poi mi rispose:
"Non vendo soltanto bibbie. Posso farle vedere un libro sacro che forse le interesserà. L'ho acquistato ai confini di Bikaner".
Aprì la valigia e lo posò sopra il tavolo. Era un volume in ottavo, rilegato

2. J.L. Borges, *Tutte le opere*, Milano, Mondadori, 1984, vol. I, pp. 684-686.
3. Ivi, p. 688.

in tela. Senza dubbio era passato per molte mani. Lo esaminai; il suo insolito peso mi meravigliò. Sul dorso c'era scritto Holy Writ, e sotto Bombay.

[...] Lo aprii a caso. La scrittura mi era sconosciuta. Le pagine, che mi sembravano consumate e di tipografia scadente, erano stampate su due colonne alla maniera di una bibbia. Il testo era fitto ed ordinato in versetti. Sugli angoli superiori delle pagine c'erano numeri arabi. Mi colpì che la pagina pari portasse il numero (mettiamo) 40.514 e la seguente pagina dispari il numero 999. La voltai; l'altro lato aveva un numero di otto cifre. Vi era una piccola illustrazione, come si vede spesso nei dizionari: un'ancora disegnata a penna, come dalla mano maldestra di un bambino.

Fu allora che lo sconosciuto mi disse:

"La guardi bene. Non la vedrà mai più".

C'era una minaccia nell'affermazione, ma non nella voce. Chiusi il volume osservando in che punto lo avevo aperto. Subito dopo lo riaprii. Inutilmente cercai la figura dell'ancora.

[...] Mi disse che si chiamava il Libro di Sabbia, perché quel libro e la sabbia non hanno né principio né fine.

Mi disse di cercare la prima pagina.

Con la mano sinistra sopra il frontespizio, cercai la prima pagina con il pollice quasi incollato all'indice. Tutto fu inutile: tra il frontespizio e la mano si interponevano sempre nuovi fogli. Era come se sorgessero dal libro.

[...] Non è possibile ma è. Il numero di pagine di questo libro è esattamente infinito. Nessuna è la prima, nessuna è l'ultima. Non so perché siano numerate in questo modo arbitrario. Forse per suggerire che i termini di una serie infinita ammettono qualsiasi numero.

[...] Prigioniero del Libro, non uscivo quasi più di casa. Esaminai con una lente il dorso logoro e le copertine, ed esclusi la possibilità di un trucco. Scoprii che le piccole illustrazioni erano distanti duemila pagine l'una dall'altra. Incominciai a registrarle su un taccuino alfabetico, che in poco tempo riempii. Non si ripeterono mai. Di notte, durante i brevi periodi che mi concedeva l'insonnia, sognavo il libro.

Verso la fine dell'estate capii che il libro era mostruoso. [...] Sentii che era un oggetto da incubo, una cosa oscena che infamava e corrompeva la realtà.

Pensai al fuoco, ma ebbi paura che la combustione di un libro infinito fosse altrettanto infinita e soffocasse con il fumo il pianeta.

Ricordai di avere letto che il luogo migliore per nascondere una foglia è un bosco. Prima di andare in pensione lavoravo nella Biblioteca Nazionale, che conserva novecentomila libri; so che a destra del vestibolo

una scala curva si immerge nello scantinato, dove si trovano i periodici e le carte geografiche. Approfittai di una distrazione degli impiegati per perdere il Libro di Sabbia in uno di quegli umidi scaffali. Cercai di non osservare né a che altezza né a che distanza dalla porta.
Provo un po' di sollievo, ma non voglio nemmeno passare per via Mexico»[4].

Che si tratti di libri perduti, di libri dimenticati o addirittura di libri maledetti, che si tratti di modesti scrittori di romanzi popolari o di grandi maestri della letteratura, quello che accomuna i racconti qui citati è un atteggiamento fideistico nei confronti del testo scritto e stampato, una fiducia cieca nei suoi poteri taumaturgici. Non sappiamo dove si nasconda, non sappiamo chi l'abbia scritto, non sappiamo che cosa contenga, ma siamo certi che da qualche parte esiste un libro che ci guarirà dalle malattie del nostro tempo, che ci salverà da questi tempi bui. Addirittura ipotizziamo che esista un libro che rende il suo lettore "come Dio" e un altro, il libro di sabbia (che corrisponde all'intera biblioteca di Babele), che non si limita a essere taumaturgico, ma, nel suo perenne creare se stesso e il proprio universo, diviene addirittura demiurgico. Ovviamente, nessuno di noi, interrogato in proposito, ammetterebbe un tale credo, ma il successo di questa narrativa per così dire "bibliofila" testimonia il nostro amore, il nostro attaccamento culturale verso il libro, un attaccamento culturale frutto di un retaggio religioso: le grandi religioni monoteiste sono anche religioni del libro. L'ebraismo, il cristianesimo e l'islam, che a vario titolo condannano l'idolatria, concedono una singolare deroga proprio per il libro: il libro è feticcio, è reificazione della fede e finanche di Dio e tuttavia, al contrario di quasi tutte le altre forme di materializzazione del divino, è ammesso al culto.

Abbiamo parlato di "materializzazione" ed è questa la parola chiave. Qualsiasi indagine storica sul rapporto tra la materialità della scrittura e il potere della parola scritta ci condurrebbe troppo lontano dai limiti di questo saggio[5], ma, pur limitando l'analisi al periodo che va dall'invenzione della stampa a oggi, può essere

4. Ivi, pp. 648-652.

5. Si può vedere in proposito J.M. Henry, *Storia e potere della scrittura*, Roma, Laterza, 1990.

utile, in questa sede, comprendere le ragioni che legano l'"oggetto libro", e dunque la valenza materiale del testo, al suo prestigio culturale e al suo presunto valore salvifico (o "malefico" a seconda dei punti di vista).

Negli ultimi cinque secoli la tecnologia libraria ha cambiato enormemente i propri processi produttivi, ma ben poco è mutato nel prodotto finito: tra una "cinquecentina" e un moderno libro rilegato, le differenze strutturali sono minime. Dunque, il libro fisicamente inteso, qualunque libro, dalla Bibbia al più corrivo romanzetto d'amore, è garanzia di continuità nella tradizione e dunque, ancora una volta, di prestigio culturale: non è un caso se le collane economiche vendute in edicola seguono i più antichi dettami dell'arte della legatoria come la copertina in pelle (finta) o i titoli in oro.

Ma c'è di più, c'è qualcosa nella forma e nella natura oggettuale del libro e delle biblioteche che scatena l'immaginazione. Il libro è scrigno: sotto una copertina logora o dietro un dorso del tutto anonimo possono nascondersi segreti sconvolgenti, quelle pagine ingiallite possono essere il Santo Graal o la pietra filosofale. Il libro è vaso di Pandora: rimane inoffensivo fino a quando qualcuno decide di aprirlo, da quel momento in poi diventa una bomba che, deflagrando, porta morte ad alcuni e libertà ad altri. E se tutto questo non bastasse a eccitare le fantasie degli uomini, il libro è sì, bomba, ma bomba a orologeria e, al tempo stesso, mina vagante; nei meandri di una biblioteca (in quella dell'Abbazia del *Nome della Rosa*, in quella di Babele, nella Biblioteca Nazionale di Buenos Aires, nella *Biblioteca dei libri proibiti* o nel *Cemeterio de los libros olvidados*) un libro può restare dormiente, nascosto per anni, per secoli, può mimetizzarsi in mezzo a migliaia e migliaia di suoi simili del tutto innocui e poi, casualmente o intenzionalmente attivato, può esplodere in tutta la sua potenza.

Si spiegano così alcune delle ipotesi sulla distruzione della libreria di Alessandria: tanto quelle che ne fanno risalire le cause all'editto dell'imperatore Teodosio e al clima di avversione al sapere pagano che esso generò, quanto quelle che ne attribuiscono la responsabilità allo sceicco Omar e al suo timore che lì fossero contenuti insegnamenti contrari a quelli coranici. Nella *Historia Compendiosa Dynastiarum* di Abu'l Faraj (1226-1286) si racconta che, alla domanda su che cosa fare dei libri della più grande biblioteca del mondo, il califfo Omar rispose: «In quei libri o ci sono cose già presenti nel Corano, o ci sono cose che del Corano non fanno parte: se sono presenti nel Corano sono inutili, se non sono presenti allora sono dannose e vanno distrutte». Nel dubbio si distrugge (e non importa che l'*Historia* dica o meno la verità sulla distruzione della biblioteca, importa il fatto che la presunta risposta di Omar parve, e forse pare ancora, plausibile); e lo stesso principio animerà tutti i roghi di libri della storia successiva, da quelli della Controriforma a quelli delle dittature del XX secolo, fino a quelli futuribili immaginati da Bradbury in *Fahrenheit 451*. Ogni rogo è una piccola "strage degli innocenti" in cui tutti i libri sono condannati per la paura che tra loro, indistinguibili, si nascondano quelli che possono mutare il corso delle cose. E ciò che è paura per gli uni, è speranza per gli altri.

Del perché i libri possono fare paura

In un'epoca in cui le informazioni pericolose per il potere corrono sui fili della rete internet, in cui milioni di telefonini in tutto il mondo sono pronti a riprendere immagini compromettenti e a pubblicarle nei social network, perché mai il libro dovrebbe ancora avere il potere di far paura? Ho provato a rispondere a questo interrogativo in un recente saggio sul *neogiornalismo*[6], pertanto qui non posso che riprendere alcuni di quegli argomenti.

Quando il fatto di cronaca abbandona il giornale per approdare al libro, il testo che lo veicola muta le proprie caratteristiche in termini di: spazio, tempi e modi di fruizione, permanenza, diffusione, indipendenza dai condizionamenti editoriali. Riprendiamo rapidamente i primi tre punti per poi soffermarci su quelli finali.

Spazio. Caduti i vincoli delle "due colonne in cronaca", il testo sintetico si fa analitico, i protagonisti, da semplici etichette fatte di nome ed età, diventano personaggi dotati di spessore psicologico.

6. Cfr. A. Perissinotto, G. Vitiello, *Quando la cronaca diventa romanzo. Note su Lucarelli, Deaglio, Saviano e il "neogiornalismo narrativo"*, in M. Morcellini, *Neogiornalismo*, Milano, Mondadori Università, 2011, pp. 101-110.

IL LIBRO TRASFORMA LA CRONACA IN STORIA

Tempi e modi di fruizione. A una maggiore ampiezza della trattazione corrisponde una lettura più ponderata; non solo i tempi di lettura si dilatano, ma è più grande anche l'intervallo temporale che separa i fatti dal loro racconto.

Permanenza. Si è soliti ripetere che, il giorno successivo alla sua uscita, un quotidiano è utile solo per incartare le uova; questa grossolana affermazione, che va profondamente rivista alla luce delle nuove tecnologie, mantiene però un fondo di verità: seppure conservato sotto forma di memoria elettronica sul web, un articolo di giornale perde rapidamente di attualità. Il libro, invece, non foss'altro che in virtù di una consolidata tradizione, ha uno stato decisamente meno caduco; il libro trasforma, almeno formalmente, la cronaca in storia. Ampliati, analizzati e affidati alla forza perpetuatrice del libro, i fatti di cronaca divengono, a cavallo tra diciannovesimo e ventesimo secolo, la base di una letteratura popolare che consegna alle classi recentemente alfabetizzate letture facili e di grande impatto: così come il sarto di manzoniana memoria nutre la propria immaginazione con le Vite dei santi, così come quell'avido ma ingenuo lettore che è Don Chisciotte si pasce dei racconti di gesta cavalleresche, gli operai e gli artigiani di inizio Novecento consumano ampie raccolte di "Processi celebri" narrati da giornalisti più o meno famosi.

Diffusione. Oggi sono estremamente rari i libri (specie quelli di non-fiction) che riescono a competere con i quotidiani e i periodici quanto a numero di lettori. Questo, se da un lato riduce l'incisività del giornalismo narrativo, dall'altro, come vedremo tra un attimo, ne aumenta le possibilità in termini di indipendenza.

Indipendenza dai condizionamenti editoriali. Quando, nel mondo dell'editoria, parliamo di "indipendenza", abbiamo sempre l'obbligo di usare molta cautela. È però innegabile che, specie nell'Italia degli anni Duemila, l'editoria libraria goda di maggiore libertà dai poteri forti rispetto alla stampa periodica, e questo in ragione del suo minore impatto sui "grandi numeri" e della sua possibilità di operare anche con bassi investimenti. A fronte di un sistema mediatico così radicalmente polarizzato e così fortemente legato ai gruppi di potere politico ed economico, la piccola e la media editoria rappresentano in Italia uno dei pochi canali d'informazione sufficientemente pluralistici.

Riassunto in termini molto semplici, ciò che non si può dire sui giornali e in televisione, si può dire nei libri: i giornalisti lo sanno e si fanno scrittori per superare i limiti imposti dall'autocensura dei periodici; gli scrittori lo sanno e si fanno giornalisti per dare ai loro romanzi la forza della realtà. Nasce così, nel solco del Gide di *Il caso Redureau*, del Simenon di *Ceux de la soif*, e soprattutto del Capote di *A sangue freddo*, il neogiornalismo narrativo, un neogiornalismo che, almeno in Italia, si propone di colmare i vuoti della "storia ufficiale" degli ultimi anni, di curare le amnesie collettive e di collocare fatti sparsi e senza senso in un quadro sistematico e intelligibile.

I libri fanno veramente paura?

Alcuni di quelli che prima abbiamo annoverato tra i punti di forza del libro ne sono anche gli aspetti critici. Mi riferisco in particolare al minore impatto sui "grandi numeri" e alla possibilità di operare anche con bassi investimenti, ma anche alla valenza iniziatica, alla comunità "carbonara" dei lettori cui ho accennato nel primo paragrafo.

I numeri della letteratura sono del tutto ininfluenti nella determinazione delle tendenze sociali. Un autore di successo (se si eccettuano tre o quattro casi editoriali l'anno) vende, nel nostro Paese, non più di duecentomila copie a titolo: in un solo giorno, qualsiasi giornalista di richiamo diffonde il suo pezzo in cinquecentomila copie, in una sola ora, un anchorman televisivo convince dieci milioni di spettatori che niente di quello raccontato nei romanzi allarmistici è vero. Come ho detto, è la *permanenza* il vero *atout* del libro e, in virtù di questa permanenza nella memoria collettiva così come sugli scaffali delle biblioteche, la forza del libro si esprime nel medio-lungo periodo, mentre nel breve termine è innegabile che i grandi numeri dei mass media giornalistici abbiano la meglio: il libro, lo ribadisco, fa paura perché è fuoco che cova sotto la cenere.

Assodato questo fatto (a titolo quasi consolatorio), è inevitabile constatare che, soprattutto in Italia, l'editoria libraria è subalterna rispetto ad altre forme di editoria e, in particolare, rispetto alla comunicazione televisiva. I dati di vendita ci dimostrano che, negli ultimi vent'anni, la quasi totalità degli autori di best seller "made in Italy" ha avuto un preliminare viatico televisivo: i talk show *Maurizio Costanzo Show*, prima, e *Che tempo che fa*, dal 2004 in poi, sono stati il passaggio obbligato verso il successo editoriale. Non importa l'attualità o il valore dell'opera, l'apparizione in una di queste due trasmissioni è sufficiente a scalare le classifiche. Un esempio per tutti: il 1° aprile 2007, Luigi Meneghello, autore di enorme prestigio, ma di scarsissima fama presso il pubblico contemporaneo, è ospite di *Che tempo che fa*; la settimana successiva, il suo *Libera nos a Malo*, uscito quasi quarantacinque anni prima, si colloca ai primi posti nelle vendite della narrativa italiana.

Le conseguenze sono facili da trarre: in un Paese di tardiva alfabetizzazione, in una nazione dove, mediamente, non si legge neppure un libro all'anno e dove, al di là dell'insegnamento della letteratura a scuola, non esiste alcuna forma di educazione alla lettura, il potere del libro è controllato da chi detiene il potere sugli altri media.

In questo senso, anche la relativa indipendenza dalla censura di cui gode l'editoria libraria è un'arma spuntata. So per esperienza diretta (in qualità di scrittore che ha pubblicato presso grandi gruppi editoriali come Rizzoli e Mondadori) che tanto presso i piccoli quanto presso i grandi editori di libri, la libertà di espressione non è quasi mai messa in pericolo, almeno nella sua forma più apparente. Esistono, è vero, casi di vera e propria censura e, nel 2009, fece scalpore il rifiuto che Einaudi oppose alla pubblicazione di alcuni scritti del premio Nobel Saramago poiché in essi si attaccava Silvio Berlusconi che dell'Einaudi, attraverso Mondadori, è il proprietario. In generale però, piuttosto che impedire la pubblicazione di tesi scomode, l'editoria libraria (contrariamente a quella giornalistica, in cui il direttore o il capo redattore esercitano con una certa scioltezza il loro diritto di veto) preferisce operare una "censura del silenzio": il libro viene stampato, ma la sua diffusione resta "confidenziale" e poco importa se questo si tradurrà in un danno economico per l'editore stesso, egli avrà modo di rifarsi con pubblicazioni più commerciali e, a tutela della propria immagine di indipendenza e libertà, potrà vantare la presenza in catalogo di qualche libro controcorrente.

In sociologia si è soliti parlare di "possibilità di accesso" a un certo mezzo di comunicazione di massa: l'accesso, in qualità di mittenti, a media quali la televisione generalista nazionale o la radio dei grandi network è estremamente limitato poiché il *broadcasting* radiotelevisivo è controllato dai grandi gruppi di potere; al contrario, l'accesso alla carta stampata e al libro è molto più ampio dal momento che questi mezzi non richiedono necessariamente grandi investimenti iniziali. Nel caso limite del *self publishing*, cioè della pubblicazione a spese dell'autore, l'investimento va dalle poche decine alle poche migliaia di euro. Dunque, con facile entusiasmo, potremmo affermare che il libro è uno strumento di grande accessibilità e che, pertanto, è un mezzo di comunicazione democratico. Potremmo perfino spingerci oltre e affermare che il libro fa paura proprio in virtù di questa sua valenza democratica. Niente sarebbe più ingenuo. Più ci si allontana dal controllo dei grandi editori e dal loro potere di imporre un certo libro attraverso i canali della diffusione e della promozione televisiva e più la libera espressione delle idee si trasforma in chiacchiericcio inascoltato e inascoltabile, in monologo per un uditorio ristretto in cui i "venticinque lettori" di manzoniana memoria non sono affatto un numero iperbolicamente piccolo.

Sulle mutazioni genetiche del libro

Ho concluso il paragrafo precedente trattando di investimenti editoriali, di *self publishing* e di web e tutto questo conduce a parlare di un sogno che, almeno una volta nella propria vita, ogni scrittore ha accarezzato, il sogno di poter fare a meno degli editori, di poter produrre e diffondere i propri lavori senza bisogno di mediatori. A prima vista, l'*e-book* sembra la realizzazione di questo sogno, ma, prima di capire il perché di quel "sembra", che esprime in maniera tanto marcata il dubbio, è necessario chiarire che cosa sono gli *e-book* e soprattutto che cosa non sono.

Partiamo da una distinzione terminologica: anche se spesso si utilizza *e-book* per definire tanto il libro elettronico quanto il dispositivo atto a leggerlo, giova precisare che quest'ultimo non è un *e-book*, bensì un *e-book reader*; e così, come abbiamo sempre ritenuto opportuno distinguere il "disco" dal "giradischi", dovremo continuare a tenere separati gli *e-book* dai loro *reader*. Un'altra confusione che va poi evitata è quella tra *e-book*, ipertesti e ipermedia. L'ipertesto è un testo non lineare (e il fatto che si trovi o meno su supporto elettronico non è costitutivo del suo status di ipertesto), l'ipermedia è un testo non lineare che include componenti alfabetiche, componenti visive e componenti uditive (e, in alcune sperimentazioni, anche tattili e olfattive), l'*e-book* è un testo perfettamente lineare e del tutto simile al testo stampato su un libro, solo che non è stampato, bensì continuamente "stampabile". L'*e-book* è un libro smaterializzato, cioè non è un libro, ma un testo che per diventare libro, cioè per passare dalla virtualità di un'esistenza elettronica alla concretezza di una fruibilità sensoriale (attraverso la vista oppure attraverso il tatto per i non-vedenti) ha bisogno di un dispositivo, di un attuatore, di una tecnologia. Ed è proprio l'evoluzione tecnologica che rende attuale, all'inizio degli anni Dieci, un "quasi-oggetto" (il testo elettronico) che, in forme non molto diverse da quella odierna, esiste da almeno trent'anni.

Fino alla fine del XX secolo, i testi elettronici erano leggibili solo attraverso il computer e, per chi aveva l'abitudine di leggere a letto, sul tram o in montagna, questo non era certo un limite da poco. Il problema cominciò a essere superato una dozzina di anni fa, attraverso l'introduzione degli *e-book reader* dedicati. In sostanza, si trattava ancora di elaboratori, il cui unico scopo era però la visualizzazione di pagine di testo; la loro superficie, approssimativamente di 12 centimetri di altezza per 8 di larghezza, era quasi interamente occupata da uno schermo a cristalli liquidi, retroilluminato per permettere la lettura anche al buio: nessuna tastiera, se si escludevano due pulsanti per scorrere le pagine avanti e indietro, nessun lettore di dischi, peso oscillante tra i 500 e i 1500 grammi. A quella prima generazione di lettori hanno fatto seguito i dispositivi che allo schermo a LED sostituiscono quello basato sull'*e-ink*. In questi apparecchi, la forma delle lettere che compongono il testo si disegna attraverso minuscole particelle di inchiostro che vengono rese visibili o invisibili a seconda della polarizzazione magnetica che a esse viene data: rispetto ai cristalli liquidi, l'*e-ink* permette una definizione quasi doppia e non affatica la vista perché non emette luce (quindi, proprio come avviene per i libri tradizionali, per leggere di notte occorre accendere una lampada). Ma, a dimostrazione di una certa ciclicità anche nella storia dell'informatica, il fenomeno *e-book* sembra esplodere in concomitanza con l'affermarsi sul mercato dei *tablet* (il più noto è l'*i-pad* della Apple), cioè di dispositivi che non sono espressamente dedicati alla lettura (poiché possono svolgere alcune delle funzioni di un normale computer) e che utilizzano uno schermo a LED. A questi si affiancano poi altri apparecchi di grande diffusione: gli *smart-phone*, cioè i telefoni cellulari dall'ampio schermo che, nelle versioni più recenti, permettono anche la lettura di *e-book*.

Quale che sia la soluzione tecnologica adottata, il tratto comune a tutti gli *e-book reader* è la portabilità, la ripresa delle dimensioni e delle proporzioni tipiche del libro (in particolare del tascabile) e, in taluni casi, anche della gestualità tradizionalmente connessa alla lettura del libro (alcuni sistemi consentono, ad esempio, di "sfogliare" le pagine e, nel passare da una pagina alla successiva, emettono il classico fruscio della carta sfregata). Le uniche dimensioni che differiscono sono lo spessore e il peso: grazie alla sempre maggiore capacità delle memorie informatiche, i sei-sette millimetri e i duecento grammi di un moderno lettore di *e-book* possono ospitare migliaia e migliaia di romanzi, di saggi, di manuali o di enciclopedie, cioè migliaia e migliaia di libri, se, anche in questo caso, vogliamo rimanere affezionati alla confusione terminologica, alla metonimia che sostituisce il contenitore (libro) al contenuto (testo).

Se da un lato vi è dunque qualcosa che accomuna tutti i dispositivi, dall'altro è innegabile che vi sia uno iato profondo tra apparecchi dedicati (gli *e-book reader* veri e propri) e apparecchi "multifunzione" (*i-pad*, *i-phone* ecc.): in quale direzione procederà la tecnologia? Sembra ormai assodato che l'affermazione definitiva del libro elettronico si leghi all'espansione del mercato dei *tablet* e degli *smart-phone*, e occorre quindi ribadire che il percorso virtuoso, nell'ambito della comunicazione digitale, rimane quello della *convergenza*. Se nel recente passato occorreva uno specifico apparecchio per ogni forma di comunicazione (il telefono per le conversazioni a distanza, la radio per l'ascolto dei programmi, la macchina fotografica per riprendere immagini fisse, la telecamera per le immagini in movimento, il giradischi per ascoltare i dischi, il magnetofono per registrare l'audio ecc.), nell'era digitale tutte queste funzioni *convergono* in un solo apparecchio, cioè nel computer e nelle sue declinazioni miniaturizzate che sono appunto il *tablet* e lo *smart-phone*. Condivido dunque l'opinione di quelli che ritengono ormai obsoleti anche i più innovativi *e-book reader* dedicati solo alla lettura: il futuro del libro elettronico è nella convergenza, nell'inclusione in quell'immenso flusso di immagini, di suoni e di parole che controlliamo attraverso un dispositivo tascabile chiamato semplicemente telefonino.

L'ingresso del libro nel mondo della convergenza digitale è gravido di conseguenze sul piano sociale e culturale, ma, prima di procedere a un esame di queste, è importante sottolineare ancora che, almeno per quanto riguarda la produzione letteraria fin qui esistente, il contenitore non influisce affatto sul contenuto: *Guerra e pace*, *Il mulino del Po* e *I Malavoglia* continuano a essere dei romanzi anche quando abbandonano la forma cartacea per approdare a quella elettronica. Contrariamente a quanto avviene con le trasposizioni cinematografiche, teatrali o televisive, la convergenza digitale non impone cambiamenti di linguaggio, ma solo di supporto: i capisaldi della comunicazione letteraria, dalla linearità del significante alla centralità del testo scritto, rimangono immutati.

Quelle che sembrano però destinate a mutare sono le modalità di fruizione del testo e questo, lo sappiamo, alla lunga produrrà trasformazioni anche nella produzione letteraria. Per capire questo fenomeno partiamo ancora una volta dalla convergenza. Il fatto che le videocamere siano oggi integrate nei telefoni cellulari è un dato meramente tecnico, ma il fatto che, in virtù di questa integrazione, milioni di cittadini si trovino oggi costantemente nella condizione di fare un reportage e quindi di dar vita al *citizen journalism* è un dato culturale e sociale. Allo stesso modo, le trasformazioni dell'industria tipografica che, negli anni Trenta, permisero di creare le collane economiche, furono contemporaneamente mutamenti tecnici e sociali, poiché consentirono l'accesso alla lettura da parte degli strati meno abbienti. Qualcosa di simile potrebbe accadere oggi con il passaggio all'*e-book*: liberato dagli oneri derivanti dalla stampa, dal trasporto, dalla conservazione in magazzino, dalla distribuzione, dalla vendita in libreria, dagli invenduti, il libro si dovrebbe alleggerire anche nel prezzo (questo, fino ad ora, è avvenuto solo in parte, dato che il costo di un *e-book* è circa la metà di quello del corrispettivo cartaceo e rilegato e circa tre quarti della relativa edizione tascabile) e dovrebbe così essere più accessibile. In questo senso, una recente legge italiana impone che i libri di testo per la scuola debbano essere in forma mista cartacea ed elettronica.

Ma i cambiamenti non saranno solo di natura economica. Facciamo un parallelo, questa volta con l'industria discografica. Negli ultimi anni di vita dei dischi in vinile, la vendita dei singoli era decisamente marginale rispetto a quella degli album e ciò perché il costo dei 45 giri, che contenevano due brani, era, proporzionalmente, molto più elevato di quello dei 33 giri che di brani ne contenevano mediamente otto: stampare un disco, dotarlo di etichetta, di copertina ecc., aveva, per la casa discografica, costi molto simili per il singolo e per l'album. Oggi invece, la vendita in internet dei brani è svincolata da quella del loro supporto materiale e quindi da alcuni costi fissi d'impianto; per questo motivo, soprattutto le giovani generazioni, tendono ad acquistare singole canzoni piuttosto che interi album e a comporre poi delle personali *playlist*.

Sulla base di una possibile analogia con il mondo della musica, è dunque ipotizzabile che alcuni generi letterari come la poesia o il racconto, che per ragioni tecnico-economiche avevano poco spazio nel mercato dell'editoria tradizionale (è praticamente impossibile pubblicare e vendere in forma cartacea un singolo racconto breve o una singola poesia), trovino nella fruizione rapida su dispositivo portatile un nuovo habitat. Assisteremmo così a un esempio di *rimediazione*[7], cioè di ridefinizione del ruolo di un *medium* maturo a causa dell'introduzione di un nuovo *medium*. Quando la televisione si impose come strumento principe di informazione e di intrattenimento per le famiglie, molti, precipitosamente, annunciarono la morte della radio. I fatti hanno poi dimostrato che, se la TV ha sfrattato i vecchi apparecchi radio dal salotto di casa, la radiofonia, grazie anche all'invenzione del transistor e alla realizzazione di ricevitori sempre più piccoli, ha trovato nuovi spazi (in auto, per strada, nei locali pubblici) e, di conseguenza, nuovi linguaggi. È perciò molto probabile che, per lungo tempo, il libro tradizionale e l'*e-book* si spartiranno il territorio della lettura: sceglieremo il

7. Si veda su questo tema J.D. Bolter, R. Grusin, *Remediation: competizione e integrazione tra media vecchi e nuovi*, Milano, Guerini, 2003.

formato elettronico per i testi di rapida consultazione, per i manuali destinati ad avere vita breve (es. la guida alla dichiarazione dei redditi di un certo anno, la guida all'uso di un certo software ecc.), per i testi di approfondimento giornalistico fortemente legati all'attualità, per la poesia e le narrazioni brevi, mentre per i lunghi romanzi e per le opere che riteniamo abbiano un posto di rilievo nella nostra vita, la nostra scelta potrebbe ancora essere quella del volume cartaceo.

Ma il vero grande passo in avanti per l'intera comunità di chi ama i testi (intesi come strumenti di comunicazione e non come semplici oggetti) è la scomparsa del concetto di "fuori catalogo". Il libro cartaceo è una merce più deperibile di quanto si creda: provando a cercare di acquistare un romanzo o un saggio di una quindicina di anni fa che non sia stato un best-seller, si scopre che non è possibile, che è fuori catalogo, non più disponibile, perduto. Né si può pensare che le case editrici acquistino magazzini grandi come hangar aeroportuali per custodirvi centinaia di copie di tutto ciò che hanno stampato: conservare i libri cartacei costa, conservare i libri elettronici costa molto meno. Non è quindi un caso che molti editori abbiano tra i loro obiettivi quello di immettere nuovamente sul mercato, in forma di *e-book*, i libri ormai non più pubblicati dall'editoria tradizionale. Le grandi banche di dati testuali e gli archivi degli editori elettronici potranno rappresentare per la società prossima ventura ciò che le biblioteche dei monasteri hanno rappresentato nel medioevo: uno straordinario mezzo di conservazione e diffusione del sapere. Se dunque, da un lato, la scomparsa del supporto cartaceo e la smaterializzazione del libro ci turbano come lettori per la perdita di un rapporto immediato tra l'uomo e il segno impresso sulla pagina stampata (su questo torneremo più avanti), dall'altro lato, l'idea di una più completa tutela di quel patrimonio di memoria che sono i testi non può che far gioire chiunque nella sua vita abbia amato anche un solo libro.

A proposito dei rischi delle mutazioni

Terminata l'elencazione delle magnifiche sorti e progressive dell'*e-book* è tempo di lasciar spazio a qualche dubbio, a partire da quello che avevamo annunciato nell'apertura del paragrafo precedente: davvero l'*e-book* consentirà di realizzare il sogno di un canale commerciale diretto tra l'autore e i suoi lettori? Per rispondere a questa domanda dobbiamo capire come cambia la filiera del libro nel passaggio da cartaceo a elettronico.

Sicuramente, l'*e-book* cancella in questa filiera tre dei passaggi più onerosi: la stampa, lo stoccaggio e il trasporto verso il punto vendita. Eliminati dunque la necessità di stampare e i costi fissi connessi alla stampa, l'*e-book* diviene immediatamente disponibile in un numero infinito di copie con un investimento iniziale che, nel caso di un prodotto estremamente curato, con tanto di editing e di progetto grafico, rimane nell'ordine dei 1000-2000 euro. A fronte di un autore che investe mesi o anni di lavoro nella scrittura della propria opera, l'investimento dell'editore appare dunque minimo e questo potrebbe rendere percorribile la strada dell'auto-pubblicazione: dopo aver speso così tante risorse per creare il proprio testo, l'autore potrebbe essere invogliato a fare un piccolo sforzo aggiuntivo e a presentarsi in maniera autonoma sul mercato editoriale. Gli rimane però da affrontare la restante parte della filiera, quella che riguarda la promozione, la distribuzione e la vendita. Attualmente, per i libri cartacei, i costi di distribuzione e di promozione costituiscono circa il 30% del prezzo di copertina; a questi si somma lo sconto librario (cioè il ricavo del libraio) che varia dal 25 al 30%. Con l'*e-book* però i costi di distribuzione sono praticamente azzerati e, nel caso (piuttosto frequente) in cui l'editore decida di vendere direttamente i libri elettronici attraverso il proprio sito internet, si annulla anche lo sconto librario, limitando i costi di vendita alla pura contabilità e alle provvigioni per le carte di credito. Anche questo potrebbe quindi giocare a favore del *self publishing* elettronico.

Rimane un ultimo scoglio da superare, il più importante: la promozione. In altre parole, rimane da chiarire in quale modo l'autore-editore possa far conoscere i propri libri al mercato.

Ed è qui, nel suo ruolo culturale, che l'editore diviene più difficile da sostituire. L'editore (o almeno il "buon" editore) non è solo colui che investe economicamente nel libro, è prima di tutto colui che su un certo libro fa un investimento culturale, cioè colui che ne riconosce il valore e colui che di quel valore si rende garante nei confronti dei lettori. Il prestigio di un editore si riverbera su ciascuna delle opere da lui pubblicate e, per converso, ogni errore, ogni leggerezza, ogni libro non correttamente valutato intacca un po' di quel prestigio e riduce il capitale di credibilità che dell'editore è il vero patrimonio. Ridimensionato dunque il ruolo economico delle case editrici, il compito di queste ultime sarà sempre più quello di garantire la qualità degli *e-book*. Ecco che svanisce il sogno di un mercato del libro senza editori: in un mondo dove milioni di persone saranno economicamente e tecnicamente in grado di pubblicare un *e-book* e di venderlo attraverso il proprio sito, il filtro costituito dagli editori sarà sempre più importante nell'orientamento del lettore. Già oggi, molti lettori acquistano un libro fidandosi della linea editoriale di una certa collana o della fama di un certo editore, domani lo faranno in maniera molto più marcata e gli *e-book* pubblicati autonomamente dai loro autori si perderanno ancora una volta nel rumore di fondo della rete, senza trovare lettori.

Una tale prospettiva potrebbe anche essere guardata con un certo favore: in fondo, a trionfare sul mercato sarebbero gli editori più capaci, quelli in grado di riconoscere il valore letterario e di certificarlo, e non necessariamente quelli che dispongono di un maggior potenziale economico – e questa è democrazia. Ma anche in questo caso bisogna stare attenti alle ingenuità. Il mondo dell'*e-book* è anche un mondo senza librerie e senza librai, un mondo dove mancherà la mediazione finale tra il libro e il suo acquirente, dove mancherà il consiglio disinteressato e individuale. È ciò che accade già oggi con la vendita dei libri cartacei attraverso le grandi librerie on-line (Amazon o IBS in Italia). In questi circuiti (e questo sarà vero a maggior ragione per il libro elettronico) il lettore opera le proprie scelte non più in base alla mediazione del libraio, ma in base ad alcuni precisi fattori: 1) i consigli di lettura che il sistema di vendita fornisce in maniera automatica basandosi su criteri più o meno arbitrari di affinità tra i testi o tra i lettori (ad esempio, per tutti i titoli per i quali esiste un certo smercio, IBS fa comparire a video una finestra dove, sotto la dicitura "Chi ha comprato questo libro ha comprato anche", elenca altri libri a titolo di consiglio di lettura); 2) le recensioni presenti sui social network dedicati al libro (*aNobii* o gli stessi spazi destinati dai siti di vendita ai giudizi dei lettori); 3) la pubblicità.

Fine del sogno democratico. Tutti e tre i fattori di scelta elencati qui sopra possono essere manipolati da chi detiene i mezzi economici per farlo: la pubblicità basta pagarla, i social network possono essere influenzati dall'invio di decine di post opportunamente pilotati dagli editori (i quali possono mettere a busta paga dei collaboratori che, presentandosi con *nickname* sempre diversi, hanno il compito di stroncare i libri della concorrenza e di esaltare quelli della propria parte), i suggerimenti automatici sono influenzati dai dati di vendita, quindi i titoli che vendono di più (magari perché più pubblicizzati in TV, e così si torna al punto iniziale) sono anche quelli più consigliati.

E infine, un ultimo inquietante problema, quello della pirateria. Una volta digitalizzato, il libro diventa duplicabile all'infinito sia da chi detiene i diritti per farlo, sia da chi non li detiene. Certo, esistono sistemi elettronici di protezione dei diritti, i Digital Rights Management (DRM), ma sull'efficacia di questi sistemi condivido le perplessità che Gino Roncaglia ben esprime nel suo *La quarta rivoluzione*[8]. Il fallimento annunciato dei DRM implica che per ogni copia regolarmente venduta saranno in circolazione decine, se non centinaia di copie pirata, di copie che i lettori riceveranno gratuitamente sui loro *reader*. Questa prospettiva ad alcuni appare esaltante (nelle elezioni europee del 2009 il *Piratpartiet* ha ottenuto il 7,1% dei voti svedesi, riuscendo a conquistare un seggio nel Parlamento europeo, sui 18 disponibili per la Svezia): poter leggere, ascoltare musica, guardare film senza spendere un soldo equivale a fare un viaggio nel paese di cuccagna. Forti di un'ideologia un po' d'accatto, i *pirati* sostengono che la copia non autorizzata di prodotti culturali danneggia solo le fortissime e oppressive multinazionali dell'intrattenimento.

La realtà è però un'altra ed è ancora una volta il mondo della musica a mostrarcela: se, fino alla soglia degli anni Duemila, le band musicali professioniste ricavavano i loro profitti per l'80% dai diritti d'autore sulla vendita di dischi e sulla diffusione radiofonica dei loro brani e per il 20% dalle esibizioni *live*, ora la proporzione si è praticamente rovesciata. Ma se i musicisti possono vivere di con-

8. G. RONCAGLIA, *La quarta rivoluzione*, Roma-Bari, Laterza, 2010, pp. 164-206.

certi, non si può pensare che gli scrittori vivano di letture pubbliche delle loro opere; qual è dunque il destino che attende la letteratura? Sarà una letteratura di dilettanti esibizionisti disposti ad affrontare le fatiche della scrittura e della creazione senza pretendere nessuna remunerazione, appagati solo dal pubblico riconoscimento? Oppure sarà una letteratura di postulanti, sempre in cerca di fantomatici contributi pubblici alla cultura o della protezione di un potente mecenate? Entrambe le ipotesi mi paiono sconfortanti. Il diritto d'autore, nato per tutelare il lavoro degli stampatori, evolve nel Settecento in forma di tutela del lavoro intellettuale: negare gli aspetti economici del diritto d'autore equivale a negare la remunerazione e la dignità del lavoro intellettuale.

Una terza via potrebbe essere mediata dal modello televisivo (in particolare della TV in chiaro) o da quello della *free press*: i libri elettronici, come già i giornali, le riviste o i programmi televisivi, potrebbero diventare contenitori di pubblicità e la remunerazione degli autori e di tutti i soggetti coinvolti nella filiera potrebbe provenire dagli investimenti pubblicitari. Pur volendo accantonare le pregiudiziali di ordine etico (già negli anni '80 la *Série Noire*, prestigiosa collana di polizieschi d'oltralpe, ospitava in quarta di copertina una pubblicità a tutta pagina), ci si domanda se i numeri dell'editoria libraria siano tali da permettere un'adeguata raccolta pubblicitaria. Credo che la risposta sia negativa: a sopravvivere sarebbero, ancora una volta, i libri più commerciali, quelli che non infastidiscono il potere politico ed economico di cui spesso le grandi concessionarie di pubblicità sono espressione e "braccio armato". Con buona pace dei *pirati* del XXI secolo, non possiamo che ribadire un concetto amaro: la libertà si paga.

Continuare ad amare i libri

Proprio mentre i produttori di *e-book reader* si affannavano a illustrare in rete le mirabolanti prestazioni dei loro apparecchi, proprio mentre il comico Beppe Grillo si abbandonava, in teatro, a un acritico apologo del *Kindle* (il *reader* della Amazon, tra i più criticati sotto il profilo etico e commerciale perché visualizza solo gli *e-book* venduti da Amazon stessa, e istituisce così un vero monopolio), sul social network *YouTube* una simpatica parodia di tutti questi inni all'innovazione registrava, in pochi mesi, oltre cinque milioni di visualizzazioni in tutto il mondo. Di quel video (disponibile nel dicembre 2010 all'indirizzo: *http://www.leerestademoda.com/*), riportiamo il testo, con una sola avvertenza: il *Book* di cui qui si tessono le lodi, altro non è se non un normalissimo libro.

> Presentiamo il nuovo dispositivo di conoscenza bio ottico organizzato il cui nome commerciale è *Book*. *Book* è una rivoluzionaria lettura tecnologica: senza cavi, senza circuiti elettrici, senza batteria, senza necessità di connessione. Compatto e portatile, *Book* può essere utilizzato in qualsiasi posto. Non avendo batteria, non necessita di ricarica, e può essere utilizzato per tutto il tempo che serve, anche se non si dispone di una presa di corrente. *Book* non si blocca mai, *Book* non ha mai bisogno di essere inizializzato, semplicemente basta aprirlo e cominciare a sfruttare le sue enormi potenzialità. Ecco come funziona. *Book* è fatto di pagine di carta numerate in sequenza, ognuna delle quali è in grado di immagazzinare migliaia di bit di informazioni. Ogni pagina è scansionata otticamente e registra le informazioni direttamente nel tuo cervello. Un semplice movimento di dita ci porta alla pagina successiva. Le pagine sono mantenute unite da un dispositivo di cucitura chiamato "copertina", che le mantiene nel loro ordine corretto. Grazie alla tecnologia della carta opaca, i produttori possono utilizzare entrambe le facciate, raddoppiando le informazioni e riducendo i costi. La maggior parte dei *Book* include una funzione di indice che riporta l'esatta collocazione di ogni informazione selezionata, per il suo reperimento. L'accessorio opzionale "segnalibro" permette di riaprire il *Book* nel punto esatto in cui lo si è lasciato nella sessione precedente, anche se il *Book* è stato chiuso. I segnalibri seguono degli standard internazionali, in modo che lo stesso segnalibro può essere utilizzato in *Book* di diversi produttori.

In modo ironico, questo breve passaggio sottolinea due aspetti, apparentemente contraddittori tra loro, che tendiamo a dimenticare.

Primo aspetto: il libro cartaceo ci permette di accedere al testo in esso contenuto in maniera indipendente da qualsiasi tecnologia; anche in assenza di corrente, di connessione, anche in un apocalittico futuro post-nucleare, basta conoscere la lingua in cui un libro è scritto per poterne usufruire. Non si può certo dire la stessa cosa per gli *e-book*. Come abbiamo più volte ribadito, un *e-book* necessita della mediazione della tecnologia tanto per essere prodotto, quanto per essere fruito, dunque nessuno è in grado di garantirci che in futuro quella stessa tecnologia sarà ancora disponibile. Chiunque abbia una collezione di dischi in vinile sa che la possibilità di ascoltare ancora la sua musica preferita dipende dalla disponibilità di puntine da giradischi: quando le aziende specializzate cesseranno la produzione di puntine, l'immenso tesoro racchiuso in quei cerchi di plastica nera sarà perduto per sempre. E chiunque conservi i propri documenti su supporti informatici sa che quegli stessi documenti devono essere periodicamente ricodificati per essere compatibili con i software più attuali, altrimenti il loro destino è segnato. Con gli *e-book* corriamo gli stessi rischi: è vero che con il libro elettronico si risolvono i problemi del fuori catalogo, ma un titolo fuori catalogo è pur sempre disponibile in una qualche biblioteca, un *e-book* codificato per uno standard obsoleto è come un papiro egizio prima della scoperta della Stele di Rosetta.

Secondo aspetto: anche il libro cartaceo è un prodotto tecnologico; la sua legatura, la sua stampa, la sua carta sono frutto di mutamenti tecnologici. Per molto tempo, dopo che Gutenberg ebbe inventato la stampa a caratteri mobili, i dotti ritennero più affidabili i testi copiati manualmente dai monaci rispetto a quelli riprodotti a mezzo stampa. Una nuova tecnologia suscita sempre diffidenze e perplessità. Persino quella così basica e così fondamentale che è la scrittura venne accolta in modo ostile, ce lo ricorda il *Fedro* di Platone:

> E così ora tu, per benevolenza verso l'alfabeto di cui sei inventore, hai esposto il contrario del suo vero effetto. Perché esso ingenererà oblio nelle anime di chi lo imparerà: essi cesseranno di esercitare la memoria perché, fidandosi dello scritto, richiameranno le cose alla mente non più dall'interno di essi, ma dal di fuori, attraverso segni estranei...[9].

Continuare ad amare il libro significa allora non erigere barriere contro la novità, perché se queste barriere avessero retto in passato, noi oggi non avremmo i libri. Significa però rimanere vigilanti per fare in modo che il libro, anche nelle sue forme tecnologicamente avanzate, continui a essere uno spazio per la centralità del testo scritto e, soprattutto, uno spazio di libertà.

9. Platone, *Fedro* 274e-275b, trad. di Piero Pucci, Bari, Laterza, 1974.

Tecnologie e cultura digitale

di Barbara Bruschi

"Nativi digitali": il mito

Negli ultimi dieci anni, a più riprese, vari studiosi[1] e diverse ricerche nazionali e internazionali[2] hanno delineato la nascita di una nuova generazione strettamente legata alle tecnologie infotelematiche. Nel 2001 Prensky ha affermato che i nati dopo gli anni Ottanta presentano delle modalità di impiego delle tecnologie e di accesso alla conoscenza completamente diverse da quelle che le generazioni passate avevano messo in atto[3]. Egli sostiene che i cam-

1. M. Prensky, *Digital Natives, Digital Immigrants*, in "On the Horizon", 2001, Vol. 9, No. 5, pp. 1-6, reperibile al sito http://www.marcprensky.com/writing/prensky%20-%20digital%20natives,%20digital%20immigrants%20-%20part1.pdf; H. Jenkins, *Culture partecipative e competenze digitali. Media education per il XXI secolo*, Milano, Edizioni Angelo Guerini e Associati, 2010; J.S. Brown, *Growing Up Digital. How the Web Changes Work, Education, and the Ways People Learn*, in "Change", March/April 2000, pp. 10-20; P.C. Rivoltella, *Screen Generation. Gli adolescenti e le prospettive dell'educazione nell'età dei media digitali*, Milano, Vita e Pensiero, 2006; S. Mantovani, P. Ferri, *Digital kids. Come i bambini usano il computer e come potrebbero usarlo genitori e insegnanti*, Milano, RCS libri, 2008; J. Pafrey, U. Gasser, *Nati con la rete*, Milano, BUR, 2009; A. Calvani, A. Fini, M. Ranieri, *La competenza digitale nella scuola*, Trento, Erickson, 2010; B. Bruschi, A. Iannacone, R. Quaglia, *Crescere digitali*, Roma, Aracne Editrice, 2010; P. Ferri, *Nativi Digitali*, Milano, Mondadori, 2011.

2. Tra queste si cita una delle più rilevanti: Ceri-Ocse, *The New Millennium Learners: Challenging our Views on ICT and Learning*, reperibile al sito http://www.oecd.org/document/53/0,3746,en_2649_35845581_38773813_1_1_1_1,00.html.

3. «Today's students – K through college – represent the first generations to grow up with this new technology. They have spent their entire lives surrounded by and using computers, videogames, digital music players, video cams, cell phones, and all the other toys and tools of the digital age. Today's average college grads have spent less than 5,000 hours of their lives reading, but over 10,000 hours playing video games (not to mention 20,000 hours watching TV). Computer games, email,

biamenti intervenuti hanno degli effetti sulle funzioni cerebrali dei giovani e che, pertanto, occorre non solo prendere atto delle trasformazioni, ma adeguare i sistemi formativi. Secondo l'autore statunitense la scuola risulta inadatta a fornire ai giovani strumenti e modalità di avvicinamento al sapere, funzionali alla realtà attuale e conformi alle modalità di pensiero e ragionamento messe in atto.

Non v'è dubbio che il quotidiano mostri costantemente giovani impegnati a scambiarsi sms con il cellulare o a giocare con le applicazioni installate sull'*i-pod*, o ancora ad aggiornare il proprio profilo su *Facebook*. Tuttavia, questo non costituisce affatto un elemento di distinzione generazionale, in quanto le stesse attività vengono svolte dagli adulti che, pur non essendo nati nell'era del digitale, hanno ormai, per la maggior parte, integrato le tecnologie nella loro esistenza quotidiana. Da qui l'osservazione che la teoria di Prensky presenta alcune importanti criticità.

Innanzitutto, ci pare poco corretto affermare che i nativi costituiscono il vero futuro e che gli immigrati appartengono a un passato obsoleto che nulla può dare al presente. Non solo ciò non corrisponde al vero, in quanto vi sono cinquantenni e sessantenni che impiegano le medesime tecnologie per svolgere la propria professione o nel tempo libero, ma, in particolare, un'affermazione del genere non tiene conto delle grandi differenze che esistono, sul piano dei consumi tecnologici, tra i giovani.

Il consumo e l'impiego di tecnologie dipende da diversi fattori, oltre che da quello anagrafico: il genere, la posizione di status, il tipo di scuola frequentata e il luogo di residenza sono tutti elementi che influiscono pesantemente sull'appartenenza al digitale o meno. Inoltre, un approccio teso a definire un *gap* incolmabile tra le generazioni implica l'impossibilità di incontro tra giovani e meno giovani, con tutte le conseguenze che ne derivano sia sul fronte delle relazioni sociali sia su quello della stessa organizzazione sociale. Se, come afferma Prensky, le due generazioni fossero realmente così distanti non vi sarebbe nessuna opportunità di trasferimento, dall'una all'altra, di conoscenze, saperi e competenze. Ciò comporterebbe il rischio di definire una realtà priva di orientamenti strumentali e metodologici.

the Internet, cell phones and instant messaging are integral parts of their lives» (M. Prensky, *Digital Natives, Digital Immigrants*, cit.).

Si genererebbe una sorta di vuoto culturale che, oltre a non corrispondere alla realtà, costituirebbe un elemento di profonda crisi.

A questo si aggiunge che, concentrando l'attenzione esclusivamente sulle tecnologie digitali, non si comprende l'ampia gamma di consumi mediali dei giovani e si corre il rischio di perdere aspetti interessanti, soprattutto per ciò che attiene le conoscenze e le competenze mediali dei giovani. Non dobbiamo scordare che, ancor prima di avvicinare computer, *i-pad* e *tablet* di varia natura, i bambini hanno accesso alla televisione, e che il consumo di programmi televisivi nella prima infanzia e durante l'adolescenza è ancora decisamente elevato. Un approccio teso ad analizzare esclusivamente le tecnologie digitali dà per acquisite le competenze necessarie per un uso critico e consapevole della televisione e, come è noto, ciò non è vero. Molteplici situazioni dimostrano la necessità di interventi educativi finalizzati a migliorare il consumo televisivo e a fornire ai più giovani, ma non solo, quelle competenze media educative di cui ormai da molti anni si discute in diverse sedi.

Il definire l'esistenza di una profonda distanza tra le due generazioni tende ad affrancare un paradigma fondato sulla rottura anziché sulla continuità. Soprattutto sul fronte educativo l'obiettivo dovrebbe essere quello di individuare forme di connessione e di relazione tra le diverse generazioni, anziché accettare e, in qualche modo, istituzionalizzare la distanza. Il puntare solo sulla dimensione tecnologica non pare vincente anche perché parziale: i giovani non sono diversi dagli adulti solo perché contaminati dalla dimensione digitale, ma in quanto appartenenti a un contesto sociale, politico, economico che ha subito e continua a subire grandi trasformazioni. Gran parte degli aspetti che appartengono alla vita di un qualsiasi adolescente di oggi erano sconosciuti anche solo dieci anni fa. Ciò significa che v'è stato un cambiamento di orizzonti, di scenari in cui il digitale rappresenta una parte significativa, ma non esclusiva. Inoltre, anche tra i più giovani l'esperienza tecnologica non è omogenea[4], nel senso che esistono profonde differenze, come abbiamo

4. «A first question is whether the NML is a generation-wide phenomenon: can the term be applied to cover all members of the generation? A first indication can be seen in the percentage of young people currently using computers and connecting to the Internet. A report based on the PISA 2003 database (Wastlau-Schlüter, 2005) states that almost 100% of 15-year-old pupils in European countries have already

già fatto notare, a seconda della famiglia di provenienza, degli studi, della posizione geografica e di quella di status. Pertanto la fallacia del riportare tutta una generazione al consumo tecnologico risulta sempre più evidente.

Questo non significa che le nuove generazioni non presentino forme di discontinuità con quelle precedenti e che non sia fondamentale individuarle, comprenderle e gestirle nella forma più adeguata possibile, ma significa cercare di non ricadere nel determinismo tecnologico che, da sempre, caratterizza alcune forme di analisi, in particolare sul fronte educativo. Nello specifico, è necessario evitare analisi superficiali e forme di banalizzazione dei fenomeni, favorendo, invece, una reale comprensione delle dinamiche di interazione tra nuove generazioni e ambienti tecnologici, nonché una corretta comprensione dei fenomeni di cambiamento che stanno attraversando il nostro secolo.

L'approccio più efficace sembra dunque quello che parte dalla considerazione delle nuove competenze richieste dalle realtà economiche, politiche, sociali e formative.

New millenium learners e competenze digitali

> Sono convinto che la tecnologia digitale possa essere usata per renderci non solo più intelligenti, ma anche più saggi[5].

A distanza di circa dieci anni dal saggio che ha celebrato l'esistenza dei nativi digitali lo stesso Prensky è tornato sui suoi passi,

used a computer and half of them use it on a daily basis at home and only a few times each week at school. Roughly, 80% say that they have a computer at home and 60% an Internet connection. The corresponding data for non-European OECD countries are, in some cases, even higher. And obviously, even in those countries where the ratio of pupils per school computer is low, it is always higher than the equivalent at home. Therefore in most, if not all, OECD countries today teenagers can find more opportunities to access a computer and to connect to the Internet at home than at their own schools» (F. Pedró, *The new millennium learners: challenging our views on ICT and learning*, OECD-CERI, Maggio 2006, al sito http://www.oecd.org/dataoecd/1/1/38358359.pdf).

5. M. Prensky, *H. Sapiens Digitale: dagli Immigrati digitali e nativi digitali alla saggezza digitale*, in "TD-Tecnologie Didattiche", 50, 2010, p. 17.

riconoscendo che, probabilmente, la distanza tra le due ipotetiche generazioni non esiste secondo le modalità da lui definite in precedenza, e che nel XXI secolo un nuovo aspetto sarà determinante – la "saggezza digitale":

> La saggezza digitale è un concetto dal duplice significato: la saggezza che si riferisce all'uso delle tecnologie digitali per accedere al potere della conoscenza in una misura superiore a quanto consentito dalle nostre potenzialità innate; e quella che si riferisce all'uso avveduto della tecnologia per migliorare le nostre capacità. [...] La sola tecnologia non sostituirà l'intuizione, una buona capacità di giudizio, la capacità di risolvere problemi e una bussola morale chiara. Tuttavia, in un futuro dalla complessità inimmaginabile, la persona, seppure saggia, senza l'amplificatore della tecnologia, non riuscirà ad accedere agli strumenti di saggezza che saranno disponibili anche al meno saggio degli esseri umani potenziati dalla tecnologia digitale[6].

La saggezza digitale di cui parla Prensky può essere, a tutti gli effetti, considerata una competenza, la competenza digitale su cui si sono espressi, recentemente, numerosi studiosi[7]. In un futuro prossimo, coloro che cercheranno informazioni (in senso esteso, la saggezza) potranno contare su un'amplificazione delle loro capacità data dalle tecnologie. Come già accade ora, ma in forma ancora più evidente, i supporti tecnologici consentiranno ai soggetti di ottenere in tempo reale informazioni su qualsiasi argomento, provenienti da ogni dove e rappresentate secondo linguaggi molteplici (testuale, visivo, audiovisivo). Tuttavia, affinché le informazioni possano essere individuate, reperite, organizzate e gestite, in forma efficace, sarà necessario sviluppare competenze specifiche, indispensabili non solo agli esperti di un determinato settore, ma a chiunque navighi in rete. Le tecnologie, secondo questo approccio, non svolgerebbero la loro funzione esclusivamente nei processi di ricerca e gestione delle informazioni, ma anche nel rendere

6. Ivi, p. 18.

7. *Contributions to the Second DeSeCo Symposium*, Ginevra, 11-13 February, 2002 www.oecd.org/dataoecd/48/22/41529556.pdf, verificato giugno 2011; M. Søby, *Digital competence: from ICT skills to digital "Bildung"*, ITU Report, June 2003; A. Calvani, A. Fini, M. Ranieri, *La competenza digitale nella scuola*, Trento, Erickson, 2010; Jenkins, *Culture partecipative e competenze digitali. Media education per il XXI secolo*, cit.

i soggetti sempre più in grado di trovare soluzioni appropriate, efficaci e creative a differenti problemi, nonché nel fare scelte etiche e morali e, in ultimo, nell'assumere decisioni pragmatiche. Secondo questa accezione la competenza (saggezza) digitale non si esaurirebbe nella dimensione tecnica del processo di conoscenza, ma comprenderebbe diversi piani dell'esperienza umana – sia nella dimensione individuale sia in quella collettiva. La competenza (saggezza) in campo tecnologico acquisisce pertanto un significato di grande portata e di rilevanza fondamentale per l'evoluzione socio-culturale: essa non sarà più soddisfatta dalla sola capacità nell'impiegare efficacemente determinati sistemi tecnologici, per svolgere specifiche attività e operazioni, ma comprenderà la possibilità e la capacità dei soggetti di accedere a diverse forme di rappresentazione della realtà e di gestirle adeguatamente.

Secondo quanto postulato dallo studioso statunitense, il saggio digitale sarà, dunque, colui che, avendo a disposizione una molteplicità di apparati tecnologici dimostrerà di essere in grado di scegliere quello più adatto per il raggiungimento di determinati obiettivi e di adottare competenze critiche e analitiche indispensabili all'attivazione di processi decisionali[8] coerenti ed efficaci. Questi saranno resi tali non direttamente dalla tecnologia, ma dalle opportunità che gli strumenti digitali offrono ai soggetti in termini di dialogo, di confronto, di condivisione e di negoziazione di informazioni, opinioni e significati.

A questo punto, può essere utile riprendere il concetto di "razionalità limitata" espresso da Herbert Simon. Egli sostiene che gli individui non sono in grado di decidere prendendo in considerazione l'insieme completo delle variabili che concorrono a definire il campo decisionale: essi tendono a costruire le loro scelte su una base limitata di informazioni[9]. Le tecnologie ampliano non solo il

8. «L'*Homo sapiens digitale* si distingue dall'essere umano odierno sotto due aspetti fondamentali: accetta il potenziamento come fattore integrante dell'esperienza umana, ed è digitalmente saggio, sia nel modo in cui accede al potenziamento digitale per integrare le proprie capacità innate, sia nel modo in cui usa quel potenziamento per attuare un processo decisionale più saggio» (Prensky, *H. Sapiens Digitale: dagli Immigrati digitali e nativi digitali alla saggezza digitale*, cit., p. 19).

9. «[...] le decisioni dei singoli individui non sono comprensive di scelte relative a grandi aree della vita umana, ma sono generalmente inerenti ad argomenti ristretti, ritenuti – a torto o a ragione – relativamente indipendenti dalle altre dimensioni

campo di conoscenze diretto, ovvero l'insieme delle informazioni disponibili, ma anche il campo di informazioni indiretto, rappresentato dalle opportunità di confronto con quei soggetti che possono avere già maturato una certa esperienza in un determinato settore. Esempio illuminante sono proprio le comunità di pratica *online*, che consentono, ai soggetti, accomunati da una stessa condizione e da medesimi obiettivi, di ampliare il loro campo di esperienze e, in funzione di ciò, di ottenere conoscenze utili per la definizione di scelte specifiche. In questo senso le persone, grazie al potenziamento digitale, potranno raggiungere livelli superiori di saggezza in funzione dei processi di condivisione e partecipazione che saranno in grado di attivare proprio grazie ai sistemi tecnologici.

A questo proposito un altro esempio illuminante è dato dalle tecnologie del *web 2.0* e dai *social network*. Come noto, negli ultimi anni si è assistito a un processo di evoluzione del *web* fondato su alcuni principi, tra cui risaltano la condivisione e la partecipazione diretta e attiva ai sistemi di pubblicazione. Nella nuova dimensione della rete, gli utenti e i loro contenuti sono al centro del sistema, che funziona nella misura in cui gli individui sono disposti a produrre conoscenza e a condividerla con altri. In questo modo i soggetti sono nella condizione di essere saggi grazie al confronto costante con altri e alla condivisione, non tanto e non solo delle conoscenze formali e scientifiche di cui sono in possesso, ma, in particolare, delle esperienze che saranno in grado di socializzare con gli altri partecipanti al sistema.

Secondo questa prospettiva la saggezza di cui parla Prensky non costituisce un bene individuale, che il soggetto genera e gestisce in totale autonomia e isolamento, ma rappresenta, almeno in parte, la capacità, dimostrata da ciascun soggetto, di partecipare alla costituzione di quella che Lévy definiva l'intelligenza collettiva[10]. Con questo termine il filosofo francese, più di dieci anni or sono, indicava il sistema delle intelligenze che si definiva grazie alla rete Internet. Si tratta di un'intelligenza diffusa, che consente di sfrut-

della vita umana, forse altrettanto importanti» (H. SIMON, *La ragione nelle vicende umane*, Bologna, il Mulino, 1984, pp. 49-50).

10. P. LÉVY, *L'intelligence collective. Pour une anthropologie du cyberspace*, Paris, La Découverte, 1994.

tare il capitale umano disponibile attraverso forme diversificate di partecipazione. Anche se la saggezza digitale può sembrare, almeno in prima istanza, come una conseguenza naturale dell'ormai consolidata diffusione delle tecnologie digitali, in realtà essa è raggiunta solo grazie a un intenso processo formativo ed educativo, atto a fornire agli individui le competenze e le conoscenze tecnico-pratiche necessarie per muoversi adeguatamente ed efficacemente nel ciberspazio. A queste si aggiungono le competenze etiche indispensabili affinché i processi cognitivi, meta cognitivi e sociali, che hanno luogo nei contesti tecnologici, siano normati e orientati verso una dimensione positiva e costruttiva dell'agire.

Le teorie di Prensky e Lévy preparano il terreno a un altro tipo di riflessione circa le competenze digitali: quella di Jenkins che, partendo dal principio della partecipazione, si interroga circa le competenze che i soggetti dovrebbero possedere al fine di partecipare alla vita sociale sia fisica sia digitale.

Anche in questo caso l'attenzione non è concentrata esclusivamente sulla potenza che le tecnologie esprimono nei processi di produzione, gestione e organizzazione delle informazioni e della conoscenza. Una cultura partecipativa viene definita come

> una cultura con barriere relativamente basse per l'espressione artistica e l'impegno civico, che dà un forte sostegno alle attività di produzione e condivisione delle creazioni e prevede una qualche forma di *mentorship* informale, secondo la quale i partecipanti più esperti condividono conoscenza con i principianti. All'interno di una cultura partecipativa, i soggetti sono convinti dell'importanza del loro contributo e si sentono in qualche modo connessi gli uni con gli altri (o, perlomeno, i partecipanti sono interessati alle opinioni che gli altri hanno delle loro creazioni)[11].

Questa definizione presenta una serie piuttosto ampia di elementi di un certo spessore, sia sul versante strettamente culturale sia su quello più direttamente collegato al filo conduttore delle competenze.

Sul piano culturale, ciò che emerge in forma dominante è il principio della libera creazione e della trasmissione tra pari delle informazioni e dei prodotti della mente. Forse per la prima volta,

11. Jenkins, *Culture partecipative e competenze digitali. Media education per il XXI secolo*, cit., p. 57.

nella storia dell'uomo, la produzione di conoscenza e di sapere si realizza in forma sostanziale per opera di una quota importante di individui, anziché per mano di una minoranza di esperti. La costruzione sociale della conoscenza assume forme sempre più evidenti ed esplicite, al punto da mettere seriamente in discussione quegli agenti esperti della conoscenza che, sino a pochi anni addietro, costituivano gli artefici principali dell'informazione e del sapere.

Per comprendere meglio l'aspetto della partecipazione diretta può essere utile un esempio: il giornalismo sta attraversando un interessante momento di cambiamenti, dettato non tanto dall'evoluzione delle tecnologie a disposizione della professione, quanto dalla presenza di una sorta di giornalismo diffuso a opera di coloro che fanno entrare nel patrimonio comune le esperienze che vivono nel loro quotidiano. Nel *web 2.0* esistono numerosi siti dedicati a quello che viene definito il giornalismo partecipativo (*citizen journalism*). Questa locuzione pone in primo piano la produzione diretta di informazioni e la condivisione delle stesse per opera di individui che non svolgono l'attività giornalistica per professione, ma sono mossi dal desiderio di liberare le fonti dell'informazioni dalle logiche di potere. Un principio analogo si estende a tutte le forme del sapere e dell'informazione – si pensi a *Wikipedia*, l'enciclopedia libera del *web 2.0* interamente gestita da volontari, che è riuscita a sostituirsi ad alcune tradizionali enciclopedie online, quali, ad esempio, *Encharta*.

Secondo forme diverse, come anticipato, stiamo assistendo alla traduzione pratica del pensiero di Lévy circa l'intelligenza collettiva. Infatti, i servizi che abbiamo citato, ma gli esempi potrebbero continuare, si basano proprio sul mettere in connessione le intelligenze dei soggetti individuali per produrre un patrimonio collettivo di informazioni.

Se, in prima battuta, questa nuova configurazione della rete può apparire affascinante e carica di democraticità, a uno sguardo più attento non può sfuggire una serie di pericoli, che devono essere considerati da chi si occupa di educazione e formazione.

In questo contesto entra in scena la *media education*, in quanto rappresenta la risposta adatta alle nuove esigenze culturali e partecipative. Infatti, è fondamentale – e lo sarà sempre di più in futuro

– che coloro i quali partecipano ai nuovi scenari sociali della rete siano consapevoli delle potenzialità degli strumenti con cui operano, ma anche delle criticità e dei pericoli. L'estemporaneità tipica della gran parte degli attori del *web 2.0* e dei *social network* dovrà essere sostituita da un impiego critico che consenta agli individui di agire in maniera efficace e corretta, sia sul piano dei contenuti sia su quello etico e normativo. Jenkins va oltre, rinforzando l'idea che tra le competenze necessarie agli studenti del nuovo millennio vi saranno proprio quelle che consentiranno loro di partecipare attivamente all'interno di quegli ambienti che Gee chiama "spazi di affinità":

> Il nostro obiettivo dovrebbe essere incoraggiare i giovani a sviluppare le competenze, le conoscenze, gli schemi etici e l'autostima necessari per partecipare a pieno titolo alla cultura contemporanea[12].

Si tratta da una parte di potenziare alcune competenze già tipiche dell'educazione formale di stampo scolastico: la capacità di redigere e comprendere testi, la capacità di argomentazione/negoziazione durante un dibattito, le competenze specifiche della documentazione e della valutazione delle risorse informative. Dall'altra vi sono però conoscenze e competenze che appartengono più strettamente alla cittadinanza digitale e che, in quanto tali, fanno parte maggiormente della dimensione dell'educazione informale. Occorre infatti sottolineare che nei nuovi contesti digitali, per intenderci quelli abitati in particolare dai *new millenium learners*, informale e formale si intrecciano secondo forme variabili, ma in modo decisamente meno scisso rispetto al passato.

Questa nuova trama presenta senza dubbio degli elementi di grande interesse per lo sviluppo culturale, politico e morale dei soggetti, ma richiede delle competenze di gestione senza le quali si rischiano il caos e la confusione. Riprendendo l'esempio di *Wikipedia*, possiamo affermare che se l'enciclopedia libera costituisce la materializzazione del principio di libertà di pensiero, dall'altra essa rappresenta anche il rischio del caos intellettuale, in cui risulta molto complicato distinguere il vero dal falso e individuare gli errori. In questa commistione tra formale e informale, dove, spesso,

12. Ivi, p. 69.

l'informale corrisponde al poco verificato, non è pensabile di agire e muoversi in maniera poco controllata, nel senso che nulla va lasciato al caso, ma occorre una buona dose di senso critico. Libertà e partecipazione rappresentano una novità nell'ambito dei media in quanto, tendenzialmente, sino a oggi il rapporto che i soggetti definivano con le tecnologie era di tipo per lo più passivo, dove qualcuno scriveva e metteva in azione dei contenuti e altri leggevano e fruivano tali contenuti. Oggi la situazione non è più così distinta, tutti, almeno sul piano teorico, sono chiamati a partecipare, ma ciò implica da una parte lo sradicamento di un certo tipo di mentalità e dall'altra l'attivazione di meccanismi del sapere non naturalmente diffusi.

Quanto affermato sin qui è rinforzato dalle parole di Calvani, quando definisce l'importanza delle competenze digitali[13] nei nuovi contesti educativi, là dove afferma che

> [...] siamo di fronte a un processo socioculturale che coinvolge dall'interno le infrastrutture cognitive preposte all'acquisizione e al trattamento di informazioni e conoscenze di base, cioè a un processo di ridefinizione della *literacy*[14].

Del resto già nel 2000 con il Consiglio di Lisbona si era ribadita l'importanza di fornire ai futuri cittadini quelle competenze necessarie a prendere parte attiva nella società dell'informazione, nel tentativo di migliorare i livelli di *literacy* del nuovo millennio e di ridurre gli effetti del *digital divide*. Si tratta di un passaggio molto delicato e complesso, in quanto in gioco non vi sono solo nuove o rinnovate competenze, ma la messa in discussione di un intero sistema di valori rispetto ai prodotti intellettuali. Dall'acquisi-

13. La competenza digitale comprende «la capacità di utilizzare senza incertezze e in modo critico le ICT nel lavoro, nel tempo libero e nella comunicazione. Comporta una buona conoscenza della natura, del ruolo e delle opportunità che le ICT offrono nella vita quotidiana, privata, sociale e lavorativa, in particolare delle potenzialità di internet per lo scambio di informazioni e la collaborazione in rete, l'apprendimento e la ricerca. Si sottolinea altresì che l'uso delle ICT richiede un atteggiamento critico e riflessivo, ossia un'attenzione verso i problemi legati alla validità e all'affidabilità delle informazioni e un interesse a impegnarsi in comunità e reti per fini culturali, sociale e/o professionali» (M. Ranieri, *La competenza digitale: quali definizioni e politiche per conseguirla?*, in Calvani, Fini, Ranieri, *La competenza digitale nella scuola*, cit., p. 24).

14. Calvani, Fini, Ranieri, *La competenza digitale nella scuola*, cit., p. 8.

zione delle nuove competenze dipenderà la maggiore o minore rappresentatività dei soggetti, e dunque la loro maggiore o minore partecipazione in termini di diritti di cittadinanza. Secondo questo approccio, le competenze delle nuove forme di *literacy* non riguardano più la sola capacità di padroneggiare i principali *software* o la navigazione in rete, ma hanno a che vedere con vere e proprie competenze nell'esercizio delle nuove vie del diritto.

Come si comprende, il discorso sulle competenze digitali è assai più complesso di quanto un certo tipo di riflessione mass mediale continua a proporre. Frequenti sono le critiche mosse nei confronti dei consumi tecnologici dei più giovani e le considerazioni negative rispetto all'impatto che questi avrebbero sul loro sviluppo cognitivo non si risparmiano. La realtà, come si è cercato di dimostrare sin qui, è profondamente diversa, in quanto i sistemi tecnologici non tendono ad impoverire le facoltà cognitive degli utenti, bensì a potenziarle. Tali considerazioni non riguardano solo le nuove tecnologie in quanto tali, ma i nuovi formati dei testi mediali e le "intelligenze" richieste per una loro fruizione corretta ed efficace[15].

Un buon esempio di quanto appena affermato è rappresentato dalle nuove *fiction* televisive. In una puntata qualsiasi di un telefilm delle più diffuse *fiction* (esempi possono essere *C.S.I.*, *E.R.*, *Dr. House*, ecc.) si può notare l'intreccio in parallelo di più trame narrative. Ciò richiede allo spettatore una buona attenzione, e soprattutto la capacità di seguire percorsi narrativi differenti, che si intrecciano e si distanziano a seconda delle situazioni. Tutto ciò racchiude una certa complessità, che secondo Johnson[16] ci renderebbe tutti più intelligenti. Lo studioso statunitense ritiene infatti che, a differenza di quanto comunemente pensato, gran parte delle nuove forme di narrazione, ovvero le narrazioni mediali, sono decisamente più complesse di quelle del passato, e dunque richiedono uno sforzo maggiore rispetto a quanto necessario in un tempo nemmeno troppo lontano.

15. «I testi dei media sono i programmi, i film, le immagini, i siti internet (e così via) che sono trasferiti attraverso le diverse forme di comunicazione» (D. Buckingham, L. Di Nitto, *Media Education. Alfabetizzazione, apprendimento e cultura contemporanea*, Trento, Erickson, 2006, p. 21).

16. S. Johnson, *Tutto quello che fa male ti fa bene*, Milano, Mondadori, 2006.

L'obiettivo di Johnson è dimostrare che, sebbene la nostra cultura tenda ad attribuire una posizione valoriale privilegiata alla lettura, in realtà anche le altre forme di narrazione non solo richiedono competenze specifiche, ma in qualche modo contribuiscono a potenziare le facoltà cognitive dei soggetti. Di conseguenza, l'impiego delle tecnologie non risulterebbe meno vantaggioso, in termini evolutivi, rispetto alla lettura, ma costituirebbe un percorso di potenziamento cognitivo di tutto rispetto[17].

I principali ambiti di lavoro della *Media Education*

Al fine di completare e portare a sistema il discorso circa le competenze digitali può essere utile prendere in considerazione la letteratura di settore e i documenti prodotti dalle varie agenzie educative nazionali e internazionali, per individuare gli aspetti su cui sarà necessario intervenire nel prossimo futuro.

Fronteggiare la "sindrome di Babele" e il disorientamento etico-valoriale

In primo luogo, sarà necessario operare sul piano delle competenze nella documentazione scientifica e nella ricerca. Una parte della letteratura di settore sostiene che i giovani sono affetti dalla "sindrome di Babele", ovvero dall'idea che tutto il sapere sia in Internet e che il loro compito come studenti consista nell'individuare "porzioni" preconfezionate di conoscenza[18] da riutilizzare liberamente. Questo atteggiamento è assai diffuso e costituisce una criticità non solo per ciò che attiene il rispetto del diritto d'autore, ma

17. «Adattarsi a una sequenza in costante accelerazione di nuove tecnologie addestra la mente a esplorare e a padroneggiare sistemi complessi. Quando ci meravigliamo delle competenze tecnologiche di un qualsiasi bambino di dieci anni, dovremmo rallegrarci non tanto della sua capacità di usare una specifica piattaforma [...] ma piuttosto della sua capacità di capire al volo, quasi senza sforzo, nuove piattaforme, senza neppure uno sguardo ai manuali. Ciò che ha imparato non sono solo le specifiche regole intrinseche di un sistema particolare; ha imparato principi astratti che troveranno applicazione di fronte a qualsiasi sistema complesso» (JOHNSON, *Tutto quello che fa male ti fa bene*, cit., p. 155).

18. http://www.oecd.org/document/41/0,3746,en_2649_35845581_38755113_1_1_1_1,00.html.

anche per quanto concerne la mancanza di competenze in campo documentaristico. I giovani studenti dimostrano di non essere in grado di sfruttare efficacemente gli strumenti di rete per fare ricerca scientifica, in quanto, raramente, riescono a costruire stringhe di ricerca efficaci; non distinguono tra siti scientificamente attendibili (banche dati, riviste elettroniche), siti non attendibili (*Wikipedia*) e risorse generali per la ricerca (*Google*)[19]; non effettuano forme di validazione dei risultati ottenuti; non rielaborano i contenuti trovati e tendono a mettere in atto la strategia del "copia e incolla".

Sul piano etico va detto che molti adolescenti dimostrano di conoscere i principali rischi della rete e, in particolare, dei *social network*. Tuttavia, alcuni aspetti sono ignorati, con conseguenze talvolta anche importanti. Mentre ormai la gran parte dei giovani navigatori è consapevole dei rischi che si corrono nel diffondere informazioni quali il proprio indirizzo o numero di telefono, alcuni aspetti in merito ai meccanismi commerciali e politici che, a vario titolo, intervengono nella gestione delle risorse di rete continuano a essere ignorati. Un discorso analogo può essere sviluppato in merito all'assunzione di responsabilità nella pubblicazione di determinate informazioni, così come nel trattamento dei dati sensibili. Per questo motivo è fondamentale intervenire nei processi formativi al fine di dotare le nuove generazioni dell'intera gamma di strumenti necessari per un impiego efficace e corretto delle risorse digitali.

Il circolo virtuoso tra educazione, società dell'informazione e realtà digitali

Riferirsi alla società attuale in termini di società dell'informazione e/o società digitale è ormai prassi comune e rappresenta la strategia più efficace per definire in maniera adeguata lo scenario contemporaneo.

Tuttavia, quando si effettua un'analisi approfondita occorre cercare di operare delle distinzioni tra le diverse realtà tecnologiche

19. Come noto, la nuova generazione di naviganti è definita *google generation* proprio a indicare la totale dipendenza dal motore di ricerca.

e, di conseguenza, tra le varie forme di impiego a esse connesse. In particolare, per ciò che attiene i consumi mediali dei più giovani, è indispensabile distinguere l'impiego della LIM a scuola dalle pratiche narrative attivate all'interno dei blog, così come i processi sociali in un gruppo di *Yahoo* dalle interazioni nei più diffusi *social network*. In tutti questi casi il contesto è digitale, ma gli obiettivi perseguiti, i linguaggi impiegati, le dinamiche sociali messe in atto sono profondamente differenti tra loro. Questa distinzione risulta necessaria per una corretta individuazione delle diverse competenze di volta in volta attivate, ma soprattutto per riuscire a cogliere l'intera gamma di situazioni digitali con cui si confrontano gli utenti della rete e in particolare gli adolescenti.

Attraverso questa differenziazione è anche più facile definire il ruolo che le diverse agenzie educative e formative devono svolgere nella formazione delle nuove generazioni di utenti della rete. Infatti, rispetto all'acquisizione di conoscenze e competenze mediali, a essere coinvolte non sono solo le istituzioni preposte alla formazione, ma tutte le agenzie della socializzazione, *in primis* la famiglia. Ciò, sia perché i genitori rappresentano sempre e comunque un riferimento importante nella costruzione dell'identità dei soggetti e del loro sistema valoriale, ma anche perché per molti minori l'accesso agli ambienti mediali ha luogo principalmente tra le mura domestiche. Anche per questo motivo, uno dei principi fondamentali della *media education* è rappresentato proprio dal tentativo di coinvolgere direttamente le famiglie nei processi di apprendimento, al fine di consentire una maggiore diffusione delle capacità critiche e della consapevolezza nell'impiego delle tecnologie digitali.

L'impiego delle tecnologie digitali da parte dei minori non sempre è controllato adeguatamente dai genitori che, talvolta, sembrano essere vittime di una sorta di resa educativa[20]. Di fronte alle nuove tecnologie si sentono inermi e incapaci, non solo e non tanto di acquisire dimestichezza nell'impiego, quanto di gestire il consumo che ne fanno i loro figli. Questo per un senso di inferiorità,

20. Questa situazione, talvolta, coinvolge anche i docenti, che a fronte delle abilità dimostrate dai giovani si arrendono ed evitano il confronto sul piano delle tecnologie.

dato dalla "spavalderia" che molti giovani dimostrano nell'impiego degli artefatti tecnologici e per una certa diffidenza/timore che molti adulti nutrono nei confronti dei sistemi digitali. Accade così che il ruolo dell'esperto venga assunto dai figli che, contemporaneamente, diventano gli unici decisori tecnologici della famiglia, orientando gli acquisti in materia di tecnologie e definendo tempi e modalità di consumo. Si assiste così al fenomeno di bambini che giocano per tempi estremamente dilatati con i videogiochi e di ragazzi troppo a lungo connessi ai *social network*, senza che gli adulti siano in grado di intervenire. Ne deriva che accanto alle competenze digitali che dovrebbero essere acquisite in particolare dalle nuove generazioni, vi sono competenze mediali che andrebbero avvicinate in particolare dai genitori, al fine di avviare i bambini, sin dalla più tenera età, a un uso corretto, efficace e consapevole dei media.

Così facendo si contribuisce non solo a una migliore crescita ed educazione della prole, ma anche allo sviluppo sociale. Infatti, tanto più gli individui saranno formati all'uso corretto delle tecnologie, tanto più la società potrà godere di un maggiore sviluppo soprattutto in termini di cittadinanza e democrazia.

Scuola e innovazione tra didattica e tecnologia

> Durante i periodi di cambiamento chi saprà imparare erediterà la terra, mentre chi sa e basta si troverà ben equipaggiato per affrontare un mondo che non esiste più[21].

Nel 2007 è stato pubblicato su *You Tube* un video dal titolo *A vision of student today*[22], realizzato da un docente statunitense. In questo video si raccontano i modelli di consumo digitale dei giovani e i modelli di insegnamento proposti dalla scuola. Ne emerge una grande frattura, un *gap* in apparenza incolmabile e di impor-

21. E. Hoffer, *Reflections on the human condition*, San Francisco, Calif., Harper & Row, citato in N. Bottani, A. M. Poggi, C. Mandrile, *Un giorno di scuola nel 2020. Un cambiamento è possibile?*, Bologna, il Mulino, 2010, p. 85.

22. *A vision of students today*, in http://www.youtube.com/watch?v=dGCJ46vyR9o.

tante gravità. I giovani si disegnano come impegnati nel vivere un'esistenza dove le tecnologie la fanno da padrone, in un costante impegno attivo di confronto con tutto ciò che è nuovo. La scuola, invece, appare come una sorta di palude impermeabile a qualsiasi forma di novità e, fatto preoccupante, assolutamente inadatta a rispondere alle aspettative dei giovani e alle richieste del mondo contemporaneo. Mentre i consumi mediali dei giovani sono tutti orientati verso la partecipazione e una forte interazione, l'istituzione scolastica viene disegnata come ancora profondamente legata al principio di una conoscenza che viene trasmessa dall'alto, attraverso i soli strumenti di guttenberghiana memoria.

Ciò che colpisce, in particolare, sono le considerazioni dei giovani rispetto all'efficacia percepita di questo modello formativo. Il messaggio trasmesso è quello di trovarsi dinnanzi a un sistema del tutto incoerente con le aspettative sia dei soggetti cui si rivolge sia del mondo del lavoro dove gli stessi soggetti dovrebbero, in un futuro nemmeno troppo distante, essere impiegati.

Considerazioni di questo tipo sono ormai abbastanza frequenti: basti pensare che già nel 1993 Jacques Delors, con il suo *Libro Bianco*[23], aveva ripetutamente sottolineato la necessità di integrare la dimensione tecnologica nella cultura formativa, al fine di migliorare le conoscenze e le competenze dei soggetti e, in particolare, di ridurre il danno determinato dal *digital divide* e dalle differenze di accesso al sapere contemporaneo. Da allora, ripetutamente, le organizzazioni nazionali e internazionali sono tornate sull'argomento ribadendo la necessità di adeguare la formazione scolastica alle nuove modalità di comunicazione, socializzazione, ricerca, gestione e organizzazione della conoscenza, al fine di eliminare la distanza tra le istituzioni formative e la realtà quotidianamente esperita dai più giovani.

In parte le richieste avanzate sono state recepite, ma restano ancora taluni aspetti fondamentali da perfezionare. Vediamone qualche esempio.

1. Uniformità della presenza di tecnologie nella scuola. Come noto, la presenza dei sistemi tecnologici nelle scuole italiane è ancora molto distante dall'essere omogenea. Accanto a situazioni

23. Cfr. http://www.roberto-crosio.net/SIS/DELORS_LIBRO_BIANCO.pdf.

di eccellenza vi sono ancora molte realtà in cui le tecnologie non sono sufficientemente presenti, sono obsolete o dislocate in soluzioni che ne rendono difficile l'impiego frequente e diffuso.

2. Competenze dei docenti. Le conoscenze e le competenze in ambito tecnologico in possesso degli insegnanti non sono uniformi e vi è ancora una popolazione docente che considera le tecnologie come uno dei possibili sistemi di sostegno alla didattica e non come la realtà in cui le nuove generazioni si stanno formando.

3. Approccio tecnologico inadeguato. Nella gran parte delle situazioni formative le tecnologie vengono intese come degli strumenti che possono essere integrati nell'attività didattica al fine di raggiungere specifici obiettivi disciplinari e/o formativi. Esiguo è ancora il numero di casi in cui le tecnologie siano intese come un vero e proprio ambiente, come una componente della realtà attuale che, in quanto tale, deve necessariamente essere presa in considerazione, esplorata e conosciuta dai più giovani. In questo senso, si continua ad assumere un approccio orientato alle tecnologie dell'istruzione, piuttosto che aderire a un modello orientato alla *media education*.

4. Modelli didattici non sempre adeguati. In conseguenza al punto precedente accade spesso che nell'impiego delle tecnologie non si cerchi di seguire dei modelli di intervento didattico adatti al contesto rinnovato, ma si proceda secondo le strategie adottate nella didattica d'aula come se la tecnologia rappresentasse solo un elemento aggiuntivo e non l'ingrediente principale.

Nel prossimo futuro sarà fondamentale attivare dei processi di innovazione all'interno delle istituzioni formative, finalizzati non tanto a far entrare le tecnologie, quanto a promuovere una cultura tecnologica funzionale sia al raggiungimento degli obiettivi educativi e formativi, cui sono chiamate le istituzioni scolastiche, sia allo sviluppo dell'educazione alla cittadinanza che, ormai, passa in gran parte anche attraverso le realtà digitali. Il principio motore delle innovazioni non è più, come forse è stato un tempo, quello di introdurre una tecnologia nella didattica, quanto quello di promuovere le competenze necessarie per un impiego adeguato, coerente ed efficace delle dimensioni tecnologiche con cui la maggior parte dei soggetti in crescita è costantemente a contatto.

Inoltre, non possiamo dimenticare il ruolo che gli ambienti di apprendimento integrati svolgono e svolgeranno in futuro nell'ambito del *lifelong learning*, sia sul piano dell'educazione formale sia su quello dell'educazione informale. Già allo stato attuale molti soggetti si formano nell'ambito di percorsi formativi *online*, che consentono una profonda apertura delle offerte formative, ma soprattutto una maggiore possibilità di partecipazione da parte delle fasce più deboli della popolazione. In questo senso è facile comprendere il significato profondo dell'etichetta con cui è stata denominata la nostra società, ovvero "società della conoscenza", proprio a indicare non solo la quantità di informazioni prodotte grazie alle attività di ricerca e sviluppo, ma il ruolo giocato dalle tecnologie, che consentono una diffusione e un consumo estremamente ampi di informazione e di conoscenza.

Insegnare ed educare ai tempi del digitale non significa ragionare circa quale tecnologia introdurre in classe, ma come riorganizzare i sistemi formativi affinché siano in linea con le tecnologie attraverso cui le nuove generazioni producono significati. La LIM o l'*i-pad* acquisiscono valore non in quanto tecnologie, ma come strumenti funzionali a trasformare le modalità di stare dentro e fuori la scuola, a contatto costante con il sapere e con le intelligenze che tali saperi generano.

Non è possibile ignorare la fitta rete di connessioni attraverso cui gli individui oggi si scambiano informazioni, producono conoscenza e, in particolare, definiscono reti sociali capaci di pensiero proprio e di azione. Accettare che le nuove generazioni di studenti di oggi presentino delle differenze, rispetto agli studenti di un tempo nemmeno troppo distante, circa le modalità secondo cui avvicinano la conoscenza, la consumano e la producono è fondamentale per ridefinire i contesti formativi e rivedere i modelli e gli obiettivi didattico-educativi delle agenzie formative.

In particolare, è urgente una riflessione profonda circa le attese che le società manifestano verso i processi di alfabetizzazione che, come ormai noto, hanno subito negli ultimi vent'anni profonde trasformazioni, in funzione dello sviluppo tecnologico e delle condizioni sociali, politiche ed economiche dei diversi paesi.

Pensare all'educazione e alla formazione come processi che si producono in momenti definiti e in luoghi altrettanto definiti è ormai obsoleto. Occorre pensare a forme di educazione permanente e diffusa, in una costante sinergia tra formale e informale. La sfida che si dovrà affrontare nel futuro immediato riguarderà, infatti, tanto le modalità di trasmissione del sapere quanto, e forse ancor più, le modalità di educazione alla cittadinanza.

Capitolo secondo

Cultura o competenza? Il punto d'arrivo del percorso scolastico e formativo

La relazione educativa: tra cultura e competenze

di Sergio Belardinelli

Cultura o competenza? A questa domanda la mia risposta è semplice: tutte e due. Un percorso scolastico che si rispetti, sia che si parli di scuola primaria o di scuola secondaria, credo che debba sempre tenere insieme i due livelli. Dubito infatti che si possa offrire una formazione (la famosa *Bildung*), senza offrire competenze; così come dubito che si possano trasmettere competenze, prescindendo dalla formazione.

Sappiamo bene che ciò che sto dicendo non è affatto scontato. Per alcuni, molti in verità, il pendolo sembra oscillare pericolosamente verso le competenze senza *Bildung*; per altri, al contrario, sembra orientarsi verso la *Bildung* senza competenze. Ma tant'è. Sempre di un errore si tratta.

C'è stato un tempo in cui la *Bildung* è stata usata invero come cattiva ideologia, come una specie di privilegio per pochissimi. Poi per un lungo periodo, diciamo tra la fine degli anni Sessanta e oggi, la *Bildung* è stata accantonata a vantaggio di altri ideali educativi. Oggi credo che ci stiamo rendendo conto che si è trattato di un errore molto grave, destinato peraltro a impoverire anche il molto di buono che è stato prodotto nel tentativo di rendere la scuola più adeguata ai nuovi tempi.

L'accantonamento della *Bildung*, della formazione dell'uomo, genera inevitabilmente disinteresse per tutto ciò che è umano. Mi spiego in questo modo la crisi delle nostre scuole, incapaci ormai, non solo di formare, ma anche di istruire o di offrire competenze. Del resto le competenze, da sole, non sono in grado di fungere da equivalente funzionale di una vera formazione umana. E si parla non a caso di "emergenza educativa", un'emergenza che assume il carattere assai più radicale di una vera e propria emergenza antropologica[1].

In ciò che segue vorrei dire qualcosa sul concetto di cultura e ricordare poi alcune ovvietà che riguardano l'educazione, che forse in questi anni, tutti presi da nuove sperimentazioni pedagogiche, abbiamo poco considerato.

Il concetto di cultura

Nel 1952, due antropologi americani, Clyde Kluckhorn e Alfred L. Kroeber, classificarono circa 300 definizioni del concetto di cultura, raggruppandone le caratteristiche salienti in 164 "tipi"[2]. A sessant'anni di distanza è da supporre che a queste definizioni se ne potrebbero aggiungere altre. Non c'è quindi bisogno di spendere molte parole sulla complessità del concetto di cultura. Conviene piuttosto delimitarne l'ambito a ciò che serve nel nostro contesto, con particolare riguardo al tema dell'educazione.

Preparata dall'entusiasmo illuministico per il progresso, per la "civiltà" e per la "civilizzazione", nonché dalla riflessione hegeliana sullo "spirito oggettivo", l'applicazione esplicita del termine "cultura" alle faccende umane, alla società e alla storia, è un evento che possiamo far risalire al XIX secolo, allorché Gustav Klemm, nel 1843, pubblicò il primo volume della sua *Allgemeine Cultur-Geschichte der Menschheit*, con l'intento dichiarato di rappresentare il graduale sviluppo dell'umanità nel suo insieme. Fino a quel momento con la parola "cultura" (dal latino *colere*) ci si riferiva principalmente alla "coltivazione" della terra, all'allevamento del bestiame o alla coltivazione dello spirito, nel senso di diventare appunto uomini "colti". Invece, da quel momento in poi, quando si parlerà di cultura, non ci si riferirà più soltanto all'educazione, alla formazione, a quanto cioè viene espresso con la parola tedesca

1. Riavvicinare il tema dell'educazione al tema antropologico rappresenta forse una delle questioni più urgenti del nostro tempo. La crisi dell'educazione è non a caso anche una crisi antropologica. Cfr. COMITATO PER IL PROGETTO CULTURALE DELLA CEI, *La sfida educativa*, Bari, Laterza, 2009.

2. Cfr. C. KLUCKHORN, A. L. KROEBER, *Il concetto di cultura*, Bologna, il Mulino, 1972.

Bildung, ma a qualcosa di multiforme che riguarda l'intera società e del quale possono essere descritte sia le componenti particolari, sia lo sviluppo generale.

Si passa, in altre parole, da una concezione della cultura di tipo umanistico-classico a una concezione di tipo socio-antropologico, da una concezione ottimistica e in ultima istanza normativa, fondata sulla fiducia di poter elevare, raffinare l'uomo, liberandolo progressivamente dall'ignoranza e dalla superstizione, a una concezione neutrale, descrittiva, tendente a identificarsi con la totalità di una società o di una civiltà.

Nel celeberrimo *Primitive culture* (1871) di Edward Burnett Tylor troviamo un po' la sintetica definizione di questa nuova concezione della cultura, al centro della quale non sta più il singolo individuo, bensì l'intera civiltà, ossia

> quell'insieme complesso che include la conoscenza, le credenze, l'arte, la morale, il diritto, il costume e qualsiasi altra capacità e abitudine acquisita dall'uomo come membro di una società[3].

La cultura non è più, o non è più principalmente, un ideale a cui gli individui tendono, bensì ciò che essi hanno acquisito in quanto membri di una società; diventa, in altre parole, un concetto onnicomprensivo, tendente a inglobare l'intera vita sociale[4].

Se il concetto classico-normativo di cultura costituiva un ideale educativo molto selettivo e, per certi versi, chiaramente elitario, esposto, come ho già detto, persino al rischio di venire usato in modo ideologico – da una parte le persone colte (poche), dall'altra la moltitudine degli incolti –, il concetto descrittivo di cultura allarga chiaramente il significato della parola; "cultura" diventa un po' tutto ciò che gli uomini pensano e fanno in quanto membri di una civiltà. La parola perde così certamente il suo carattere elitario, ma si espone al rischio di un'eccessiva frammentazione, al rischio di perdere di vista il proprio obiettivo primario.

In modo molto schematico, si potrebbe dire che una certa rigidità dei sistemi educativi del passato dipendeva da un concetto di cultura decisamente "normativo" in ordine a ciò che l'uomo

3. E.B. Tylor, *Alle origini della cultura*, Roma, Edizioni dell'Ateneo, 1985, p. 1.

4. Cfr. S. Belardinelli, *Sociologia della cultura*, alla voce "Cultura", in *Enciclopedia del Novecento*, Roma, Istituto della Enciclopedia Italiana, 2004, pp. 313-318.

sarebbe dovuto diventare, così come l'eccesso di sperimentazione educativa cui abbiamo assistito in questi anni ha a che fare con l'indebolimento di quel concetto, a favore di uno più "descrittivo" e, in fondo, più "aperto" e quasi indifferenziato. In ogni caso mi sembra che ciò che oggi dobbiamo assolutamente realizzare sia la conciliazione di questi due elementi.

Comunque la si voglia interpretare, la cultura abbraccia un po' la totalità dei prodotti dell'uomo; essa è all'opera sia allorché l'uomo coltiva la terra, sia allorché costruisce l'aratro per coltivarla, oppure inventa un grande poema per cantarne la bellezza. Qualsiasi attività umana – spirituale o materiale non fa differenza, proprio perché umana – esprime una "forma culturale", la quale, intrecciata con le altre forme culturali, va a costituire quello che può essere definito il mondo culturale umano: un mondo in cui, tanto per stare al nostro tema, la cultura non perde di vista il suo ideale formativo, diciamo pure un'idea di uomo, ma non sta nemmeno in antitesi con le diverse forme nelle quali l'uomo si esprime, con le diverse competenze che l'uomo deve acquisire, anzi, le suscita, le promuove e ne è da queste arricchita. Se, come è stato detto nell'introduzione di questa sessione, "la competenza è un sapere agito", è evidente che bisogna tenere uniti i due termini.

Competenze *vs* contenuti?

Negli ultimi anni, anche con la scusa che era l'Europa a volerlo, ci siamo forse lasciati prendere un po' troppo la mano da distinzioni spesso capziose, come quella tra "conoscenze", "competenze" e "abilità", costringendo gli insegnanti a familiarizzare con complicate tabelle, che avrebbero dovuto misurare la qualità del loro lavoro e dell'apprendimento dei loro studenti, ma che in realtà non misuravano un bel nulla. Giorgio Israel ha scritto in proposito una serie di articoli tanto sarcastici quanto interessanti, con riferimento al decreto legislativo 59/2004 e alla legge 169/2008, i quali impongono che la scuola primaria e secondaria rilasci allo studente la certificazione delle sue competenze, senza che esista una «definizione sensata di competenza»[5]. In modo ancora più drastico si è espresso in tal senso anche Laurent Lafforgue, allorché scrive:

> Di fatto le competenze non hanno valore, né possibilità di esistere in se stesse. Esse, cioè, non hanno alcun significato se non come attributi e proprietà delle persone. Un insegnamento che pretende di conferire competenze senza la mediazione delle conoscenze e senza passare attraverso un ordinamento ordinato e progressivo di queste ultime non rientra più nella categoria del dono – quello che il maestro fa ai suoi allievi con il proprio sapere –, ma intende programmare gli allievi piuttosto che istruirli e agire direttamente sulla loro personalità per trasformarla[6].

Liliane Lurçat liquida con altrettanta durezza l'insistenza di questi anni sulla necessità di trasmettere metodi anziché contenuti e saperi – il famoso "imparare ad apprendere":

> Ma si può imparare ad apprendere senza imparare veramente qualcosa? Questo tipo di discorso fumoso maschera, in realtà, la massiccia distribuzione degli insegnamenti[7].

– e degli insegnanti, aggiungo io. In ogni caso le nuove indicazioni per i programmi liceali messe in cantiere dal ministro Gelmini sembrano andare finalmente in un'altra direzione; ripristinano quanto meno una certa sobrietà linguistica, a favore soprattutto dei "contenuti". Come ha scritto Giorgio Israel,

> le nuove Indicazioni Nazionali non si basano su una rivalutazione delle conoscenze contro le competenze. Nulla di tutto ciò. Esse superano questa sterile contrapposizione tornando al buon senso, a un uso corretto dei termini e, nella fattispecie, all'uso del termine 'competenza' secondo il vocabolario della lingua italiana di Aldo Duro: "idoneità e autorità di trattare, giudicare, risolvere determinate questioni". Tanto meno mirano al nozionismo. Esse mirano a escludere sia ogni approccio meramente empiristico e pratico sia ogni approccio meramente teorico. Ma rivendicano rigore, serietà: sui contenuti dei saperi non si scherza, non vi deve essere più posto per dilettantismo e chiacchiere. Inoltre rivendicano cul-

5. Si veda in sintesi G. Israel, *La scuola delle "competenze" demenziali*, "Il Giornale", 18 novembre 2009.
6. L. Lafforgue, L. Lurçat (edd.), *La disfatta della scuola. Una tragedia incompresa*, Milano, Marietti, 2009, p. 235.
7. Ivi, p. 39.

tura e interdisciplinarità, come ben mostra l'originale presentazione per la matematica e la fisica[8].

Del resto, come si possono acquisire "competenze", senza che vengano insegnati "contenuti"? Per usare le parole di Giorgio Chiosso,

> non basta "apprendere ad apprendere", ma occorre anche "apprendere qualcosa". Una scuola ricca di contenuti culturali apre alla possibilità che lo studio sistematico e critico delle discipline diventi la strada per aiutare i ragazzi a chiedersi il perché della realtà, il perché del nostro essere comunità, il perché del nostro rapporto con il sapere. In questo consiste il senso educativo della scuola, la sua proposta per far crescere i ragazzi e introdurli alla realtà e difenderli dalla tentazione del "virtuale"[9].

A questo proposito trovo molto istruttivo una articolo, pubblicato sul "Wall Street Journal" del 27 febbraio 2008, dal titolo *La libertà di scelta non basta*, nel quale vengono passate in rassegna le principali esperienze pedagogiche americane di questi ultimi quindici, vent'anni. La tesi di fondo che esso sostiene può essere riassunta in questo modo: le liberalizzazioni in materia scolastica, ovvero la possibilità offerta alle famiglie americane di scegliere in quale scuola mandare i propri figli, grazie a un sistema di *vaucher* e di altre modalità di finanziamento, hanno prodotto indubbiamente dei vantaggi, specialmente per gli alunni più poveri, ma oggi non bastano più. Soprattutto sembra che la competizione tra scuole non abbia prodotto quel generale miglioramento della scuola pubblica, che pure ci si aspettava. E questo per il semplice motivo che non si è prestata la giusta attenzione ai contenuti insegnati e alla qualità degli insegnanti, formati per lo più in ossequio alla stessa ideologia del "politicamente corretto". Statistiche alla mano, come mostra in particolare l'esperienza dello stato del Massachusetts, balzato al primo posto tra gli stati americani in fatto di promozione delle capacità linguistiche e aritmetiche degli alunni, sembra che il ritorno a una pedagogia "basata sui contenuti" sia la migliore ricetta per rilanciare il sistema educativo.

8. G. ISRAEL, *Gli esperti che criticano la Gelmini sono mai stati in classe?*, Il Sussidiario.net, 9 aprile 2010.

9. G. CHIOSSO, *C'è un'"alleanza" che vince l'ideologia di contenuti e metodi*, Il Sussidiario.net, 6 dicembre 2010.

La competizione tra le scuole è dunque importante, ma più importante ancora sarebbe la chiara definizione della missione che si attribuisce all'educazione, come pure dei contenuti da insegnare e delle competenze da acquisire. Come ebbe a dire il nostro ministro Fioroni (purtroppo senza avere il coraggio di metterlo in pratica fino in fondo) più di certe chiacchiere pedagogiche, contano le tabelline, la grammatica e la geografia.

Quale insegnamento trarre dunque dalle suddette esperienze americane?

Intanto mi sembra importante sottolineare come le discussioni sulla pur necessaria liberalizzazione del nostro sistema educativo non debbano farci perdere di vista la qualità dell'insegnamento. Voglio dire che garantire alle famiglie la libertà di scegliere in quale scuola mandare i loro figli con adeguati finanziamenti pubblici è di sicuro molto importante, ma più importante ancora è la battaglia culturale che occorre condurre affinché le nostre scuole non diventino per questo centri ideologici in conflitto tra loro, né rimangano quei luoghi di sperimentazione e di parcheggio, avvolti dai fumi di una pedagogia sempre più autoreferenziale e incomprensibile, che abbiamo ormai da troppo tempo sotto gli occhi.

Non ha senso una scuola dove l'evoluzionismo venga insegnato in alternativa al creazionismo, o viceversa. Io, cattolico, preferisco senz'altro per i miei figli un professore ateo e materialista, che però è competente, appassionato e rispettoso delle mie idee, a un professore cattolico come me, ma incompetente, disamorato di ciò che insegna, e magari fanatico. Il pluralismo scolastico non deve diventare quindi un pluralismo ideologico. Ma non deve essere neanche osteggiato in nome di ideologie tanto pervasive quanto fasulle, tipo quell'ideologia egualitaria che ha dominato e domina ancora nelle nostre scuole. A scuola si debbono imparare contenuti e acquisire competenze, grazie a insegnanti capaci di creare relazioni educative degne del nome, sotto il legittimo controllo dello stato.

Non si tratta quindi, come paventa qualcuno, di ritornare al passato, a una scuola per pochi, tutta rigore e severità. Si tratta piuttosto di prendere molto sul serio le sfide dei nostri tempi, le grandi opportunità aperte dalle nuove tecnologie digitali, dalle nuove conoscenze sul funzionamento della mente umana, e lavorare per davvero alla realizzazione di quella "società della piena conoscenza" di cui tanto si parla. Ma soprattutto bisogna essere ben consapevoli di quale sia la vera posta in gioco nell'educazione: non tanto e non solo l'acquisizione di contenuti o di competenze, ma appunto la nostra formazione in quanto uomini. L'educazione deve aiutarci a trovare ragioni di vita, di senso, di responsabilità[10]. A questo proposito mi sembra opportuno ricordare alcune ovvietà, che considero fondamentali.

Il carattere generativo dell'educazione

Il semplice fatto di nascere uomini implica che abbiamo bisogno di educazione. Ne abbiamo bisogno, non per diventare buoni cattolici o buoni cittadini, ma semplicemente per trovare la nostra strada, per sentirci a casa nel mondo che abitiamo e diventare ciò che siamo: uomini, appunto; persone, la cui irripetibile unicità si esprime sempre in un tessuto di relazioni costitutive. Ma la nostra epoca sembra averlo dimenticato.

Viviamo, come è noto, in una società "ipotetica", orgogliosa della propria "debolezza" normativa e intellettuale. La libertà di ciascuno di orientare a piacimento la propria vita è diventata una sorta di dogma da far valere in ogni ambito della vita individuale e sociale, quindi anche nelle istituzioni educative, le quali, proprio per questo – si pensi alla famiglia e alla scuola – hanno finito con il navigare a vista, senza una rotta precisa, né un obiettivo sociale da raggiungere. La maggiore libertà di cui tutti godiamo, i grandi mezzi di comunicazione di cui disponiamo avrebbero preteso soprattutto maggiore responsabilità da parte di tutti i soggetti coinvolti nei diversi processi educativi. Invece abbiamo abdicato proprio su questo punto, generando una situazione paradossale e drammatica. Mai come oggi l'educazione è stata tanto necessaria, visto che, essendo tutti più liberi e più bombardati da tante "informazioni", siamo anche più esposti, specialmente i ragazzi e i gio-

10. Cfr. G. Angelini, *Educare si deve, ma si può?*, Milano, Vita e Pensiero, 2002. Sul significato dell'educazione oggi si veda G. Chiosso (ed.), *Sperare nell'uomo. Giussani, Morin, MacIntyre e la questione educativa*, Torino, sei, 2009.

vani, al rischio di non venire a capo della nostra vita; e mai come oggi l'educazione è stata un bene tanto scarso.

In questi anni abbiamo parlato molto di amicizia tra genitori e figli e tra maestri e allievi, molto di tecniche educative, ma troppo poco di educazione, ossia di responsabilità, serietà, doveri (anche da parte dei figli e degli allievi); abbiamo parlato troppo poco di bellezza, di passione, di questioni sostanziali collegate ai valori, alle convinzioni, alle tradizioni culturali dei popoli, senza accorgerci che in questo modo stavamo semplicemente fuggendo da noi stessi. E oggi tutto ciò lo paghiamo, in termini di spaesamento, di sradicamento, di disagio sempre più profondo da parte sia degli adulti sia dei giovani: i primi sempre più impauriti di fronte alle loro responsabilità, sempre più accondiscendenti e incapaci di testimoniare alcunché; i secondi sempre più esigenti, capricciosi e incapaci persino di mostrare esplicitamente la loro rabbia. Ci siamo erroneamente illusi che l'educazione potesse essere una materia da "esperti", dimenticando così le poche e semplici evidenze elementari su cui, da sempre, si fondano tutte le vere relazioni educative: convinzioni profonde, amore, esempio e, soprattutto, nessuna pretesa di essere padroni della situazione. Un progetto educativo non è, non può essere, un progetto tecnico; è un processo di generazione di una persona, e quindi resta sempre esposto al rischio della libertà che ciascuno di noi è[11].

«La vita è ciò che accade mentre stai facendo altro», cantava John Lennon. Non sono sicuro che avesse ragione. Ma certamente ci sono buone ragioni per pensare che la cosa valga per l'educazione. Davvero questa accade mentre stiamo facendo altro. Se ci pensiamo bene, le persone che hanno influito di più sulla nostra vita, lo hanno fatto grazie a ciò che, con l'esempio, con la parola, con uno sguardo, ci hanno insegnato implicitamente, non esplicitamente. Per questo è estremamente difficile e sbagliato trasformare l'educazione in un protocollo da seguire.

Elusa la questione del significato vero dell'educare, di fatto abbiamo eluso anche la vera posta che è in gioco nell'educazione: un

11. Cfr. S. Belardinelli, *La normalità e l'eccezione. Il ritorno della natura nella cultura contemporanea*, Soveria Mannelli, Rubbettino, 2002 – soprattutto la seconda parte del saggio.

ideale di umanità, un ideale antropologico, tutta una tradizione, una storia, che ci interpellano e di cui dobbiamo farci carico, ognuno con la nostra libertà. Anziché puntare alla formazione della persona, ci siamo affidati alle metodologie, ai "saperi" da trasmettere, alla neutralità delle nozioni e dei valori insegnati, generando così disinteresse psicologico e relativismo ideologico, ma nessuna vera formazione.

Non è casuale che in questo processo siano andati in crisi sia la funzione educativa della famiglia, sia il significato della tradizione, sia la figura del "maestro" chiamato ad attualizzarla con intelligenza, partecipazione e passione. Quanto ai nostri figli, essi non solo non sanno più nulla di storia, ma non conoscono più nemmeno il passato delle loro famiglie, il nome dei loro nonni. È venuto meno insomma il senso di appartenenza a una catena generazionale e, con esso, il carattere "generativo" dell'educazione, vera chiave di volta di ogni proposta educativa degna del suo nome[12].

L'importanza della tradizione

Se fino a ieri sembrava quasi scontato che una generazione dovesse farsi carico dell'educazione dei "nuovi venuti" secondo la tradizione ereditata dai padri, oggi, chi più chi meno, tutti constatiamo la dissoluzione di questa sorta di automatismo. La parola "tradizione" è diventata non a caso sospetta, sinonimo quasi di vecchiezza e di incapacità di far fronte ai nuovi problemi; una parola, insomma, di quelle che suscitano reazioni emotive sfavorevoli.

Quanto alla scuola, dopo la fase di politicizzazione più estrema e più vandalica proprio nei riguardi della tradizione, oggi essa sembra avere perlopiù accantonato qualsiasi pretesa di essere un luogo educativo al servizio dei valori fondamentali della comunità, e galleggiare ormai affannosamente in un mare di incertezze. Prive di riferimenti normativi e culturali forti, le nostre istituzioni educative navigano a vista; non hanno una rotta precisa, né un obiettivo sociale da raggiungere; si sono fatte sempre più autore-

12. Il concetto è stato ben esplicitato nel primo capitolo del volume curato dal Comitato per il Progetto Culturale della Cei, *La sfida educativa*, cit.

ferenziali, sempre più invischiate in problemi che sono esse stesse a creare, in una sorta di continuo cortocircuito con la realtà. Vengono moltiplicate le discipline di studio e contemporaneamente si registra una diffusa perdita di senso dello studio stesso; si dice che i ragazzi, studiando, debbono soprattutto divertirsi, e poi ci si sorprende che essi, alla scuola, preferiscano altri divertimenti; si parla tanto, e giustamente, di una sorta di orgia dell'informazione nella quale tutti saremmo immersi, ma la scuola, anziché fornire gli strumenti adatti a districarsi in quest'orgia, sembra farsene semplice cassa di risonanza; in nome di un malinteso pluralismo si eludono le questioni sostanziali collegate ai valori, alle convinzioni, alle tradizioni culturali dei popoli, e poi ci si sorprende che i giovani non diventino per questo più aperti all'"altro", ma semplicemente più spaesati, più sradicati e quindi più esposti al rischio di nuovi fanatismi. La scuola, si dice, deve servire a introdurre i giovani nel mondo del lavoro; ma poi, almeno in Italia, dobbiamo registrare un'incomprensibile avversione per le cosiddette "scuole professionali"; l'introduzione delle nuove tecnologie multimediali viene presentata sovente come la nuova frontiera dell'educazione, ma in realtà sembra accentuare soltanto il disorientamento che pervade i nostri sistemi educativi, sempre più improntati a una preoccupante superficialità. Per farla breve, tutto sembra configurarsi come una sorta di alibi per eludere la questione cruciale: che cosa significa educare?[13].

«Educare l'uomo – così recita uno dei tanti aforismi fulminanti di Nicolás Gómez Dávila – è impedirgli la libera espressione della sua personalità»[14]. Ecco una bella provocazione per gran parte della pedagogia contemporanea. Non si tratta infatti di ribadire, magari contro Rousseau, il senso di un'educazione autoritaria. Ormai credo che un salutare antiautoritarismo sia stato digerito pressoché da tutti. Si tratta piuttosto di non dimenticare la realtà, di non dimenticare che non rimarremo per sempre bambini e che la nostra riuscita nella vita, la nostra felicità dipenderanno soprattutto dalla "coscienza" che avremo acquisito della realtà e di noi

13. Cfr. P. Terenzi, *Per una scuola di qualità*, Roma, Edizione Ideazione, 2002.

14. N. Gómez Dávila, *In margine a un testo implicito*, Milano, Adelphi, 2001, p. 39.

stessi e dalla nostra capacità di vivere in armonia con entrambi, senza velleitarismi, abdicazioni o risentimenti.

Lasciati a loro stessi, come aveva ben intuito Durkheim, gli uomini sono destinati a cadere vittime dei loro desideri senza fine[15]. Proprio per questo ci vuole l'educazione e ci vogliono maestri capaci di insegnare. Ma è difficile avere l'una e gli altri se non c'è un patrimonio di valori e di saperi, diciamo pure, una tradizione, ritenuta degna di essere tramandata, per la quale, essendo considerata appunto un "bene", è giusto esigere rigore, fatica, disciplina e, *incredibile dictu*, fiducia nel futuro. Proprio così: fiducia nel futuro.

Il principio vitale della tradizione, infatti, non è tanto e non è solo il passato, la memoria, ma la capacità di assicurare continuità alle nostre vite, predisponendole al futuro. Invece, disamorati come siamo della nostra tradizione, sempre più sfiduciati nel nostro futuro, ci siamo ormai assuefatti all'idea che a scuola non si debba mai chiedere a qualcuno di imparare qualcosa di difficile. Qualsiasi proposta educativa incentrata sulla "qualità" viene non a caso liquidata come intrinsecamente "elitaria". Ma in questo modo, come ha denunciato Christopher Lasch, ci allontaniamo sempre di più dal senso stesso dell'educazione[16]. Anziché indirizzare l'attenzione dello studente verso quello che all'inizio egli può forse faticare a capire, ma il cui fascino potrebbe anche afferrarlo, si preferisce ricorrere, tranne che in rarissimi casi privilegiati, alla semplificazione, al livellamento, all'annacquamento, ossia ad atteggiamenti che George Steiner, in una pagina memorabile della sua autobiografia intellettuale, definisce non a caso «criminali», e

15. Scriveva Durkheim: «Quando si considerano i fatti quali sono e quali sono sempre stati, appare evidente che ogni educazione consiste in uno sforzo continuo per imporre al bambino modi di vedere, di sentire e di agire, a cui non sarebbe pervenuto spontaneamente. Fin dai primi tempi della sua vita lo costringiamo a mangiare, a bere, a dormire ad ore regolari, lo costringiamo alla pulizia, alla calma, all'obbedienza; più tardi, gli facciamo imparare a tener conto degli altri, a rispettare gli usi e le convenienze, lo costringiamo al lavoro e così via. Se col tempo questa costrizione non viene più sentita, ciò accade perché a poco a poco dà origine ad abitudini e a tendenze interne che la rendono inutile, ma che la sostituiscono soltanto perché ne derivano» (E. Durkheim, *Le regole del metodo sociologico*, Milano, Edizioni di Comunità, 1969, p. 28).

16. Si veda su questo punto C. Lasch, *La cultura di massa in questione*, in "Futuro Presente", 1993, n. 4, pp. 77-90.

dietro ai quali egli vede nascondersi una «condiscendenza volgare» verso gli studenti stessi, giudicati a priori incapaci di migliorarsi[17]. Sembra insomma non esserci più posto per una vera e propria "formazione", cioè per quel processo attraverso il quale, con impegno e rigore, l'individuo assimila criticamente un determinato universo di valori, non soltanto direttamente in certe discipline specifiche, poniamo la filosofia o la religione, ma anche indirettamente in tutte le altre discipline: dall'aritmetica alla grammatica, dalla storia alla geografia, e perfino in quelle che una volta si chiamavano "applicazioni tecniche".

Per dirla ancora con le parole di Christopher Lasch, qualsiasi tentativo di avvicinare qualcuno a un determinato orizzonte di valori rischia oggi di venire considerato come un «attentato alla sua "libertà di scelta"»[18]. Ma proprio se abbiamo a cuore questa libertà, checché ne dicano tanti postmoderni, occorre invertire la rotta. Essa non si conquista infatti con la "neutralità etica", né rinunciando alla formazione a vantaggio della semplice comunicazione di saperi. La *Bildung* è molto di più che un "sapere" o una semplice "competenza". Meno che mai essa può essere ridotta a informazione. Direi anzi che oggi uno dei sui compiti principali sia proprio quello di salvarci dall'informazione, di aiutarci a resistere all'enorme flusso di informazioni dal quale siamo sopraffatti. Ma per far questo, per svolgere questa fondamentale funzione al servizio della libertà e dell'irripetibile unicità di ciascun individuo, la *Bildung* ha bisogno di tornare a radicarsi saldamente nella nostra tradizione; ha bisogno di tornare a essere veramente una "relazione educativa". E tutto ciò semplicemente per aiutare l'uomo a essere se stesso. Come disse Hannah Arendt, «la scuola deve essere conservatrice per preservare quanto c'è di rivoluzionario e di nuovo in ogni bambino»[19].

A differenza degli altri animali, gli uomini hanno bisogno di molto tempo per "trovarsi", per imparare a dire "io", per condurre una vita all'insegna dell'autonomia, della libertà e della responsabilità; hanno bisogno di relazioni significative con altre persone

17. Cfr. G. Steiner, *Errata. Una vita sotto esame*, Milano, Garzanti, 1997.
18. Lasch, *La cultura di massa in questione*, cit.
19. H. Arendt, *Tra passato e futuro*, Milano, Garzanti, 1991, p. 238.

che li amino e, amandoli, sappiano schiudere loro la bellezza del mondo e della vita. Ciò che siamo, lo ripeto, dipende in primo luogo dalle persone che ci hanno amato e dall'educazione che abbiamo ricevuto. Ma proprio per questo mi sembra importante non dimenticare mai il significato di una vera relazione educativa.

Quando la Arendt esorta la scuola a essere conservatrice, non vuole dire che la scuola deve tornare alle chiusure, agli autoritarismi e agli schematismi del passato; ci mette semplicemente in guardia dal rischio che la scuola si faccia troppo "sperimentale" e che, in questo modo, essa possa contribuire a creare sradicamento, mancanza di senso di ciò che si insegna e si fa. Può sembrare banale, ma ciò che contraddistingue un qualsiasi "esperimento" è la possibilità che esso fallisca. Quando si fanno esperimenti bisogna sempre mettere nel conto il fallimento. La scienza, si sa, impara proprio dai suoi errori; cresce addirittura grazie a questi. Ma non è così quando si parla di educazione. Un esperimento educativo fallito è una catastrofe senza compensi. La scienza pedagogica potrebbe trarne certo qualche insegnamento, ma per il bambino che ne ha fatto le spese è una perdita secca, una perdita irrimediabile, visto che non avrà più la possibilità di ripeterlo, di ritornare a scuola in un altro modo.

È per preservare ciò che di "rivoluzionario" c'è in ogni bambino, diciamo pure la sua "novità", la sua capacità di trasformare il mondo nel quale arriva, che la scuola deve essere "conservatrice". La nostra vita quotidiana, specialmente oggi, ci costringe a fare continuamente esperimenti d'ogni tipo. La maggiore libertà che ci siamo conquistati rende la vita individuale e sociale sempre più rischiose. Ma proprio per questo è diventata tanto importante l'educazione. Sono precisamente coloro che hanno avuto la fortuna di sperimentare autentiche relazioni educative ad avere maggiori possibilità di riuscita nelle nostre società complesse, trasformando gli esperimenti sociali quotidiani in opportunità di vita autonoma e libera; sono precisamente coloro che sentono di appartenere a una storia, a una trama generazionale, ad avere, non sembri paradossale, maggiori capacità di sfruttare al meglio le grandi opportunità del nostro tempo; sono coloro che hanno acquisito coscienza di sé, del proprio "io", ad essere più capaci di incontrare e dialogare con gli altri.

A differenza di quanto sostiene un autore come Ulrich Beck, non credo che alla base della nostra capacità inclusiva nei confronti degli altri debba stare la «virtù della mancanza dell'orientamento»[20]. Che le nostre vite siano diventate sempre più «policentriche», che cioè si debba vivere perennemente «in viaggio in molti mondi (in senso proprio e figurato)»[21], oppure che si debba sviluppare «una cultura della disponibilità al rischio e alla creatività»[22]; tutto questo possiamo anche assumerlo come un dato di fatto incontestabile, e Beck fa senz'altro bene a rimarcarlo, purché non significhi, però, che le nostre identità debbono diventare sempre più labili, mobili, flessibili e, in ultimo, indifferenziate. La flessibilità, la mobilità, la disponibilità al rischio e alla creatività sono infatti risorse di valore inestimabile per gli individui e per le società; ma, lo ripeto, solo chi ha un'identità, ossia convinzioni forti, riesce a sfruttarle a pieno senza disorientarsi; riesce a operare quelle «distinzioni inclusive» che per Beck sono il tratto di una capacità interculturale all'altezza dei tempi, senza scadere in uno sterile e vuoto indifferentismo. Il disorientamento non produce apertura; può produrre tutt'al più timore, incapacità di comprendere veramente sia ciò che è "altro", sia ciò che ci è proprio e familiare, preparando così il terreno ideale per la chiusura e l'intolleranza. Quanto più avremo invece consapevolezza della nostra identità tanto più ci sarà facile dialogare autenticamente con tutti: praticare cioè quell'«universalismo-sensibile-alle-differenze»[23] di cui parla Habermas, capace di includere l'altro, salvaguardandone contemporaneamente la diversità.

Se ci pensiamo bene, e concludo, anche questa nostra capacità inclusiva dipende dall'educazione. È proprio il caso di dire che ovunque volgiamo lo sguardo, l'educazione emerge come tema centrale, andando a sovrapporsi addirittura alla questione antropologica. Sarebbe quindi davvero incredibile che la riducessimo a sterili diatribe tra fautori della cultura e fautori delle competenze.

20. U. Beck, *Che cos'è la globalizzazione*, Firenze, Carocci, 1999, p. 22.
21. Ivi, p. 96.
22. Ivi, p. 176.
23. J. Habermas, *L'inclusione dell'altro*, Milano, Feltrinelli, 1998, p. 55.

Modelli pedagogici e nuove competenze nella scuola del futuro

di Claudio Gentili

Introduzione

I cambiamenti fondamentali intervenuti nella composizione settoriale del lavoro e nelle professioni stanno plasmando in modo nuovo le politiche educative europee e nazionali. L'idea di mercati del lavoro statici, di occupazioni stabili nel tempo per contenuto e durata, di qualificazioni (incluse quelle universitarie) definitive e sempre valide risulta ormai obsoleta, di ostacolo più che di incentivo all'innovazione e alla occupabilità. Al suo posto si è fatta strada una visione dinamica delle professioni e delle modalità di acquisizione di conoscenze e competenze, che consenta sia di favorire l'incontro tra *skills* domandate e offerte, sia di anticipare la richiesta futura delle imprese[1].

In termini generali, negli ultimi decenni i livelli di istruzione sono apparsi in aumento, in particolare tra i giovani e le donne. Circa la metà dei cittadini europei che continuano a formarsi in età adulta lo fa oggi per migliorare il proprio lavoro e avanzare in carriera. La domanda per alte professionalità è in crescita. Secondo autorevoli previsioni, nel 2020 il 32% dei lavori richiederà qualifiche di terzo livello (universitarie), mentre per il 50% saranno necessarie qualifiche di livello medio (diploma e post-

1. Lo sviluppo delle nuove tecnologie e i nuovi processi di lavoro che implicano professionalità complesse e compiti non routinari hanno ripercussioni su tutte le occupazioni, persino su quelle che erroneamente definiamo "elementari". Ad esempio, oggi ci si aspetta che i lavoratori dell'edilizia, un tempo considerata un settore per personale non qualificato, comprendano i codici di costruzione, conoscano e sappiano applicare la normativa ambientale e i materiali, e utilizzino strumenti informatici. A maggior ragione ciò vale per l'insieme dei settori legati alle caratteristiche peculiari del "Made in Italy".

diploma); in parallelo, la domanda di lavoratori con qualifiche di basso livello diminuirà (dal 33% nel 1996 al 18% nel 2020). Anche se per la maggioranza delle nuove occupazioni saranno richieste qualifiche di livello elevato, gran parte dell'offerta di lavoro avrà bisogno di qualifiche di livello medio, in particolare di tipo tecnico e professionale.

In questo scenario non possiamo permetterci che la nostra offerta formativa, dalla formazione professionale agli istituti tecnici, ai nuovi ITS, ai Politecnici e alle università fallisca nel compito di fornire conoscenze e competenze professionali adeguate. Come suggerisce la denominazione di un'iniziativa della Commissione Europea, la sfida che ci attende è quella della creazione di *nuove competenze per nuovi lavori*, sapendo guardare oltre gli effetti immediati della recessione, e concentrandosi sempre più e meglio sulla corrispondenza tra competenze professionali e lavoro – anche attraverso gli strumenti e i metodi che la ricerca viene man mano elaborando[2].

Ora, il linguaggio delle competenze costituisce il ponte principale tra formazione e lavoro. Non dobbiamo dimenticarlo, specie nel nostro Paese – nel quale una delle maggiori criticità del mercato del lavoro consiste proprio nella bassa qualità e nell'inefficienza della formazione[3].

La definizione – tutt'altro che facile – di "competenza"

Il superamento del modello tayloristico del lavoro, codificato all'inizio del Novecento, ha comportato una trasformazione del concetto tradizionale di *ruolo professionale*, che ne ha evidenziato sempre più il carattere relazionale e personale, mettendo in risalto l'importanza del suo contesto (interno ed esterno), inteso come

2. Come quelli elaborati dall'Europa (*European Qualification Framework*, *European Credit System*, *European Quality Assurance System*), allo scopo di permettere il confronto e il riconoscimento di tutte le competenze acquisite nei vari canali di apprendimento, formale e informale.

3. Cfr. F. Pasquini, M. Tiraboschi, *La certificazione dopo il collegato lavoro (L. 183/2010). Manuale di teoria e pratica*, Milano, Il Sole24Ore in collaborazione con Adapt-Centro Studi "Marco Biagi", 2011.

ambito culturale, e quindi come fattore di stimolo e di sviluppo sia della personalità sia della professionalità del soggetto. In estrema sintesi: si è passati da un concetto di lavoro definito come elenco prescrittivo di compiti, "fissati" in modo rigido in una mansione, a un altro concetto, centrato sulla conoscenza e sulle relazioni – e quindi sulle istanze che interpellano la responsabilità del lavoratore ai fini della risoluzione dei compiti e dei problemi, che costituiscono la materia e l'oggetto stesso del suo lavoro[4].

Tale evoluzione, riconducibile a diverse cause[5], ha posto sempre più in rilievo l'importanza del momento della "competenza" – di tutt'altro che facile, però, definizione, come attesta l'ampia letteratura in materia. Senza la pretesa di esaurire in poche righe il dibattito, ricordo alcune delle più importanti teorizzazioni.

Dal punto di vista della "prospettiva" da cui il sistema produttivo ha guardato nel passato prossimo alla competenza si possono registrare due posizioni. La prima la definisce come un attributo "individuale", ovvero intrinseco alla persona; la seconda la considera come un "fattore strategico" che rientra piuttosto nella logica del *business*, e dunque estrinseco rispetto al soggetto umano.

Tra coloro che la considerano un fattore *intrinseco* troviamo soprattutto l'elaborazione di Spencer e Spencer, per i quali essa è

> una caratteristica intrinseca individuale che è causalmente collegata a una *performance* efficace o superiore in una mansione o in una situazione e che è misurata sulla base di un criterio prestabilito[6].

4. Cfr. D. Nicoli, *Il lavoratore coinvolto. Professionalità e formazione nella società della conoscenza*, Milano, Vita e Pensiero, 2009.

5. Principalmente: la riorganizzazione dei sistemi produttivi e l'emergere di nuovi modelli incentrati sulla flessibilità e sulla qualità del processo e del prodotto; la segmentazione del mercato del lavoro e le nuove forme di differenziazione e stratificazione sociale; la crescita delle strutture professionali basate su specifici ambiti di sapere, di competenze e di regole; le trasformazioni del modo di lavorare, a partire dall'utilizzo delle tecnologie informatiche e microelettroniche.

6. L.M. Spencer, S.M. Spencer, *Competenza sul lavoro*, Milano, Franco Angeli, 1995. Questi studiosi hanno sviluppato il noto *modello iceberg*, che definisce la competenza sulla base di cinque caratteri distintivi: le motivazioni, i tratti, l'immagine di sé, la conoscenza di discipline o argomenti specifici, le *skills*. Questi caratteri vengono ulteriormente suddivisi in due tipologie. *Skills* e conoscenze sono collocati nella parte emersa dell'*iceberg*: si tratta infatti di qualità osservabili e relativamente superficiali, le più facili da sviluppare, soprattutto attraverso un sistema efficace di formazione. Tratti e motivazioni rappresentano invece la parte nascosta dell'*iceberg*:

Questa definizione riconduce la competenza alle *performances*, e quindi al processo di lavoro. Qui è anzitutto la specificità del processo lavorativo a definire il tipo di conoscenze richieste e necessarie per un'efficace prestazione. In tale contesto, la competenza risulta fortemente assimilabile a un'abilità tecnica sperimentata con successo.

Tra coloro che invece considerano la competenza un fattore *estrinseco* troviamo Hamel e Prahalad, che ricorrono alla categoria di "competenze strategiche" (*core competences* o *capabilities*) per individuare nell'azienda il luogo dove si può realizzare il processo di acquisizione delle competenze[7] - inteso in senso non strettamente individuale, bensì come caratteristica propria di un sistema organizzativo.

In questa seconda ottica, la competenza non appartiene a singole persone, funzioni o unità di *business*, ma è un intreccio di *skills* e tecnologie che attraversa l'organizzazione, e che lega in una maniera unica e distintiva più attività. Essa risulta quindi un fatto tipicamente organizzativo, anche se contiene comunque, se pur in modo non determinante, la componente individuale: il singolo non può apprendere gli elementi propri della competenza, se non viene in qualche modo implicato nel processo organizzativo. Da tale punto di vista, "strategico", ciò che conta è ricercare le condizioni del successo delle imprese: le "competenze distintive" sono la leva fondamentale per la generazione e il mantenimento nel tempo del loro vantaggio competitivo[8].

Fin qui la definizione di competenza, muovendo dall'impresa e dal mondo della produzione. La questione si fa ancora più complessa, se si considera che tale nozione porta con sé anche (e non potrebbe essere altrimenti) tutta una serie di ulteriori tratti e significati, provenienti dal modo in cui si concepiscono il lavoro e

sono le componenti più difficili da sviluppare. L'immagine di sé non rientra in nessuno dei due tipi indicati, poiché viene considerata un fattore intermedio, comune ai due ambiti: se pure può essere modificata da *training*, psicoterapia o esperienze positive di sviluppo, implica comunque un percorso molto complicato, che richiede un notevole investimento di tempo e risorse.

7. G. Hamel, C.K. Prahalad, *Alla conquista del futuro*, Milano, Il Sole 24 Ore, 1995.

8. Nicoli, *Il lavoratore coinvolto. Professionalità e formazione nella società della conoscenza*, cit.

l'uomo come suo soggetto. L'architettura di concetti tracciata fin qui – ruolo, compito, *performance*, organizzazione, valutazione, *business*, strategia – si allarga allora a fattori di sempre maggiore densità economica e antropologica, come bisogno, contratto, risorsa, formazione, valore, persona.

Troviamo una descrizione esemplare di tale complessità nella riflessione di uno dei massimi studiosi contemporanei:

> In molti casi la nozione di competenza che viene utilizzata nei progetti [scolastici e formativi] risale a quella della fine degli anni '60: una somma di sapere, saper fare e saper essere. In realtà le competenze sono qualcosa di più complesso [...]. La competenza è una costruzione: è il risultato di una combinazione appropriata di svariate risorse. Per questo è opportuno distinguere:
> – le risorse necessarie alla costruzione delle competenze;
> – le competenze propriamente dette, che si esprimono in termini di attività o pratiche professionali e corrispondono a "schemi" [...] specifici di ciascuna persona;
> – le prestazioni (*performances*) che costituiscono i risultati verificabili delle azioni poste in essere (indicatori di qualità, tassi di soddisfazione della clientela, quantità di prodotti, tasso di valore aggiunto, quantità degli scarti ...).
> Le risorse derivano da un duplice equipaggiamento al quale la persona può ricorrere per costruire le sue competenze: il suo equipaggiamento personale (conoscenze, abilità, *savoir-faire*, attitudini, esperienze, ecc.) e l'equipaggiamento che le viene dall'ambiente in cui vive (reti di rapporti umani, strumenti, banche dati, ecc.).
> Non esiste un rapporto puntuale fra ciascun elemento delle risorse e ciascuna competenza. La stessa risorsa può servire a una pluralità di competenze. Ed esistono svariati assi per queste combinazioni, attorno ai quali si costruiscono le competenze.
> La capacità di combinare queste risorse è la competenza di una persona di costruire le competenze che le sono necessarie. Si tratta di una capacità molto complessa, una sorta di "scatola nera" difficilmente accessibile e che si trova nel cuore dell'autonomia di un individuo[9].

Più puntualmente ancora, in un altro testo, egli afferma:

> La competenza non risiede nelle risorse da mobilitare ma nella mobilitazione stessa di queste risorse [...]. Qualunque competenza è finalizzata

9. G. Le Boterf, *L'ingénierie des compétences*, Paris, Editions d'Organisation, 1998.

> (o funzionale) e contestualizzata [...]. La competenza è un saper agire o reagire riconosciuto [...] non si riduce alla singola prestazione ma non si dà competenza al di fuori delle prestazioni[10].

Siamo così introdotti in un'ottica, insieme sociale e antropologica, che invita a considerare la competenza come una caratteristica della persona: appare dunque preferibile parlare di persona "competente", piuttosto che soltanto di competenza.

Vista di qui, la competenza si presenta ora come una particolare relazione sociale, dotata di un fondamento etico. Non s'identifica con una *performance*, né con una semplice somma di *performances*, né con l'insieme di conoscenze, abilità, comportamenti ritenuti necessari per il suo esercizio. Rimanda piuttosto al *giudizio di fiducia*, espresso da un attore individuale o collettivo nei confronti di una persona; e indica l'elemento, o il fattore sintetico su cui si fonda il riconoscimento sociale entro una relazione di scambio, e insieme di consenso, tra individui e istituzioni[11].

Negli ultimi vent'anni la riflessione di Le Boterf, alla quale ho potuto qui solo accennare[12], ha rimesso in discussione certezze consolidate nell'ambito della formazione professionale e dell'aggiornamento delle competenze nei contesti lavorativi, suscitando un'ampia discussione a livello internazionale. Al di là dei modelli concettuali prescelti per comprendere e focalizzare la tematica delle competenze possiamo dire che tutte le diverse definizioni fin qui elaborate si muovono su cinque linee fondamentali:

1) la necessaria contestualizzazione delle conoscenze in relazione a uno specifico ambiente organizzativo;
2) il legame imprescindibile fra competenza e *performance*, quest'ultima interpretata all'interno di una concezione multifattoriale e non lineare;

10. G. Le Boterf, *De la compétence. Essai sur un actracteur étrange*, Paris, Editions d'Organisation, 1994, pp. 16-18.

11. Cfr. A. Mutti, *Capitale sociale e sviluppo. La fiducia come risorsa*, Bologna, il Mulino, 1998.

12. Cfr. G. Le Boterf, *Repenser la compétence*, Paris, Edition d'Organisation, 2008 (2ª ed. 2010).

3) l'importanza del saper fare e della "conoscenza procedurale", di un sapere professionale conquistato sul campo[13];
4) la valorizzazione delle dimensioni soggettive nell'analisi dei contenuti professionali[14];
5) la capacità dell'azienda di porsi come *learning/teaching organisation*[15].

La nozione di competenza non sembra perciò poter più corrispondere a uno schema classificatorio che pretenda di produrre tipologie – sia pure composte da unità variamente componibili, quasi come "mattoncini" – valide in assoluto e predittive dei comportamenti e delle prestazioni lavorative. Piuttosto, in quanto validazione sociale di un comportamento, di un'azione effettiva, nella quale è possibile apprezzare le qualità dell'individuo in relazione ai valori, alle norme e agli scopi generali che reggono l'attività stessa, essa risulta sempre proprietà di una persona o di un collettivo in azione: una proprietà, perciò, sempre finalizzata, e non astratta; contestualizzata, specifica e contingente – mai *disancorata* dal tempo e dallo spazio. In quanto incorporata nell'azione, risulta difficile circoscriverla o definirla una volta per tutte – tanto più che, nell'agire stesso, s'intrecciano non solo le competenze manifeste, ma anche quelle *tacite*, insite o latenti nell'ambiente o nel sistema di lavoro che definisce il campo entro cui un individuo, all'interno di in una specifica organizzazione, agisce[16].

13. Cfr. A.M. Ajello, M. Cevoli, S. Meghnagi, *La competenza esperta*, Roma, Ediesse, 1992; S. Meghnagi, *Il sapere professionale*, Milano, Feltrinelli, 2005.

14. Rispetto ai modelli degli anni Settanta e della prima metà degli anni Ottanta, in cui la competenza era appiattita sulla *performance* efficace, acquistano importanza, in tale prospettiva, la dimensione individuale e professionale e la consapevolezza del soggetto. Nel comportamento organizzativo entrano pertanto in gioco non solo i saperi tradizionalmente riconducibili alla competenza professionale, ma anche le motivazioni e gli apporti e peculiarità individuali.

15. Anche questo è un aspetto altrettanto fondamentale: l'organizzazione aziendale è efficace se si dimostra in grado di confrontarsi e di apprendere dalle sfide del contesto; ma è efficace al tempo stesso se si dimostra in grado di operare ai diversi livelli come struttura che trasmette e che facilita il trasferimento e la condivisione delle competenze.

16. Cfr. M. Polanyi, *La conoscenza inespressa*, Roma, Armando Editore, 1979.

L'introduzione del modello formativo delle competenze nella scuola

Le riforme scolastiche avviate negli ultimi vent'anni in varie parti d'Europa, per rispondere alle crescenti esigenze di formazione della società, hanno in genere puntato sul modello della "scuola efficace", e cioè sulla capacità della scuola di superare le rigidezze burocratiche, rendere più flessibili i percorsi mediante la razionalizzazione dei processi di insegnamento e apprendimento, ottimizzare le risorse e predisporre un rigoroso controllo dei risultati conseguiti[17].

In tale contesto si è verificato l'accreditamento del modello delle competenze come obiettivo specifico dell'istruzione scolastica, alternativo o, forse meglio, prevalente rispetto al tradizionale paradigma delle "conoscenze".

L'intero processo ha però preso le mosse in un clima culturale segnato da molta confusione concettuale, da un diffuso nominalismo e, in qualche caso, anche da un accentuato distacco dalla realtà. Il che ha spesso prodotto definizioni fumose, codifiche complicatissime, neologismi incomprensibili e una terminologia molto variegata (competenze trasversali, disciplinari, cognitive, immaginative, sociali, di base, tecnico-specialistiche, ...)[18]. Ora, nella varietà talvolta antitetica delle teorizzazioni risulta possibile individuare un nucleo di significato, attorno al quale si registra una certa concordanza. La competenza sembra consistere in *un complesso integrato di conoscenze, abilità, atteggiamenti, motivazioni, che permette alla persona di individuare e risolvere, in modo efficace e originale, i problemi che incontra in un determinato campo.*

17. Cfr. G. Chiosso, *La personalizzazione dell'insegnamento: un filo rosso tra passato e presente*, 7 gennaio 2010 http://ospitiweb.indire.it/adi/Personalizzazione-Chiosso10/pc0_frame.htm.

18. L'impostazione accolta all'inizio del processo riformatore avviato da Berlinguer e poi proseguito dalla Moratti è stata la tripartizione fra *conoscenze*, *abilità* e *competenze*, mutuata dal contesto europeo, ma di non facile traduzione nel nostro universo di pensiero didattico e pedagogico. Diversamente da noi, gli inglesi, che nel campo dell'educazione hanno spesso un lessico più completo, parlano di *knowledge*, *skills* e *habits* come componenti del più ampio concetto di "competenza". Su questo punto sia permesso rinviare a C. Gentili, *Umanesimo tecnologico e istruzione tecnica-Scuola, impresa, professionalità*, Roma, Armando Editore, 2007.

Intesa in questo modo, la competenza implica anzitutto una concezione dell'alunno o studente come soggetto attivo del proprio processo di crescita e sviluppo. In esso le competenze non possono essere "definite" a priori, "programmate", "impartite" e infine "valutate", ma devono essere piuttosto attese come frutto dell'interazione tra il soggetto che apprende e i rispettivi contesti. Se proprio si vogliono definire anticipatamente, le competenze potranno solo essere prefigurate come le prospettive di sviluppo, intellettuale e pratico, lungo le quali indirizzare e disporre l'acquisizione e l'utilizzazione dei singoli apprendimenti o saperi.

In tale ottica, la valenza educativa di fondo del "modello delle competenze" consiste nel suo porre come *focus* della formazione della persona la capacità di quest'ultima di investire nei processi di apprendimento e sviluppo, nel senso più pieno dei termini[19].

Ora non è mia intenzione scivolare lungo la facile china delle "guerre di religione" tra sostenitori del paradigma delle competenze e difensori del paradigma delle conoscenze – guerre che non portano da nessuna parte, come attesta la storia recente della scuola, non solo italiana[20]. Preferisco esplorare brevemente tre essenziali dimensioni o valenze del fenomeno della competenza. La prima, la più problematica, è quella "anticulturale"; la seconda e la terza, di segno invece positivo, sono quella "fermentativa" e quella "euristica".

La dimensione "anticulturale" del concetto di competenza

Come accennato, il tentativo di porre rimedio al cattivo insegnamento del passato sostenendo la distinzione e opposizione radicale tra conoscenze e competenze – e, conseguentemente, la necessità di un completo sovvertimento dell'impianto consueto del "far scuola"

19. Cfr. G. ALESSANDRINI, *Manuale per l'esperto dei processi formativi*, Roma, Carocci, 2005, p. 170.

20. Su questo punto valga esemplarmente quanto accaduto in Francia e in Svizzera, dove una minoranza di credenti (nelle competenze) si è scontrata con una maggioranza di insegnanti scettici, con il risultato che la didattica per competenze è stata respinta dal corpo docente, vuoi perché ritenuta troppo impegnativa, vuoi perché giudicata troppo fumosa.

– ha prodotto più guasti che rimedi. Ora, più che soffermarmi sui guasti vorrei richiamare l'attenzione sulla valenza anticulturale del paradigma della competenza, quando esso viene teorizzato e contrapposto a quello tradizionale sulla base di una visione sostanzialmente funzionalista della scuola e della formazione.

In una visione siffatta non sembra esserci più spazio alcuno, né autonomia per i momenti della conoscenza e, più in là, del "sapere" e dei "saperi" – tanto in se stessi, quanto per come si sono configurati nella tradizione e nella cultura dell'Occidente. Negata la loro autonomia e dignità, il passo alla rottura con il passato, in ragione dell'enfatizzazione dei processi di mutevolezza dell'informazione e dell'affermazione esclusiva del sapere tecnico-procedurale, è breve[21]. In un mondo caratterizzato dal consumo continuo di informazioni e dalla dominanza della ragione strumentale, le conoscenze e la loro organica composizione nelle "discipline" del sapere diventano ciò di cui non si può pensare nulla di più obsoleto:

> Una volta imposta la visione irrealistica di un costante e rapido rinnovamento dei saperi, non è più possibile trasmettere le conoscenze: ci si deve accontentare di trasmettere dei metodi e non dei saperi. È ciò che viene chiamato "imparare ad apprendere". Ma si può imparare ad apprendere senza imparare veramente qualcosa?
> Questo tipo di discorso fumoso maschera, in realtà, la massiccia distruzione degli insegnamenti[22].

La conseguenza più grave di tale deriva non si ha però sul piano strettamente culturale, ma su quello propriamente antropologico, e consiste nella tragica amputazione di ciò che c'è di più caratteristicamente umano nei processi dell'insegnamento e dell'apprendimento:

> Un insegnamento che pretende di conferire competenze senza la mediazione delle conoscenze e senza passare attraverso un ordinamento ordinato e progressivo di queste ultime, non rientra più nella categoria del dono – del dono che il maestro fa ai suoi allievi con il proprio sapere –,

21. Cfr. L. Lurçat, *La destruction de l'enseignement élémentaire et la massification des jeunes*, in L. Lafforgue, L. Lurçat (edd.), *La débâcle de l'école. Une tragédie incomprise*, Paris, François-Xavier De Guibert, 2007, p. 27.

22. Lafforgue, Lurçat, *La débâcle de l'école. Une tragédie incomprise*, cit., pp. 28-29.

ma intende programmare gli allievi piuttosto che istruirli e agire direttamente sulla loro personalità per trasformarla[23].

Come s'intuisce, l'introduzione del modello della competenza in un impianto scolastico e in un *humus* formativo fondato sulla concezione del conoscere e del sapere come vertici della natura e delle potenzialità del genere umano, elaborata per la prima volta nell'antichità classica e fortemente riproposta dalla modernità, solleva una serie di interrogativi e problemi di grande spessore, per i quali non ci si possono attendere soluzioni facili, né sbrigative. Vediamo allora di raccogliere qualche indicazione utile, nel merito della questione, dalla recensione delle due dimensioni positive – euristica e fermentativa – dell'insegnamento e della competenza.

La dimensione "fermentativa" dell'insegnamento e della competenza

Ogni processo di insegnamento ha sempre una duplice dimensione. Da un lato l'insegnante mette in valore la prima delle radici latine della parola educare, cioè *edere*, alimentare. Chiunque insegna trasmette conoscenze, alimenta i suoi allievi sul piano del sapere. Dall'altro, qualsiasi docente che non si limiti al sillabario e all'annuale scontata reiterazione del programma mette in valore la seconda radice della parola, *educere*, cioè tirar fuori. *L'esperienza* dell'insegnamento si gioca così tra queste due dimensioni, alimentativa e fermentativa. La lezione deve comunicare il gusto del sapere, destare la tensione al conoscere, dare l'"innesco", il lievito dell'attività intellettuale. Ciò la colloca all'estremo opposto dell'enciclopedia, del libro di testo, del vocabolario, il cui ruolo è piuttosto quello di fornire materia per la fermentazione[24].

La tradizione pedagogica che risale a Dewey e al movimento per

23. Cfr. L. Lafforgue, *Les savants et l'école*, in Lafforgue, Lurçat, *La débâcle de l'école. Une tragédie incomprise*, cit., p. 195.

24. Rinvio per questo al concetto di fermentazione che Florenskij, quasi un secolo fa, collocava giustamente all'estremo opposto dell'enciclopedismo (cfr. S. Tagliagambe, *I licei a base di sole conoscenze affossano la ragione (e la scienza)*, Il Sussidiario.net, 12 aprile 2010.

l'educazione nuova, così come molte recenti acquisizioni in campo scientifico, hanno tuttavia evidenziato i limiti e i rischi di un insegnamento impostato sulla sola dimensione cognitiva, e mostrato quanto la mente sia profondamente "incorporata", incardinata nel nostro corpo. Ne scaturisce un sincronismo tra agire, pensare e parlare che mette in crisi l'idea classica di un processo di elaborazione delle informazioni sensoriali in entrata che, sviluppandosi in modo lineare, si concluda con la produzione di un *output* motorio. L'azione umana non è l'esito finale, meccanico dell'esecuzione del processo percettivo, ma è parte integrante di questo processo e inscindibile dallo stesso stimolo sensoriale che la suscita. Su queste basi si fonda una fisiologia dell'azione che conferisce inedita dignità teorica alle operazioni concrete, alla manipolazione, a tutto ciò in virtù del quale, come scriveva già Leopardi in una profetica pagina dello Zibaldone, «sentiamo *corporalmente* il pensiero».

Ciò pone fortemente in crisi la visione semplicistica, tipica di una certa *vulgata* purtroppo diffusa anche fra i docenti, della competenza come somma di un "prima", che sarebbe il sapere, e di un "poi", che sarebbe il saper fare[25]. Siamo piuttosto di fronte a una sorta di "vedere con la mano", che considera la percezione un'implicita preparazione dell'organismo a rispondere e ad agire, che le conferisce, di conseguenza, il compito di selezionare le informazioni pertinenti ai fini del corretto inquadramento e della soluzione di un problema, e che attribuisce al sistema motorio un ruolo attivo e decisivo anche nella costituzione del significato degli oggetti, oltre che nella definizione della competenza stessa come disposizione di fondo al rapporto dinamico con la realtà.

Da questo punto di vista l'obiettivo della formazione *integrale* della persona in quanto unità di corpo e mente, di cognizioni ed emozioni, di saperi e decisioni acquista uno spessore e una concretezza, per corrispondere ai quali l'insegnamento – tutto l'insegnamento: delle scienze umane, delle scienze della natura, come pure della matematica – dovrebbe preoccuparsi di costruire un ponte

25. Penso qui soprattutto alla concezione riduttiva delle competenze come risultato di una sorta di spericolato "equilibrismo alchemico" ottenuto attraverso un sapiente dosaggio di conoscenze e abilità, con una "spruzzatina" di attitudini personali, sociali e metodologiche.

tra il sistema motorio, il linguaggio e il ragionamento, tra il corpo, le parole e i concetti.

Possiamo ritrovare qui il nucleo non esoterico, riservato agli "addetti ai lavori", del concetto di competenza. Esso mette in crisi l'idea che la conoscenza si acquisisca mediante la pura e semplice trasmissione di strutture già definite e di significati già codificati nello spazio esterno, e ci obbliga, per contro, a prestare la debita attenzione alle modalità di organizzazione del nostro campo ricettivo interno e del nostro far esperienza delle cose.

La dimensione "euristica" dell'insegnamento e della competenza

Accanto alla dimensione fermentativa vi è una seconda decisiva funzione che qualifica tanto l'insegnamento quanto la competenza: la funzione euristica. Il modo migliore per illustrarla è guardare alla realtà del "laboratorio" come momento specifico e insostituibile del processo formativo.

Il laboratorio non può essere identificato unicamente con le aule speciali e gli spazi tecnologicamente attrezzati. È piuttosto lo strumento metodologico privilegiato sia per coinvolgere attivamente gli studenti nei processi di apprendimento, sia per facilitare il dialogo tra la scuola e il mondo del lavoro e per agevolare l'inserimento dei giovani in contesti produttivi reali attraverso stage, tirocini, alternanza scuola-lavoro. *In primis*, infatti, è il laboratorio il luogo dove si forma e acquisisce il sapere professionale in senso stretto, attraverso l'esperienza del lavoro che consente di portare a maturazione la padronanza di una competenza[26].

La didattica di laboratorio, che può investire tutte le discipline d'insegnamento tradizionali, rappresenta un'opportunità preziosa per superare la tradizionale dicotomia tra cultura umanistica e cultura tecnico-scientifica. Nella scuola italiana, tuttavia, essa assume, ad oggi, particolare rilievo solo nelle discipline che caratterizzano le aree di indirizzo; per il resto, rimane vittima del diffuso

26. Cfr. P. Ferratini, *Non solo competenze: l'istruzione serve anche a trasmettere un patrimonio culturale*, Il Sussidiario.net, 20 aprile 2010.

pregiudizio secondo cui non sarebbe adatta all'insegnamento *tout court*. Non è però affatto vero che l'apprendimento teorico possa nascere solamente tramite l'erogazione di lezioni frontali tenute in aula. Attività di laboratorio ben condotte possono invece contribuire, risalendo in modo induttivo dagli esperimenti alle leggi e ai paradigmi scientifici, all'acquisizione e anche a un maggior consolidamento degli apprendimenti teorici.

Come è stato ampiamente dimostrato, la scienza si apprende sviluppando negli studenti lo spirito della ricerca, non imbottendoli di formule scientifiche da mandare a memoria. La dimensione euristica è connaturata al metodo scientifico. La scoperta ha un valore pedagogico straordinario, ben più elevato di quello relativo alla semplice memorizzazione e ripetizione. Tuttavia, una recente indagine ha messo in luce che, in Italia, nel 43% dei casi il laboratorio è usato purtroppo come *location* diversa dall'aula per leggere, da parte di insegnanti poco inclini e familiari alla dimensione euristica, il libro di testo, e per obbligare gli studenti a ripetere in modo mnemonico la lezione...

La dimensione euristica dell'insegnamento e della competenza si può cogliere con ancora maggiore evidenza nei laboratori che, più degli altri, perseguono come scopo l'acquisizione di specifiche competenze professionali caratterizzate da nessi e interazioni molto strette fra scienza e tecnologia. La tecnologia dipende infatti dalla scienza per quanto concerne la conoscenza delle proprietà dei materiali, la conoscenza dell'energia e la descrizione del comportamento delle forze naturali, mentre la scienza dipende dalla tecnologia per gli strumenti, per le attrezzature, per la preparazione dei materiali, per l'elaborazione e la diffusione dell'informazione e anche per la capacità di suggerire il punto di partenza di nuove ricerche.

La didattica laboratoriale presenta, tra i suoi titoli di merito, anche la possibilità di stimolare una formazione integrata[27], componendo unitariamente in chiave sia teorica sia pratica saperi o

27. Vanno in questa direzione alcuni progetti scolastici innovativi, come, nel nostro Paese, l'insegnamento delle scienze integrate, introdotto con il Regolamento di riordino degli istituti tecnici approvato dal Consiglio dei Ministri il 4 febbraio 2010 ed entrato in vigore nelle prime classi a partire dall'a.s. 2010/11 (*Regolamento recante norme concernenti il riordino degli istituti tecnici* ai sensi dell'articolo 64, comma 4, del decreto legge 25 giugno 2008, n. 112, convertito dalla legge 6 agosto 2008, n. 133).

codici disciplinari fra loro distinti, e stimolando l'attenzione dello studente a cogliere sia l'intersezione tra le varie discipline (anche lontane tra loro, come possono essere l'arte e la scienza, la scienza e la storia, la matematica e la filosofia), sia i tratti significativi del reale anteriori alla suddivisione del conoscere nei suoi differenti settori particolari o specialistici.

La didattica laboratoriale rappresenta uno dei punti di forza del modello della didattica per competenze, oggi diffuso e praticato. In sintonia con le teorie didattico-pedagogiche più attuali, come il costruttivismo, essa invita a fare a meno – più che delle discipline e dei saperi, che restano validi in tutto il loro rigore – della modalità cattedratica e nozionistica come forma prevalente (quando non esclusiva) del loro insegnamento, a favore di un apprendimento più attivo dello studente[28].

Insegnamento e sviluppo di competenze nella scuola

Come abbiamo visto, una persona può dunque essere giudicata competente quando sa utilizzare le risorse di cui è dotata per risolvere problemi reali, nella vita o nel lavoro. Al centro del processo del divenire competenti vi è quella specifica forma dell'agire umano che si dimostra capace di mobilitare, in modo personale, le risorse possedute da un soggetto (nel linguaggio scolastico tradizionale potremmo anche dire: le sue capacità, conoscenze, abilità) per condurre un compito o problema a una soluzione *valida*, nel contesto di un sistema di attese e di responsabilità (e dunque in una cornice culturalmente e socialmente qualificata) che mette ogni singola persona in relazione con altre persone, realtà e istituzioni[29].

28. In quest'ottica, alcune sperimentazioni realizzate in Veneto, Lombardia e Puglia da qualificati gruppi progettuali e istituzioni scolastiche regionali hanno mostrato una particolare valenza innovativa, che dovrebbe essere largamente valorizzata nel processo, appena avviato, di riordino degli Istituti Tecnici. In particolare sulla sperimentazione attuata in Puglia si veda AA.VV., *La Riforma degli Istituti Tecnici. Manuale di progettazione*, Bari, Laterza, 2010. Il progetto è stato realizzato con la consulenza di un'équipe di Gruppo CLAS, coordinata da Renzo Vanetti.

29. Figuriamoci uno studente di liceo classico, che entra a scuola per la seconda prova dell'esame di maturità. Per tradurre bene la versione non gli è sufficiente conoscere la grammatica greca, ma gli servono delle abilità (saper individuare il signi-

In tale orizzonte non mi pare abbia più senso continuare a contrapporre fra loro conoscenza e competenza. Credo ci sia bisogno di abbandonare la logica dell'*aut, aut* per cominciare a ragionare secondo quella dell'*et, et*. Il problema più serio della scuola di oggi, nel nostro Paese, mi sembra consistere proprio nel fatto che, nella media della didattica e della coscienza professionale del corpo docente, non si ha e non emerge la consapevolezza che sia l'insegnamento sia l'apprendimento e lo studio, quando vengono attuati secondo la loro autentica natura, non solo trasmettono e creano conoscenze, ma sviluppano anche competenze.

In questa sede non possiamo riprendere in dettaglio l'ampia elaborazione in materia, svolta dalla migliore ricerca internazionale e tradotta in innumerevoli indicatori (come quelli alla base delle rilevazioni OCSE-PISA, che peraltro continuano a rivelarsi indigeste non solo agli studenti italiani, ma anche a tanti docenti). Vorrei invece sottolineare che, sul piano metodologico, disponiamo sia di una terminologia essenziale, che permette di realizzare – pur con tutte le precauzioni del caso – una progettazione ragionevolmente fondata, sia di una molteplicità di itinerari formativi adeguati a suscitare, sviluppare e consolidare nello studente competenza e competenze: il laboratorio, l'alternanza scuola-lavoro, la didattica multidisciplinare, la didattica per competenze propriamente detta.

Del laboratorio ho già parlato. Della valenza formativa – culturale e disciplinare, e non solo meramente professionale – dell'alternanza scuola-lavoro, permettetemi di dire riportando un'esperienza diretta. Ho assistito a un interessantissimo programma, realizzato a Prato (progetto I.de.M., Intelligenza delle Mani), che ha visto un centinaio di studenti delle scuole medie passare alcune ore nei laboratori dei più prestigiosi istituti tecnici della provincia con un obiettivo didattico preciso: rafforzare le loro competenze linguistiche e matematiche. Dovendo scrivere una relazione sull'e-

ficato giusto delle parole e delle costruzioni verbali, secondo il contesto, tra i tanti significati che propone il vocabolario) e degli abiti mentali (curiosità, disposizione verso la dimensione euristica, intelligenza delle relazioni e dei contesti, linguistici o letterari...). Se conosce la grammatica greca, possiamo dire che parte bene, perché dotato delle necessarie conoscenze. Ma per saper fare al meglio la traduzione deve aver sviluppato e maturato a livelli più che buoni la relativa competenza (cioè un armonico insieme di conoscenze, abilità e abiti mentali).

sperienza laboratoriale, gli studenti tredicenni sono stati chiamati a dimostrare la loro conoscenza della lingua italiana; frequentando il laboratorio di meccanica, le misurazioni svolte in quell'ambiente hanno rafforzato le loro competenze matematiche. Nell'insieme, l'alternanza che hanno sperimentato non è stata affatto una prassi "addestrativa", quanto piuttosto "culturale".

La programmazione e l'insegnamento multidisciplinare aiutano gli studenti a cogliere la complessità della realtà e dei suoi problemi. L'uso, nell'insegnamento e nell'apprendimento, degli «organizzatori concettuali» fa inoltre dialogare tra di loro le discipline scientifiche, nella logica delle «scienze integrate», senza peraltro rinunciare ai paradigmi epistemologici propri di ciascuna[30].

La didattica per competenze, infine, non solo esige la multidisciplinarietà e un insegnamento più differenziato e flessibile ma, attraverso l'esperienza del laboratorio e l'alternanza scuola-lavoro, permette anche di valorizzare le risorse formative ed educative presenti dell'extrascuola[31].

Dicevo un momento fa della criteriologia essenziale in materia di competenze. Come sanno gli esperti del settore, per individuare con chiarezza le competenze e le modalità affidabili per la loro misurazione, l'OCSE aveva messo a punto, già negli anni Ottanta, un sistema di indicatori, confluiti poi nel programma DeSeCo[32], che si proponeva di definire concetti come "competenza" e "competenza chiave", da porre alla base di adeguate politiche della scuola e dell'istruzione. Tale ricerca partiva dall'idea che fosse possibile determinare un set limitato di competenze, comuni a tutti, anche se poi senz'altro da contestualizzare e specificare ulteriormente. In termini generali, esse potevano intendersi come il risultato di una pluralità di fattori: da un lato, il contesto culturale e biografico, i processi di negoziazione politica e di formazione del consenso, dall'altro determinati *modelli* e *concetti teorici* di natura disciplinare o metodologica.

30. Sugli «organizzatori concettuali», nella logica dell'integrazione dei saperi, si veda G. Vergnaud, *La teoria dei campi concettuali*, in "La matematica e la sua didattica", VI, 1992, n. 1, pp. 4-19.

31. Cfr. C. Gentili, *Scuola ed extrascuola*, Brescia, La Scuola, 2002.

32. L.H. Salganik, D.S. Rychen, U. Moser, J.W. Konstant, *Project on competencies in the OECD context: analysis of theoretical and conceptual foundations*, Neuchâtel, SFSO-OECD-ESSI, 1999.

Allo stato attuale, l'indagine sulle competenze si muove nella cornice di quelli che i rapporti più recenti dell'UNESCO hanno definito come «i quattro pilastri dell'educazione» del futuro: imparare a conoscere, imparare a fare, imparare a vivere insieme agli altri, imparare a essere. In questa prospettiva, le competenze vengono solitamente distinte e articolate in tre ambiti fondamentali: competenze di base[33], competenze strategiche trasversali[34], competenze tecnico-professionali polivalenti[35].

Un compito per ciascuno, una *chance* per tutti

In qualsiasi modo e luogo, dentro o fuori le aule, vengano acquisite, queste tre tipologie di competenze confluiscono alla fine nel bagaglio formativo, istituzionalmente riconosciuto oppure no, del giovane. Che cosa è bene, allora, cercare di insegnare a scuola? Che cosa è bene che i ragazzi apprendano? Quale ruolo, anche "certificato", si può in definitiva attribuire alla competenza in ambito scolastico e educativo?

Per rispondere, non possiamo dimenticare, da un lato, che

33. Le *competenze di base* si acquisiscono sia a scuola sia nell'extrascuola, e rappresenteranno in seguito attitudini permanenti dell'individuo anche nell'età adulta. La più importante competenza di base è «imparare a imparare» lungo tutto il corso della vita. Nell'ambito delle competenze di base rivestono un'importanza particolare le capacità di lettura, scrittura, calcolo, la conoscenza delle lingue straniere, le competenze di tipo informatico e telematico, le basi del diritto, anch'esse applicabili a sempre più numerosi ambiti operativi.

34. Nell'ambito delle competenze trasversali hanno un'importanza straordinaria le competenze *relazionali* (saper comunicare, saper interagire, saper lavorare in gruppo), *decisionali* (saper risolvere problemi, saper valutare, saper decidere), *diagnostiche* (saper analizzare, saper controllare più variabili, saper reperire e trattare informazioni).

35. Questo terzo insieme di competenze è il più specificamente attinente al tipo di studi o di lavoro che si pratica; anche in esso si deve tuttavia cercare di evitare l'eccessiva specializzazione settoriale, affinché risulti possibile sia una manutenzione, sia una trasferibilità, in differenti contesti, delle competenze, come pure il loro aggiornamento e la loro revisione in base alle innovazioni tecnologiche. Per l'intera problematica si veda L. RIBOLZI, *Demand and supply of qualifications: systems' change toward flexibility*, in W. NIJHOF, A. HEIKKINEN, L. NIEUWEMHUIS (Eds.), *Shaping Flexibiliy in Vocational Education and Training*, Dordrecth, Kluwer Academic Publishers, 2002, pp. 85-100.

veniamo da una tradizione culturale che, nell'arco di secoli, ha saputo creare un'imponente enciclopedia del sapere, attraverso l'organica formalizzazione critica del sapere socialmente riconosciuto[36]; dall'altro, che ci stiamo affacciando su un'epoca nella quale – come sottolinea ad esempio uno dei più recenti programmi di ricerca dell'OCSE, il *New Millennium Learners* – per consentire alle persone di agire in modo efficace nel lavoro, come cittadini e nel tempo libero, sarà necessario disporre di un insieme di capacità e di competenze molto diverso da quello del passato.

Forse, se teniamo conto che la padronanza dei contenuti di una disciplina può essere più facilmente verificata con un tema, un esercizio o un'interrogazione, mentre la competenza – che si compone di un momento soggettivo, di un momento oggettivo e di un momento operativo – può essere valutata a pieno solo alla fine del percorso scolare o all'interno di una pratica lavorativa; e se conveniamo nel riconoscere una differenza di fondo tra l'intenzionalità specifica dell'azione del docente e di quella dello studente (espresse nella coppia di concetti "insegnamento"/"apprendimento", e in tutta la teorizzazione che concerne la loro natura e relazione[37]), potremmo formulare un'ipotesi di lavoro conclusiva.

Il primo compito dello studente è la costruzione della propria identità, per cui conta soprattutto per lui il senso delle cose che impara e la loro applicabilità alla vita reale[38]. Per la sua vita quotidiana, di lavoro e non, lo studente deve saper rendere operative le proprie conoscenze, ed essere in grado di usarle nelle situazioni concrete. In quest'ottica, un apprendimento scolare iniziale basato esclusivamente su conoscenze e discipline risulta limitante[39]; sembra invece più fecondo intendere, dialetticamente, le conoscenze come competenze in potenza e le competenze come conoscenze in atto, legate a un sistema di significati e sorrette dalla capacità di

36. Attraverso quel processo che Bernstein ha definito di «pedagogizzazione del sapere»: cfr. B. BERNSTEIN, *Pedagogy, Simbolic Control and Identity*, London, Falmer Press, 2000.

37. Cfr. in sintesi L. RIBOLZI, *Le indicazioni nazionali dei nuovi Istituti Tecnici fra conoscenze e competenze*, in AA.VV., *La Riforma degli Istituti Tecnici. Manuale di progettazione*, cit., pp. XIII-XIV.

38. Cfr. D.P. AUSUBEL, *Educazione e processi cognitivi. Guida psicologica per gli insegnanti*, Milano, Franco Angeli, 1998.

39. Cfr. RIBOLZI, *Le indicazioni nazionali dei nuovi Istituti Tecnici*..., cit., p. XVI.

utilizzare in maniera integrata nozioni, schemi e concetti appartenenti anche a campi disciplinari diversi.

In ambito scolastico, senza nulla togliere al valore delle discipline in se stesse e nella loro architettura d'insieme, ciò che risulta più adatto a rendere operative le conoscenze sono senz'altro la didattica per competenze, il laboratorio e l'alternanza scuola-lavoro.

La didattica per competenze, in particolare, facendo interagire tra loro le discipline e collegando l'insegnamento *ex cathedra* al laboratorio, promuove la formazione della competenza come conoscenza applicabile, trasferibile, operativa, e sviluppa la competenza critica, aiutando i ragazzi a riflettere sulle prassi agite e a scoprire ciò che emerge, nell'azione e nella teorizzazione, dall'intersezione dei vari saperi specifici e settoriali.

In questa prospettiva, le competenze diventano un obiettivo da cui l'azione educativa non può prescindere. Non prenderle adeguatamente in considerazione come finalità dell'insegnamento rischia di far diventare aridi gli obiettivi culturali e disciplinari, oltre che offrire l'ennesimo alibi al disimpegno di quei docenti che, finora, non si sono impegnati abbastanza per far crescere un vero sapere negli allievi. Chiedere però, oggi, agli insegnanti di progettare per competenze e certificare le competenze, in mancanza di una ricerca, di una riflessione e di una discussione adeguata, che faccia uso di strumenti tecnici e concettuali opportuni, appare altrettanto controproducente, se non altro per l'incentivo a un nominalismo pedagogico e didattico che nel migliore dei casi resta ininfluente sulla qualità degli apprendimenti, e nel peggiore la trascina verso il basso[40].

Certo, ciò comporta alcune precise conseguenze sul modo d'intendere la figura dell'insegnante, la sua professionalità, la sua formazione iniziale e continua. Nel nostro caso, in estrema sintesi, si tratta di accettare la sfida dell'innovazione senza rinunciare alla grande tradizione culturale del nostro Paese. Conciliare l'insegnamento delle discipline con l'acquisizione delle competenze comporta sia la riforma della docenza sia, in parallelo, una rivoluzione

40. Per fare un solo esempio: la tendenza a definire "competenza" un certo grado di acquisizione del sapere disciplinare. Qui si dimentica che per parlare di competenza non è sufficiente l'avere appreso; occorre anche l'aver messo effettivamente alla prova ciò che è stato appreso in uno specifico contesto operativo.

culturale nella concezione dell'insegnante – da "impiegato del programma" a professionista dell'insegnamento-apprendimento.

Non bisogna contrapporre conoscenze a competenze, bensì sviluppare le seconde dalle prime. L'insegnamento di base non va abbandonato, ma potenziato. Oggi gli studenti vogliono "imparare facendo". Già Confucio diceva, 500 anni prima di Cristo: se ascolto dimentico, se vedo ricordo, se faccio comprendo. Non è ora che la scuola italiana lo ascolti?

Capitolo terzo

Statale, privata o pubblica?
La scuola tra vecchie ideologie
e una novità che fa discutere

La scuola tra "vecchie" ideologie e "nuovi" modelli organizzativi: il rapporto pubblico-privato

di Annamaria Poggi

La scuola paritaria e il nodo non ancora sciolto del «senza oneri per lo Stato»

Nonostante l'approvazione della c.d. legge paritaria nel 2000 che finalmente aderiva alla concezione "oggettiva" della scuola pubblica (comprensiva di scuole statali e non statali finalizzate alla realizzazione della funzione istruzione), la questione dell'interpretazione della formula «senza oneri per lo Stato», è, invece, questione ancora inevasa e ancora carica di precomprensioni ideologiche.

Va preliminarmente chiarito che tale problema non va confuso con quello del sostegno personale ai fruitori delle scuole non statali. La questione delle c.d. provvidenze personali, secondo la terminologia adottata da Dossetti in Assemblea Costituente, sembra, infatti, definitivamente risolta nel nostro ordinamento. La parola definitiva è stata pronunciata dalla Corte Costituzionale con la sentenza n. 454 del 1994, con cui la Corte ha dichiarato l'incostituzionalità di una norma che, nel prevedere la fornitura gratuita dei libri di testo agli alunni delle scuole elementari, la limitava agli allievi delle scuole statali e di quelle autorizzate a rilasciare titoli di studio riconosciuti dallo Stato, per contrasto con gli artt. 3, 33 e 34 della Costituzione.

Con quella sentenza la Corte superò i propri precedenti (e cioè le sentt. nn. 7 del 1967, 36 del 1982, 106 del 1968 e 125 del 1975), che avevano dichiarato infondate analoghe questioni, ribadendo il solo «obbligo» finanziario dello Stato con riguardo alle scuole statali. In tal modo la Corte si è posta dal punto di vista del fruitore del servizio scolastico, restando indifferente alla natura (statale o non statale) della scuola, preoccupandosi soltanto di assicurare che tutti gli alunni titolari del diritto di istruzione gratuita, indipendentemente dalla scuola frequentata, siano posti nella medesima condizione per quanto concerne l'accesso a quelle provvidenze che sono strumentali rispetto all'istruzione[1].

L'eguaglianza *personale*, in sostanza, tra alunni di scuole statali e non statali, con buona pace di tutti è un dato di fatto, anche se ha dovuto imporsi a livello giurisprudenziale con non poche difficoltà.

Ciò che, invece, rimane controverso è il ruolo della scuola non statale o paritaria nel nostro sistema nazionale di istruzione. Più alla radice, ciò che rimane controverso è la possibilità di una reale integrazione pubblico-privato nel sistema dell'istruzione.

Che si tratti di una peculiarità tutta italiana è dimostrato da tempo.

Un bel libro di Luisa Ribolzi di qualche anno fa (1997), titolato *Il sistema ingessato*, ha mostrato come il nostro Paese sia uno dei pochi a essere rimasto inchiodato a un dibattito meramente ideologico sulla relazione tra questi due tipi di istituzioni e, dunque, vi sia la necessità di sbloccarlo, infilando decisamente la direzione di un suo superamento. Tradotto per i giuristi, quell'invito significava adottare un'interpretazione dell'art. 33 della Costituzione, e della formula «senza oneri per lo Stato», svincolata dai termini contrappositivi e orientata, invece, all'integrazione tra i due tipi di scuola.

L'approvazione della c.d. legge paritaria, la legge n. 62 del 2000, insieme ad altri importanti atti normativi di cui si darà conto più avanti, imboccavano quella direzione e pareva, in allora, si potesse finalmente dichiarare sciolto il dilemma della contrapposizione scuola statale-scuola non statale (per utilizzare la terminologia presente nella Costituzione), con l'integrazione di quest'ultima, a certe condizioni, nel sistema nazionale di istruzione attraverso il suo finanziamento.

In realtà quella legge non ha mai avuto un'attuazione coerente

1. Sul terreno giurisprudenziale, inoltre, ha preso corpo da tempo un indirizzo che indica gli alunni delle scuole sia statali sia private come i destinatari delle provvidenze e dei servizi per l'adempimento dell'obbligo scolastico e per l'esercizio del diritto allo studio. Così il TAR Piemonte 12.2.1992, n. 92, in *I TAR*, 1982, 1159; il TAR Emilia-Romagna, 6.4.1983, n. 160, in *Dir. Eccl.*, 1983, 576; il Consiglio di Stato, sez. V, 29.11.1985, in *Foro amm.*, 1985, 2237.

con il suo impianto di fondo, per cui ad oggi il sistema è ancora «ingessato».

Quali che siano le ragioni che hanno impedito la sua coerente attuazione non c'è dubbio che molta parte di esse continuino a risiedere nella formula «senza oneri per lo Stato», o meglio nell'interpretazione che di essa pare persistere, almeno nelle scelte di politica legislativa.

Tale persistenza, tuttavia, come si cercherà di dimostrare, produce una latente e pur potente contraddizione.

Il dibattito in Assemblea Costituente: intenzioni reali e contraddizioni inevitabili

Dai Lavori preparatori dell'Assemblea Costituente si evince che la Democrazia Cristiana cedette alla fine sul tema dei contributi pubblici, a patto che fossero garantite la libertà e la parità della scuola non statale; dal canto suo, lo schieramento laico riconobbe il pluralismo scolastico, senza però transigere sul versante dei finanziamenti.

In questa prospettiva l'emendamento proposto dall'onorevole Corbino («senza oneri per lo Stato») mirava propriamente a escludere un diritto costituzionalmente garantito per le scuole non statali a ottenere finanziamenti: esse potevano nascere su iniziativa dei privati, ma non ottenere finanziamenti dallo Stato. Quando si trovò a chiarire il significato della formula lo stesso Corbino, a nome anche degli altri proponenti, precisò che

> noi non diciamo che lo Stato non potrà mai intervenire a favore degli istituti privati; diciamo solo che nessun istituto privato potrà sorgere con il diritto di avere aiuti da parte dello Stato. È una cosa diversa: si tratta della facoltà di dare o non dare.

In realtà, come ha ben dimostrato Enrico Minnei nel suo attento lavoro di ricostruzione dei Lavori preparatori, nello schieramento laico non si pensava a un'apertura; non si pensava, in altri termini, a un possibile intervento dello Stato poiché era, invece, molto diffusa in quello stesso schieramento l'idea che una scuola non controllata dallo Stato non potesse essere finanziata dallo Stato stesso[2].

Le dichiarazioni degli esponenti di punta della Democrazia Cristiana andavano nella stessa direzione. Basti ricordare quelle di Moro («noi chiediamo la libertà della scuola privata non le sovvenzioni dello Stato») e di Dossetti, che sin dall'inizio dei Lavori precisò che il suo partito si era preoccupato della parità della scuola e

> non aveva mai inteso con questa risolvere i problemi di eventuali aiuti economici da parte dello Stato alla scuola non statale, ma garantire in modo concreto ed effettivo la libertà di questa scuola[3].

Se ciò è incontestabile, è altrettanto inconfutabile che in tal modo si procedeva sulla scuola in maniera totalmente asimmetrica rispetto ad altri settori di diritti sociali, in cui, invece, gli stessi Costituenti andavano disegnando sistemi di integrazione pubblico-privato.

Così per l'istruzione universitaria, rispetto alla quale l'art. 33 ultimo comma garantisce che «Le istituzioni di alta cultura, università ed accademie, hanno il diritto di darsi ordinamenti autonomi, nei limiti stabiliti dalle leggi dello Stato». L'autonomia universitaria, dunque, è attuabile quale libertà del "non statale", funzionalizzata al perseguimento di interessi di carattere generale. Con la conseguenza che le Università possono esercitare le funzioni connesse all'istruzione superiore non solo in qualità e in quanto enti strumentali dello Stato, ma in quanto espressione di autonomia[4].

Altri riscontri importanti della possibile convivenza, ma altresì della possibile fungibilità dell'intervento privato con quello pubblico, si rinvengono nelle norme in tema di servizi sociali, che affermano la libertà di intervento del soggetto privato in materia di assistenza («L'assistenza privata è libera», art. 38, comma 6) e che prevedono altresì che ai compiti di assistenza sociale (compren-

2. E. Minnei, *Scuola pubblica e scuola privata. Gli oneri per lo Stato*, Torino, Giappichelli, 2004, pp. 19 ss.

3. Ivi, cit., p. 23.

4. Il carattere istituzionale e di formazioni sociali delle Università è finalizzato a far emergere le "peculiarità" delle Università altrimenti appiattite dalla prospettiva statalista, che le disperde tra "gli innumerevoli enti strumentali dello Stato" (L. Paladin, *Stato e prospettive dell'autonomia universitaria*, in "Quaderni costituzionali", 1988, p. 176).

sivi sia della previdenza, indirizzata ai lavoratori, quanto dell'assistenza, da assicurarsi, invece, a tutti i cittadini in stato di bisogno) provvedono organi e istituti predisposti o «integrati» dallo Stato (art. 38, comma 5).

Sia l'attività di previdenza sia quella di assistenza, dunque, non sono riservate allo Stato o a enti pubblici. Nel limite del rispetto delle leggi in materia (che investono sia l'aspetto strutturale sia quello dell'esercizio dell'attività) esse possono essere esercitate da enti privati, rispetto ai quali l'eventuale intervento dello Stato vale unicamente a garantire un loro migliore funzionamento. E anzi nel campo dell'assistenza l'affiancamento dell'intervento privato a quello pubblico può avvenire a prescindere dal rispetto di tali limiti[5].

Nell'art. 39, inoltre, si affidano all'autonomia dei privati («L'organizzazione sindacale è libera», comma 1) funzioni di regolazione nel campo dei rapporti di lavoro.

Il principio di libertà con cui si apre la norma, in realtà, la pervade nella sua interezza: così nel comma 2 si impone ai sindacati il «solo» obbligo della registrazione «secondo le norme di legge», anche se tale registrazione viene condizionata all'adozione di un ordinamento interno a base democratica (comma 3).

La dimostrazione più evidente dell'esplicarsi di tale libertà nell'esercizio di una funzione pubblica, qual è quella della regolazione dei rapporti di lavoro, è, del resto, raccontabile prevalentemente attraverso la vicenda della mancata attuazione dell'art. 39, quanto all'obbligo di registrazione dei sindacati. Gli attuali contratti collettivi di lavoro, pur se stipulati da sindacati non registrati, hanno finito, infatti, per avere effetti sostanzialmente vincolanti ed estesi alla generalità dei lavoratori, compresi quelli non sindacalizzati[6].

5. Su questa interpretazione, subito prevalsa nel periodo successivo all'adozione della Costituzione, si veda G. CHIARELLI, *Appunti sulla sicurezza sociale*, in "Rivista del diritto del lavoro", 1965, pp. 306 ss. e M. PERSIANI, *Art. 38*, in G. BRANCA (ed.), *Commentario della Costituzione*, I, Bologna-Roma, Zanichelli, 1979, pp. 242 ss.

6. Il che è sicuramente effetto dell'indirizzo giurisprudenziale impostosi in relazione all'immediata applicabilità dell'art. 36 della Costituzione, ma in buona parte è altresì effetto di una precisa volontà dei sindacati di sottrarsi ai controlli statali attraverso il controllo sul proprio statuto. Sul punto si veda, nella letteratura più recente, F. LANCHESTER (ed.), *Libertà sindacale, rappresentatività e diritto di sciopero*, in "Quaderni costituzionali", 1990, pp. 215 ss.; E. ALES, *Lo sciopero nei servizi pubblici*

La *ratio* della norma (vale a dire la fungibilità dell'intervento privato per la regolazione di funzioni pubbliche) ha prevalso sulla dizione letterale della norma costituzionale. Per cui anche se i sindacati non hanno rispettato il vincolo costituzionale (la registrazione) hanno comunque potuto procedere a stipulare contratti collettivi con efficacia estesa a tutti i lavoratori del settore.

Anche l'art. 43 può venire, ed è stato letto in ottica sussidiaria. Poiché le imprese o le categorie di imprese produttrici di servizi pubblici essenziali possono essere nazionalizzate o riservate per motivi di interesse pubblico, infatti, si presuppone che i servizi pubblici siano prodotti da imprese nell'ambito di un «mercato».

E ancora, nella stessa ottica sussidiaria si è letto l'art. 41, al primo comma, con espresso riferimento alla libertà dell'iniziativa economica privata («L'iniziativa economica privata è libera»).

Il valore presupposto della nostra Costituzione, infatti, non è la libertà di mercato, ma piuttosto la libertà di iniziativa economica privata «nella configurazione positiva»[7] che essa assume nei primi due commi dell'art. 41.

Rispetto a tale «positiva configurazione» la riserva di legge di cui all'ultimo comma dell'art. 41 («La legge determina i programmi e i controlli opportuni perché l'attività economica pubblica e privata possa essere indirizzata e coordinata a fini sociali») dovrebbe considerarsi una sorta di necessaria intermediazione attraverso la quale il legislatore garantisce lo spazio di azione dei soggetti pubblici e privati, e non una sottrazione di spazi[8].

in Europa tra interesse generale e autotutela: spunti comparatistici, Torino, Giappichelli, 1995.

7. Sottolineano il rilievo, sul piano costituzionale, dell'iniziativa economica privata e del mercato (con varie accentuazioni): G. Amato, *Il mercato nella Costituzione*, in "Quaderni costituzionali", 1992, pp. 7 ss.; D. Sorace, *Note sui "servizi pubblici locali" dalla prospettiva della libertà di iniziativa, economica e non, dei privati*, in Aa.Vv. *Studi in onore di Vittorio Ottaviano*, II, Milano, Giuffrè, 1993, pp. 1146 ss.

8. Le critiche contro tale atteggiamento legislativo e giurisprudenziale giungono da più parti e sono sorrette da argomentazioni diverse. Si vedano in proposito le compiute analisi di S. Niccolai, *Mercato come valore o mercato come regola? Osservazioni minime su un tema importante*, in "Giurisprudenza costituzionale", 1991, pp. 3680 ss.; Id., *Sull'utilizzo del principio dell'utilità sociale in una recente sentenza sulla pianificazione*, in "Giurisprudenza costituzionale", 1991, pp. 472 ss. La priorità dell'enunciazione dell'iniziativa economica privata è motivata quale libertà della persona: cfr. M. Mazziotti, *Il diritto al lavoro*, Milano, Giuffrè, 1956, spec. pp. 160 ss.;

Il quadro costituzionale che si è appena richiamato prospetta dunque una convivenza quasi fisiologica di poteri pubblici e soggetti privati (singoli o associati) nell'ambito di uno stesso settore di amministrazione di interessi generali, e anzi adombra una possibile fungibilità (dell'intervento privato e di quello pubblico), a certe condizioni e nei medesimi ambiti.

«Senza oneri per lo Stato» *regola* e non *principio*

Che questo fosse l'intento dei Padri costituenti è indubbio. Per essi, infatti, tale convivenza null'altro esprimeva se non la valorizzazione della persona e dunque della sua libertà in quanto finalizzata al bene comune. Il nesso intrinseco tra i valori della libertà individuale e della solidarietà sociale costituivano, non a caso, il nocciolo dell'ordine del giorno Dossetti del 9 settembre 1946, teso a proporre un'idea di sussidiarietà in chiave conciliativa[9].

Quel nesso, al di là del rifiuto di esplicitazione formale nell'art. 2, riemerse limpidamente nell'intervento dell'on. Moro il 23 marzo 1947, e cioè quando si giunse all'attuale formulazione della norma. In quella circostanza Moro dichiarò che

> il parlare di diritti dell'uomo sia come singolo sia nelle formazioni sociali mette in chiaro che la tutela accordata a queste formazioni è niente altro che un'ulteriore esplicazione, uno svolgimento dei diritti di autonomia di dignità e di libertà che sono stati riconosciuti e garantiti all'uomo come tale.

In questa prospettiva il riconoscimento delle comunità costituiva un naturale

> svolgimento democratico, poiché lo Stato assicura la sua democraticità ponendo a base del suo ordinamento il rispetto dell'uomo guardato nella

e più recentemente G. Palma, *Una coordinata della Costituzione tutta da riscoprire: il pubblico da soggettivamente pubblico a oggettivamente pubblico*, in Aa.Vv., *La Costituzione economica a quarant'anni dalla approvazione della Carta fondamentale*, Milano, Giuffrè, 1990, pp. 366 ss.

9. La cronaca del dibattito in Assemblea costituente sull'ordine del giorno Dossetti è ricostruita da V. Cerulli Irelli e R. Cameli, *Il principio di sussidiarietà orizzontale nei lavori dell'Assemblea costituente*, in www.astrid-online.it.

molteplicità delle sue espressioni [...] non soltanto individuo ma società nelle sue varie forme, società che non si esaurisce nello Stato[10].

Correttamente, pertanto, la migliore dottrina, ben prima della revisione costituzionale del 2001 e dell'introduzione espressa del principio di sussidiarietà nella nostra Costituzione, aveva sostenuto che, in realtà, tale principio già la pervadeva, attraverso la previsione delle attività di soggetti «non statali» (università libere, associazioni sindacali, scuole parificate, enti previdenziali, attività economica privata...) come azioni di interesse generale sostituibili, o comunque affiancabili a quelle dello Stato e/o di altri soggetti pubblici.

Più precisamente è nell'art. 2 della Costituzione che si è rinvenuto il germe fondativo di tale principio, e cioè nell'affermazione della «rottura» del monopolio statale con riguardo all'individuazione dell'interesse generale, con il conseguente riconoscimento a favore di soggetti privati e gruppi sociali del compito di perseguire gli obiettivi propri dell'intera collettività statale[11].

10. L'esistenza di questo nesso quale carattere fondante la sussidiarietà (in particolare quella orizzontale) è riconosciuta unanimemente in dottrina. Sul punto si veda E. Tosato, *Sul principio di sussidiarietà dell'intervento statale*, in "Nuova Antologia", 1959, ripubblicato in Id., *Persona, società intermedie e Stato*, Milano, Giuffrè, 1989, pp. 83 ss.; G. Feliciani, *Il principio di sussidiarietà nel magistero sociale della Chiesa*, in "Vita e Pensiero", 1994, pp. 181 ss.; A. Spadaro, *Sui principi di continuità dell'ordinamento, di sussidiarietà e di cooperazione fra Comunità/Unione europea, Stato e regioni*, in "Rivista trimestrale di diritto pubblico", 1994, pp. 1064 ss.; L. Lorenzetti, *Sussidiarietà*, in E. Berti, G. Campanili, *Dizionario delle idee politiche*, Roma, AVE, 1993, pp. 884 ss.; F. Charrier, *La sussidiarietà: da principio di dottrina sociale della Chiesa a criterio di attivazione di politiche sociali*, in "Politiche sociali", 1997, V, pp. 19 ss.; R. Pini, *Sussidiarietà ed essenzialità nei servizi pubblici*, in "Il diritto dell'economia", 1997, pp. 47 ss.; G. Razzano, *Il principio di sussidiarietà nel Progetto di riforma della Costituzione della Commissione bicamerale*, in "Diritto e società", 1997, pp. 537 ss.; Aa.Vv., *Sussidiarietà. La riforma possibile*, Milano, Etaslibri, 1998; M. Olivetti, *Il dibattito sul principio di sussidiarietà alla Camera dei deputati*, in "Orientamenti sociali", 1998, pp. 61 ss.

11. Così S. Colombo, S. Zaninelli, *Stato e formazioni sociali nell'Italia contemporanea: storia di una competenza negata* e L. Violini, *Il principio di sussidiarietà*, in Aa.Vv., *Sussidiarietà. La riforma possibile*, cit., rispettivamente pp. 32 ss. e pp. 58 ss. Su questa linea anche A. Baldassarre, *La riforma del governo locale in Italia*, in "Le Regioni", 1997, secondo cui l'idea che stava dietro alla riforma è che «nella misura del possibile, l'esercizio di compiti e di servizi a favore dei cittadini dev'essere prioritariamente affidato ad organizzazioni sociali» (ivi, p. 752). Per una ricostruzione

L'ampia valorizzazione delle formazioni sociali, come è stato ben osservato, non si è mai slegata in sede di Assemblea Costituente da una discussione più generale sul ruolo dello Stato rispetto a esse, in un contesto di costruzione di un ordinamento pluralista[12].

L'attività privata finalizzata all'interesse generale, in altri termini, non si oppone alla presenza di un sistema amministrativo statale, e non costituisce una fuga da tale sistema; anzi, come mostra il quadro costituzionale sopra ricostruito, è proprio *dall'interno* e *all'interno* del sistema che, invece, può esplicare i suoi effetti più produttivi, come criterio interno di ripensamento di fini e modalità dell'azione e organizzazione amministrativa[13].

In questa prospettiva, la revisione costituzionale del 2001 e l'esplicita costituzionalizzazione del principio di sussidiarietà, pur con tutti i suoi limiti, costituisce uno svolgimento ulteriore di tale impianto, sia con riguardo alla dinamica Stato-altri enti territoriali, sia in relazione al rapporto pubblico-privato.

Il di più che la costituzionalizzazione esplicita del principio di sussidiarietà apporta al sistema è intrinseco alla finalità che l'attuazione del principio si propone. Sia nel primo sia nel quarto comma

del dibattito che ha accompagnato l'adozione dell'art. 2 e in cui viene in rilievo la matrice pluralista dello Stato v. U. De Siervo, *Il pluralismo sociale dalla Costituzione repubblicana ad oggi: presupposti teorici e soluzioni nella Costituzione italiana*, in Aa.Vv., *Il pluralismo sociale nello Stato democratico, Atti del L Corso di Aggiornamento Culturale dell'Università Cattolica*, Milano, 1980, pp. 60 ss.; Id., *Scelte e confronti costituzionali nel periodo costituente. Il progetto democratico cristiano e le altre proposte*, in "Jus", 1979, spec. pp. 16 ss.; S. Grassi, *Il contributo di Giorgio La Pira ai lavori dell'Assemblea Costituente*, in U. De Siervo (ed.), *Scelte della Costituente e cultura giuridica, II. Protagonisti e momenti del dibattito costituzionale*, Bologna, il Mulino, 1979, spec. pp. 196 ss.; V. Tondi della Mura, *Principio di sussidiarietà e formazioni sociali: spunti problematici alla luce dei lavori preparatori della Costituzione*, in L. Lippolis (ed.), *Costituzione e realtà attuale, 1948-1988*, Milano, Giuffrè, 1990, pp. 277 ss. Una recente ricostruzione storica del pluralismo e del principio democratico in chiave di "collaborazione" tra dimensione pubblica e dimensione privata è in M. Calamo Specchia, *Libertà pluralistiche e pubblici poteri*, Torino, Giappichelli, 1999.

12. L'analisi è di Tondi della Mura, *Principio di sussidiarietà e formazioni sociali: spunti problematici...*, cit., pp. 277 ss.

13. Sul principio di sussidiarietà quale volano per la riorganizzazione dell'amministrazione statale e locale sia consentito rinviare al mio *Principio di sussidiarietà e il "ripensamento" dell'amministrazione pubblica: spunti di riflessione sul principio di sussidiarietà nel contesto delle riforme amministrative e costituzionali*, in Aa.Vv., *Studi in onore di Fausto Cuocolo*, Milano, Giuffrè, 2005, pp. 1103 ss.

la sussidiarietà è finalizzata al cittadino, alle sue esigenze e ai suoi bisogni. È una lettura distorta del primo comma dell'art. 118 Cost. quella secondo cui la sussidiarietà verticale è finalizzata all'enfatizzazione del livello comunale come livello privilegiato di amministrazione. La sussidiarietà verticale è finalizzata al cittadino e il Comune è presumibilmente (fino a prova contraria) il livello più adeguato di risposta ai suoi bisogni.

È su questo terreno che si saldano le due dimensioni del principio, ed è su questo terreno che emerge la priorità concettuale (e la conseguente priorità applicativa delineata dalla legge n. 59/1997) della dimensione orizzontale su quella verticale.

La sussidiarietà orizzontale, così come delineata nei paragrafi precedenti attraverso il rapporto fisiologico pubblico-privato, infatti, non delimita il campo privato rispetto a quello pubblico (nella logica del mercato)[14], ma indica la dinamica di un processo "interiore". Non pone dinnanzi al dilemma pubblico-privato; non ha il significato di individuare un criterio di efficienza utile a identificare le funzioni da sottrarre alla sfera statale[15].

Un sistema che accolga la sussidiarietà orizzontale è un sistema che si interroga attentamente sulle azioni che l'amministrazione è legittimata a porre in essere, che si interroga sul volto intrusivo che l'amministrazione statale spesso assume in settori in cui, invece, potrebbe limitarsi a coordinare, anziché gestire.

In questo senso la sussidiarietà fonda una diversa forma di Stato, che non è più solo la risultante dell'insieme dei diversi livelli di governo territoriali, ma l'insieme dei rapporti Stato-cittadini, singoli e associati. In tale "diverso" Stato, sbiadisce la natura del *soggetto* che gestisce, perché si mette in primo piano l'*oggetto* della sua azione. Perciò, non solo non può escludersi l'intervento nei settori di amministrazione di soggetti non statali, ma anzi questo

14. Come sembrano sostenere A. Moscarini, *Sussidiarietà e libertà economiche*, in "Diritto e società", 1999, pp. 433 ss. e Palma, *Una coordinata della Costituzione tutta da riscoprire: il pubblico...*, cit., pp. 366 ss.

15. Secondo le letture variamente efficientistiche della sussidiarietà di G. Corso, *Attività economica privata e deregulation*, in "Rivista trimestrale di diritto pubblico", 1998, pp. 632 ss.; F. Frattini, *Relazione introduttiva*, in F. Roversi Monaco (ed.), *Sussidiarietà e Pubbliche amministrazioni*, Rimini, Maggioli, 1997, pp. 64 ss.; M. Chiti, *Principio di sussidiarietà, pubblica amministrazione e diritto amministrativo*, in "Diritto pubblico", 1995, pp. 505 ss.

potrebbe essere necessariamente richiesto in tutti i casi in cui tale intervento risulti, invece, più efficace rispetto allo scopo da raggiungere.

Pare evidente, allora, che la clausola «senza oneri per lo Stato» risulta assolutamente eccentrica e asimmetrica rispetto al quadro costituzionale nel suo complesso.

La preferenza per la scuola statale non può, infatti, tradursi nella negazione del principio di integrazione statale-non statale, pena il venir meno della democraticità del sistema stesso.

Quello che si vuole sottolineare, in sostanza, è che la formula «senza oneri per lo Stato» è una regola asimmetrica rispetto al principio che ispira tutte le norme costituzionali che indirizzano le attività di interesse generale rivolte alla collettività, cioè il principio dell'integrazione statale-non statale.

Tradotto in termini costituzionali ciò significa che quella clausola non è un *principio*, ma è una *regola* e come tale va interpretata alla luce dei principi costituzionali, e alla luce dell'evoluzione sociale e del mutato contesto storico-istituzionale.

Si potrebbe obiettare che così facendo si deroga la Costituzione.

Probabilmente così è; ma ciò non deve meravigliare. È quanto è già accaduto per l'art. 39 della Costituzione, che obbliga la registrazione (mai avvenuta) dei sindacati quale condizione per la stipulazione dei contratti collettivi di lavoro. Eppure mai nessuno ha messo in dubbio che tali contratti valgano *erga omnes*, pur in assenza delle condizioni previste dalla Costituzione. Del resto se quella regola (l'obbligo di registrazione) fosse stata interpretata alla lettera, i contratti stipulati dai sindacati non avrebbero avuto alcuna efficacia, con l'effetto di vanificare i diritti dei lavoratori.

Perciò quella regola è stata successivamente interpretata alla luce di altri principi costituzionali (in particolare alla luce del principio che si desume dall'art. 36 Cost., secondo cui il lavoratore ha diritto a un salario che gli consenta una vita dignitosa), che ne hanno consentito la contestualizzazione.

Allo stesso modo, e per i motivi sopra rammentati, occorre procedere alla contestualizzazione storica della regola «senza oneri per lo Stato».

L'attuazione legislativa dell'art. 33. La prima fase: il mantenimento in vita delle norme statali di sovvenzionamento

E in effetti è ciò che è accaduto.

Nell'immediato dopoguerra, la diffusione della scuola, l'ampliamento della scolarità, il prioritario obiettivo di alfabetizzazione potevano giustificare (e giustificarono), in un *continuum* con il passato, un intervento forte dello Stato. In quelle circostanze l'impegno statale nell'istruzione, quantomeno per l'ampiezza dei mezzi da impiegare, poteva (e probabilmente doveva) ritenersi non delegabile, e anzi esso diveniva condizione necessaria di unitarietà ed eguaglianza.

In questa fase, tuttavia, non solo non vengono abrogate le disposizioni precostituzionali che prevedono ipotesi particolari di sovvenzioni alle scuole non statali, ma, anzi, dopo l'entrata in vigore della Costituzione, le annuali leggi di bilancio dello Stato hanno stanziato fondi per la scuola non statale materna, elementare sussidiata e convenzionata, media inferiore, magistrale, universitaria legalmente riconosciuta e per le scuole non statali all'estero.

Si tratta di norme tutte poi inglobate nel testo unico del 1994, tutt'ora in vigore. Basti rammentare le più significative. L'art. 339 – "Sussidi alle scuole materne non statali" – recita:

> Alle scuole materne non statali che accolgono gratuitamente alunni di disagiate condizioni economiche o che somministrano ad essi la refezione scolastica gratuita, il Ministero della pubblica istruzione, tenendo conto del numero degli alunni accolti e delle condizioni economiche e sociali della zona, può corrispondere premi, assegni, sussidi….

L'art. 334 – "Scuole elementari parificate" – afferma:

> Sono scuole parificate quelle gestite da enti o associazioni aventi personalità giuridica e che siano riconosciute ad ogni effetto legale mediante apposita convenzione.

Il che significa che la convenzione di parifica contiene la previsione del contributo a carico del bilancio dello Stato. A sua volta, l'art. 348 – "Scuole elementari sussidiate" – dispone:

Sono scuole sussidiate quelle aperte da privati, da enti o associazioni, con l'autorizzazione del provveditore agli studi, nelle località dove non esiste alcun'altra scuola statale o parificata. Le scuole di cui al comma 1 sono mantenute parzialmente con il sussidio dello Stato, corrisposto in forma di premio ai docenti.

L'art. 56, che disciplina l'istituzione delle scuole medie, prevede che

nelle località nelle quali per ragioni topografiche e per mancanza di idonee comunicazioni, non possano funzionare corsi o classi distaccate né possa organizzarsi il trasporto gratuito degli alunni, il Ministero della pubblica istruzione [...] promuove iniziative atte a consentire il compimento dell'istruzione media obbligatoria [...].

E infine, l'art. 633 – che disciplina il "Concorso al mantenimento delle scuole non statali all'estero" – sancisce:

Al mantenimento delle scuole italiane all'estero che dipendono da enti, da associazioni o da privati il Ministero degli affari esteri può contribuire sia concedendo sussidi in denaro, sia dotandole di libri e di materiale didattico sia destinandovi docenti statali [...].

In questa prima fase, in sostanza, per il legislatore ordinario, la formula «senza oneri per lo Stato» o pone una regola che ammette eccezioni (non si finanzia la scuola non statale, ma in alcuni casi si fa eccezione); oppure pone solo un divieto "tendenziale", dunque graduabile a seconda dei casi concreti e in concorso con altri valori costituzionali.

Si potrebbe obiettare: ma come è possibile che la Costituzione ponga un divieto tendenziale? Come è possibile, in altri termini, che la Costituzione contenga norme non precettive, vale a dire non immediatamente operative?

In realtà tale impostazione dimentica un dato essenziale nell'interpretazione della Costituzione, e cioè che essa è anche in parte frutto del suo tempo e delle contingenze storiche da cui ebbe origine. Così alcune norme costituzionali sono nate sulla spinta di contingenze particolari e poi sono state inevitabilmente interpretate in maniera evolutiva. È il caso del principio di unicità della giurisdizione che, pur solennemente sancito all'art. 102 («La funzione giurisdizionale è esercitata dai magistrati ordinari, istituiti dall'ordinamento giudiziario») fu, in realtà, la risposta alla proliferazione di giudici speciali nel periodo fascista. Ciò spiega sia le eccezioni al principio prontamente sancite nell'art. 103 (la giurisdizione contabile, la giurisdizione amministrativa e quella militare) ma soprattutto spiega il fatto che lo stesso principio non ha potuto impedire lo sviluppo di queste ultime, né è riuscito ad arginare la nascita di una giurisdizione speciale non prevista dalla Costituzione, la giurisdizione tributaria[16].

Anche l'art. 33 e il divieto imperativo che esso pone, in sostanza probabile frutto di un compromesso costituzionale, si scontra con la realtà delle cose e già nelle sue prime applicazioni il legislatore ordinario inizia a interpretarlo in maniera evolutiva. I vari interventi normativi sopra riportati, infatti, dimostrano che l'art. 33 Cost. inizia a essere interpretato nel senso di consentire finanziamenti alle scuole non statali quale remunerazione per la funzione di sostituzione o supplenza che esse assolvono.

Non a caso in questa prima fase il finanziamento è sempre *facoltativo* (lo Stato «può»), per casi particolari (la carenza di scuole, le scuole all'estero), non ordinario, di durata temporale e non stabile nel tempo.

La seconda fase: le riforme degli anni Novanta e la costruzione del sistema nazionale di istruzione

All'inizio degli anni Novanta si avvia in Italia un processo riformatore che investe numerosi settori dell'ordinamento (le privatizzazioni; la trasformazione dell'assetto delle banche; la riforma delle c.d. autonomie funzionali quali le Università, le Camere di commercio e le Istituzioni scolastiche...) che ha il suo apice e la sua razionalizzazione nelle riforme Bassanini.

In questo contesto, per il settore scuola si apre una fase con caratteristiche nuove rispetto al periodo precedente.

Tre, almeno, gli atti normativi significativi di tale mutamento culturale.

16. Sul principio di unicità quale principio solo "tendenziale" sia consentito il rinvio al mio *Il sistema giurisdizionale tra «attuazione» e «adeguamento» della Costituzione*, Napoli, Jovene, 1995.

Il primo e più rilevante, quello che in qualche misura apre la strada a tutti gli altri, è l'art. 21 della l. n. 59/1997, che segna il vero punto di rottura rispetto alla configurazione precedente delle scuole quali organi "terminali" dell'amministrazione statale scolastica.

Il sistema delineato dalla legge n. 59, infatti, si regge sull'idea, già affacciata a più voci in dottrina, di un «sistema pubblico integrato»[17], in cui ciò che rileva non è la natura dell'ente che provvede all'erogazione del servizio, bensì le caratteristiche oggettive del servizio stesso, in base a parametri legislativamente predeterminati.

In questa prospettiva si comprende il motivo per cui l'art. 21 non distingue tra scuola statale e scuola privata[18]. Anzi, tutta la norma è costruita su questa sostanziale indistinzione.

I segnali dell'avvio di una tale trasformazione, peraltro, si erano già avuti, anche se in varie forme e modalità: dalla necessità di dar seguito alla *Risoluzione sulla libertà di istruzione nella Comunità eu-*

17. Sulla necessità di un allargamento del settore "pubblico" dell'istruzione si era già soffermato S. Berlingò, *La libertà della scuola confessionale*, in Aa.Vv., *Studi in memoria di Mario Condorelli*, I, Milano, Giuffrè, 1988, pp. 159 ss. Il primo progetto di legge presentato in Parlamento espressamente finalizzato all'introduzione di un sistema integrato dell'istruzione pubblica e privata risale al 1984, a iniziativa del deputato Casati (Casati ed altri, *Ordinamento della scuola non statale*, 27 giugno 1984, Atto Camera n. 1839, *Disegni di legge e relazioni. Documenti*). Lo stesso testo fu presentato al Senato: Saporito ed altri, *Ordinamento della scuola non statale*, 6 luglio 1984, Atto Senato n. 832, *Disegni di legge e relazioni. Documenti*. La proposta fu ripresentata l'anno successivo dall'allora Ministro alla Pubblica Istruzione Falcucci (*Legge-quadro sul diritto allo studio nell'ambito della scuola primaria e secondaria*, 23 maggio 1985, Atto Camera n. 2906, *Disegni di legge e relazioni. Documenti*) e ripresentata nella X Legislatura dal Ministro Galloni (Atto Senato n. 1575).

18. Il superamento della distinzione, pertanto, non è, come sostiene G. Cimbalo – in *La scuola tra servizio pubblico e principio di sussidiarietà. Legge sulla parità scolastica e libertà delle scuole private confessionali*, Torino, Giappichelli, 1999, p. 226 – riproposto dalla dottrina "di parte cattolica", quanto già in precedenza adombrato nella giurisprudenza costituzionale (sent. n. 454 del 1994) e affermato a livello legislativo. In proposito si veda il *Regolamento sull'autonomia delle Istituzioni scolastiche* (D.P.R. n. 275 del 1999), la cui applicabilità è espressamente estesa alle scuole private parificate, pareggiate e legalmente riconosciute, e la legge n. 62 del 2000, che all'art. 1, comma 9, si propone di rendere effettivo il diritto allo studio e all'istruzione di tutti gli alunni delle scuole statali e paritarie.

ropea[19], alla proposta dei c.d. «buoni scuola»[20]; all'art. 4 della legge finanziaria del 1994, che attribuisce agli Istituti scolastici la personalità giuridica dotandoli di autonomia sotto vari profili.

Sul versante del diritto allo studio, inoltre, la sentenza della Corte del 1994 (già rammentata all'inizio di questo lavoro), superando i propri precedenti, si poneva in una prospettiva decisamente diversa rispetto al passato circa la valutazione delle somiglianze o difformità tra scuole statali e private[21]. Chiamata a

19. La *Risoluzione sulla libertà di istruzione nella Comunità europea* è stata adottata dal Parlamento Europeo il 14 marzo 1984. Il testo della *Risoluzione* può leggersi in R. Botta, *Codice di diritto ecclesiastico*, Torino, Giappichelli, 1997, pp. 159-160. Sulla problematica cfr. nei suoi termini ricostruttivi generali F. Margiotta Broglio, *Il fenomeno religioso nel sistema giuridico dell'Unione Europea*, in F. Margiotta Broglio, C. Mirabelli, F. Onida, *Religioni e sistemi giuridici contemporanei. Introduzione al diritto ecclesiastico comparato*, Bologna, il Mulino, 2004, pp. 87 ss.

20. La proposta di buono-scuola (come parrebbe anche quella del credito di imposta) cambierebbe il tradizionale angolo visuale, imperniato anzitutto sulle caratteristiche dei soggetti fornitori dell'offerta scolastica (scuola statale-scuola privata), per assumere l'opposta prospettiva dei soggetti fruitori del servizio (genitori e alunni). Sulla proposta del buono-scuola, favorevolmente, si veda L. Infantino (ed.), *In difesa della scuola libera. Il buono scuola*, Roma, Borla, 1994; D. Antiseri (ed.), *Lettera sulla scuola a studenti, genitori e insegnanti*, Torino, sei, 1995; Id., *Ma per me i "buoni" ci salveranno la scuola*, in "Reset", settembre 1995, pp. 52-53 e più cautamente E. Somaini, *Tre punti per la riforma dell'istruzione secondaria*, in "Il Mulino", 5/1995, pp. 821 ss. In precedenza, sul tema, a favore della possibilità per i genitori di ricevere sussidi dallo Stato al fine di esercitare la libertà di scelta della scuola, escludendo peraltro che ciò si ponesse in contrasto con la nota formula «senza oneri per lo Stato», si veda G. Morelli, *Scuole private e sovvenzioni statali. Esame comparato del problema negli ordinamenti italiano, germanico e statunitense*, in Aa.Vv., *Studi in onore di G. Balladore Pallieri*, I, Milano, Vita e Pensiero, 1978, pp. 370 ss. Sul medesimo tema, in prospettiva comparata, cfr. M. Hill, *Le politiche sociali*, Bologna, il Mulino, 1999 (ed. orig. 1996), pp. 261 ss.

21. La sentenza è la n. 454 del 1994, in "Giurisprudenza Costituzionale", 1994, pp. 580 ss., con cui la Corte ha dichiarato l'incostituzionalità di una norma che, nel prevedere la fornitura gratuita dei libri di testo agli alunni delle scuole elementari, la limitava agli allievi delle scuole statali e di quelle autorizzate a rilasciare titoli di studio riconosciuti dallo Stato, per contrasto con gli artt. 3, 33 e 34 Cost. In precedenza la Corte aveva deciso questioni analoghe (sentt. nn. 7 del 1967, 36 del 1982, 106 del 1968 e 125 del 1975) dichiarandole infondate e ribadendo il solo «obbligo» finanziario dello Stato con riguardo all'istruzione obbligatoria e alle scuole statali. Questa giurisprudenza era stata criticata da quella parte della dottrina che attribuisce alla gratuità un significato ampio, comprensivo di tutte le prestazioni collaterali all'insegnamento indispensabili per aversi istruzione (così U. Pototschnig, *Istruzione (diritto alla)*, in *Enciclopedia del diritto*, XXIII, Milano, Giuffrè, 1973,

decidere su di una presunta disparità di trattamento in tema di spese inerenti all'obbligo scolastico in scuole statali e non statali, la Corte si poneva

> dal punto di vista del fruitore del servizio scolastico, restando indifferente alla natura (pubblica o meramente privata) della scuola [...] soltanto preoccupandosi di assicurare che tutti gli alunni titolari del diritto di istruzione gratuita, indipendentemente dalla scuola frequentata, siano posti nella medesima condizione per quanto concerne l'accesso a quelle provvidenze che sono strumentali rispetto all'istruzione.

La sentenza della Corte, dunque, pur non negando che l'architettura costituzionale si fonda sull'esistenza di una dialettica pubblico-privato, apre, tuttavia, un filone che sposta sullo sfondo la differenza tra pubblico e privato in tema di istruzione[22].

La perdita della caratteristica della statalità, come carattere intrinseco all'organizzazione scolastica, tra i suoi molteplici motivi di lettura (e di contrapposizione) ha sicuramente anche quello coincidente con la rivalutazione di quella componente che potremmo dire "privatistica" connessa alla dimensione della scuola come "comunità" o come, secondo altra e contrapposta terminologia, "collettività culturale".

Comunità o collettività culturale, poco importa: ciò che va sottolineato è che la perdita del carattere della "statalità" coincide con la rivalutazione della comunità o collettività, cioè della dimensione più propriamente personalistica delle Istituzioni scolastiche.

Riprendendo note teorizzazioni si potrebbe così dire che l'aspetto soggettivo dell'ordinamento (la comunità o collettività) cessa di essere un dato inerte, per assumere i connotati di un fattore dinamico.

pp. 101 ss.; A. Mura, *Artt. 33 e 34*, in G. Branca (ed.), *Commentario della Costituzione*, Bologna-Roma, Zanichelli-Il Foro italiano, 1976, pp. 254 ss.; G.M. Lombardi, *Obbligo scolastico e inderogabilità dei doveri costituzionali*, in "Giurisprudenza italiana", 1967, pp. 1089 ss.). Con tale sentenza la Corte pare anche accogliere un filone della giurisprudenza amministrativa che aveva indicato gli alunni delle scuole sia statali sia private come i destinatari delle provvidenze e dei servizi per l'adempimento dell'obbligo scolastico e per l'esercizio del diritto allo studio (così TAR Piemonte 12.2.1992, n. 92, in *I TAR*, 1982, 1159; TAR Emilia-Romagna, 6.4.1983, n. 160, in *Dir. Eccl.*, 1983, 576; Cons. di Stato, sez. V, 29.11.1985, in *Foro amm.*, 1985, 2237).

22. Così criticamente S. Sicardi, *La scuola pubblica nel contesto costituzionale*, in "Il Ponte", 1996, pp. 32 ss.

Il *Regolamento sull'autonomia delle Istituzioni scolastiche* (d.P.R. n. 275 del 1999), direttamente attuativo della l. n. 59/1997, proseguendo in tale direzione estende la sua applicabilità alle scuole private parificate, pareggiate e legalmente riconosciute.

Il secondo atto normativo da cui si desume un mutamento culturale nella configurazione del rapporto scuola statale-scuola non statale è il d.lgs. n. 112 del 1998 che, nell'attuare la l. 59/1997, conferisce funzioni e compiti amministrativi dello Stato alle Regioni e agli Enti locali. In esso trova spazio l'art. 138, comma 1, lett. E) con il quale vengono delegate alle Regioni le funzioni relative ai «contributi alle scuole non statali». Il che, mentre non abolisce o sostituisce i tipi di sussidi già previsti, pur tuttavia presuppone che, per un verso, lo Stato (delegante) sia considerato titolare legittimo della funzione di contribuire alle scuole non statali; e, per l'altro, che tale funzione non sia ritenuta incompatibile con il dettato costituzionale, avvalorando, quanto meno, la tesi dell'ammissibilità dei finanziamenti facoltativi.

Infine, con la l. n. 62/2000 si introduce il concetto di «sistema nazionale di istruzione» e vengono finalmente specificati i requisiti che le scuole devono possedere per far parte del sistema nazionale di istruzione (tra cui: un progetto educativo in armonia con i principi della Costituzione; l'attestazione della titolarità della gestione e la pubblicità dei bilanci; l'istituzione di organi collegiali improntati alla partecipazione democratica; l'iscrizione alla scuola di tutti gli studenti i cui genitori ne facciano richiesta; l'inserimento di studenti con *handicap*; il possesso di un titolo di abilitazione da parte del personale docente; la stipulazione di contratti individuali di lavoro per il personale dirigente e insegnante che rispettino i contratti collettivi di settore e, non ultimo, il divieto di rendere obbligatorie attività *extra-curriculari* che presuppongano o esigano l'adesione a una determinata ideologia o confessione religiosa).

Tale legge viene richiesta di referendum abrogativo, ma la Corte costituzionale con la sent. n. 45/2003 ne dichiara l'inammissibilità. I promotori del referendum, sostiene la Corte, mentre chiedevano di eliminare il riferimento alle «scuole paritarie private» dal primo comma dell'art. 1 della legge (e cioè quello secondo cui il sistema nazionale di istruzione si compone delle scuole statali, di quelle degli enti locali e, appunto, di quelle private paritarie), non chiedevano, nel contempo l'abrogazione dei commi successivi, nei quali non solo si definiscono le scuole paritarie private, ma vengono altresì specificati i requisiti che esse devono possedere per far parte del sistema nazionale di istruzione. L'esito positivo del referendum, prosegue la Corte, avrebbe dunque comportato una normativa di risulta, in cui le scuole paritarie private, pur escluse dal sistema nazionale di istruzione, avrebbero continuato a formare oggetto di disciplina legislativa da parte della legge stessa.

Il quesito è certamente contraddittorio nell'ottica in cui si pone la Corte Costituzionale, e cioè nell'ottica che assume la realizzazione di un sistema nazionale di istruzione quale una delle interpretazioni costituzionalmente possibili del quarto comma dell'art. 33 Cost. La parità di cui alla norma costituzionale, pertanto, in quanto si concretizza in una disciplina dettagliata di prescrizioni e di obblighi, abilita le stesse scuole a concorrere, con quelle statali e degli enti locali, alla realizzazione degli obiettivi costituzionalmente imposti. Tale posizione della Corte è esplicitata in un passaggio decisivo della motivazione della sentenza, in cui si afferma:

> Ove si conformino ai prescritti standard qualitativi, esse non potrebbero infatti non concorrere, con le scuole statali e degli enti locali, al perseguimento di quello che la stessa legge definisce *obiettivo prioritario della Repubblica*, vale a dire *l'espansione della offerta formativa e la conseguente generalizzazione della domanda di istruzione dall'infanzia lungo tutto l'arco della vita*.

Negli anni successivi all'adozione di tale legge, tuttavia, il nuovo corso che la stessa legge intendeva inaugurare stenta a decollare concretamente.

A parte qualche importante provvedimento normativo, non si assiste a una vera e propria attuazione della legge paritaria. Così dal 2001 il Fondo istituito con la legge n. 440/1997 per l'arricchimento e l'ampliamento dell'offerta formativa e per gli interventi perequativi viene utilizzato per finanziare anche i progetti presentati dalle scuole paritarie. Sempre a decorrere dal 2000, gli interventi stanziati per assicurare gli interventi di sostegno previsti dalla legge n. 104 del 1992 per le scuole che accolgono studenti con *handicap* si riferiscono anche alle scuole paritarie. Passi importanti, certamente, che tuttavia, non costituiscono quel sistema nazionale astrattamente delineato nella legge.

Probabilmente ciò è accaduto in quanto la legge n. 62 nel suo impianto mostra un'intima contraddizione: al riconoscimento *diretto della parità tra scuole statali e non statali* (purché finalizzate al raggiungimento della funzione istruzione, e sottoposte alle stesse regole) corrisponde un riconoscimento *indiretto del finanziamento* (attraverso le famiglie).

Si tratta di un'intima, latente, ma potente contraddizione: si pone la regola teorica dell'*uguaglianza di regole* (questo è il senso della paritarietà) tra istituzioni statali e non statali, che si traduce in *disuguaglianza nella modalità di finanziamento.*

La terza fase: l'(in)attuazione della legge paritaria nel suo impianto complessivo

Nel tempo, poi, si è assistito all'introduzione di un'altra contraddizione rispetto alla regola della paritarietà: la facoltatività del finanziamento alle scuole non statali – nel senso che il provvedimento con cui si decide il finanziamento è frutto di decisione che si assume anno per anno, senza garanzia di stabilità nel tempo. Annualmente, infatti, attraverso decreto ministeriale si definiscono i criteri e i parametri per l'assegnazione dei contributi alle scuole paritarie. Tale contraddizione si rileva subito dall'art. 1 di tali decreti, e precisamente in due norme:

a. «i contributi sono erogati al fine di sostenere la funzione pubblica svolta dalle scuole paritarie nell'ambito del sistema nazionale di istruzione»;
b. «il presente decreto definisce i criteri e i parametri per l'assegnazione dei contributi alle scuole paritarie per l'anno…».

Attualmente, dunque, abbiamo un sistema che impone alle scuole non statali che chiedono di "entrare" nel sistema paritario una serie di regole piuttosto stringenti e prescrittive ma che, nel contempo, decide solo di anno in anno se finanziarle e come.

L'esigenza di dare inizio a un percorso più coerente di attuazione della parità è stata richiamata nel *Documento conclusivo* dei lavori del Gruppo costituito con D.M. n. 17 dell'11 febbraio 2009, dal titolo *Le scuole paritarie nel sistema nazionale di istruzione*. Tale percorso, si afferma in questo documento, risulta indispensabile allo scopo di rendere «di fatto possibile la scelta della scuola da parte dei genitori» e al fine di evitare «che il sistema paritario divenga un sistema chiuso, non accessibile per ragioni economiche agli studenti ad esso interessati».

In altri termini, la parità così come è stata interpretata dall'adozione della l. n. 62/2000 in poi (e, dunque, in maniera perfettamente bipartisan) è tale per cui essa non consente una libera scelta della scuola paritaria, rendendo, di fatto, la stessa un sistema "chiuso", che non è in grado di entrare nel più generale sistema nazionale di istruzione.

Sempre in quel *Documento*, inoltre, tra le misure che si indicano allo scopo di ricomporre la contraddizione attualmente in essere (un'attuazione della legge che contrasta con il fine della legge stessa) si addita in particolare di

> passare ad una stabilizzazione, in base a parametri definiti, del sostegno all'offerta formativa attraverso la determinazione del contributo annuale per sezione (con una previsione specifica per le scuole a sezione unica) e la realizzazione, con formule semplificate, di convenzioni pluriennali tra l'amministrazione scolastica e le scuole (singolarmente considerate o costituite in rete) con periodica revisione (triennale) in rapporto soprattutto al costo del personale docente.

Le contraddizioni dell'oggi. Il "paradosso" di un sistema paritario finanziato "facoltativamente"

Dal punto di vista del costituzionalista quanto appena ricostruito costituisce una sorta di paradosso costituzionale: un sistema paritario nelle regole di ingresso, ma impari in quelle di uscita.

Ciò dovrebbe consigliare il legislatore a "completare" l'opera iniziata con la legge paritaria del 2000, attraverso la stabilizzazione nel tempo della regola della contribuzione alla scuola non statale.

Dopo la revisione costituzionale del 2001, peraltro, il legislatore ordinario è oggi munito di un altro potente principio costituzionale che gli consente di operare in tale direzione.

L'espressa costituzionalizzazione della sussidiarietà orizzontale aggiunge, infatti, alla preesistente dimensione del rapporto pubblico-privato un'ulteriore valenza, direttamente conseguente al suo stesso inserimento nell'art. 118 – e cioè nella norma che delinea l'impianto costituzionale della distribuzione delle funzioni amministrative nel nostro ordinamento.

In precedenza, come noto, tale impianto si reggeva sul principio del parallelismo e, dunque, sul binomio artt. 117-118. Oggi, proprio in forza dell'introduzione della sussidiarietà, si è spezzato il principio del parallelismo, e l'art. 118, in qualche misura, può legittimare distribuzioni di funzioni amministrative indipendenti dall'impianto dell'art. 117.

L'importanza del comma 4 dell'art. 118 Cost., in altri termini, è il contesto normativo in cui è inserito – secondo il quale le funzioni pubbliche possono essere distribuite non solo attraverso il meccanismo della sussidiarietà verticale (primo comma), ma altresì attraverso il meccanismo della sussidiarietà orizzontale (quarto comma).

In questo contesto, la legge paritaria – anche se di poco precedente la revisione del 2001 (ma comunque successiva alla L. 59 del 1997 e al D.lgs. 112 del 1998) – costituisce un'applicazione puntuale della sussidiarietà orizzontale, intesa quale inclusione delle scuole paritarie nel «sistema nazionale di istruzione», e cioè in un sistema che non solo eroga un servizio pubblico, ma che esercita una funzione pubblica. La Corte costituzionale, negando il referendum su tale legge, ha in qualche misura confermato l'idea che attraverso essa si è dato vita a un «sistema nazionale di istruzione», come ha ribadito anche nella sent. n. 33 del 2005, con cui ha respinto il ricorso della Regione Lombardia finalizzato a dichiarare l'incostituzionalità della L. n. 62.

Una tale lettura sistematica degli artt. 33 e 118 della Costituzione potrebbe diventare di grande importanza rispetto allo sterile dibattito ideologico che ha inchiodato per decenni il nostro legislatore a un'interpretazione rigida (e irragionevole) del «senza oneri per lo Stato». Se, infatti i soggetti della sussidiarietà orizzontale entrano a pieno titolo nell'esercizio delle funzioni pubbliche (istruzione compresa), allora quel divieto di finanziamento va ristretto al solo privato: cioè al mercato.

In tal modo, la sussidiarietà orizzontale entra nella sfera del pubblico a tutti gli effetti, differenziandosi nettamente dal "mercato". Del resto, il soggetto della sussidiarietà orizzontale non è il privato, ma è la "società civile".

In questa prospettiva il finanziamento diretto alle scuole paritarie non è incostituzionale. Esso non è la strada obbligata della parità, poiché lo strumento di attuazione di questa è, in senso proprio, la leva finanziaria. In quanto strumento, tale finanziamento può certo essere visto in alternativa ad altri strumenti, come il c.d. «buono scuola»; ma non per questo esso può essere considerato contrario alla Costituzione[23].

23. Sulle implicazioni derivanti dall'art. 118 Cost. e sulla rilettura dell'art. 33 alla luce del principio di sussidiarietà sia consentito rinviare al mio *Il "sistema nazionale di istruzione" dopo la revisione costituzionale. Spunti per una rilettura del principio pubblico-privato alla luce del principio di sussidiarietà*, in www.federalismi.it, 2005, n. 5 e in "Rivista della Scuola superiore dell'economia e delle finanze", 2005, n. 2, pp. 91 ss.

Capitolo quarto

Educare e convivere. La sfida dell'identità nel tempo delle differenze

La diversità come sfida all'educazione e alla scuola

di Milena Santerini

Quella che noi definiamo *cultura* non esiste, esistono solo le *culture* al plurale. Infatti, nella storia dell'umanità si sono sviluppate infinite forme di adattamento alla natura e all'ambiente, che solo erroneamente possono essere considerate come un tutto omogeneo. Tuttavia, pur essendo al plurale, le culture non sono separate e autonome, ma, anzi, sono vive solo in quanto interdipendenti. Senza scambi, commerci, migrazioni, non ci sarebbe stata sopravvivenza. Le culture sono, quindi, simili e diverse al tempo stesso, ma in ogni caso non autosufficienti[1].

Per lungo tempo si è pensato che ci fosse un'unica Cultura umana o una sola Ragione, con l'iniziale maiuscola. Si tratta di un'antropologia scaturita da un modo di pensare auto-centrato, caratteristico di tutti i gruppi umani. Come l'Occidente si è posto per lungo tempo al centro del mondo, considerando le altre culture come satelliti (salvo poi rischiare all'opposto di annullarsi), o come, ad esempio, la Cina si è considerata in passato la "terra di mezzo" in una mappa ideale del mondo, così nella storia ogni gruppo ha finito per considerare "barbaro" quello confinante o che non conosceva, di cui non capiva il linguaggio.

In campo pedagogico, siamo di fronte a cambiamenti profondi che conducono ad affrontare il tema del rapporto tra le culture e il problema "unità/diversità" come paradigmatico, sfondo del pensiero teorico e guida della prassi educativa. Il mondo attuale, infatti, non si volge alla ricerca della Cultura o della Ragione, come nell'educazione tradizionale, ma è percorso da una pluralità di culture, di approcci scientifici, di linguaggi; non è di oggi la

1. B. Jordan, *L'humanité au pluriel. La génétique et la question des races*, Paris, Editions du Seuil, 2008.

scoperta weberiana del politeismo dei valori. L'educazione è interrogata in modo nuovo dalla questione dell'unità/diversità, peraltro emblematica del pensiero contemporaneo.

L'educazione umanistica tradizionale, come ha osservato Jean-Marie Domenach, tendeva a un'immagine unitaria del mondo. Doveri, tradizioni, modelli, ragione sono i caposaldi dell'educazione classica, filo conduttore della pedagogia occidentale. La pedagogia tradizionale umanistica conduceva la persona, attraverso i grandi modelli, ad accedere alla Ragione oggettiva e partecipare all'universale[2]. Ci si chiede se bisogna rimpiangere questo modello, in un mondo che esalta la differenza, spesso fine a se stessa, in cui il senso di unità sembra frantumato sia sul piano delle appartenenze nazionali, ma anche culturali e sociali, quando la società e la scuola sembrano aver perso la bussola del «principio di autorità»[3]. Tra consumismo e tecnicismo, nella società di massa e con la liberazione della parola, sembra difficile ricostruire un quadro unitario del sapere. Eppure, bisogna trovare l'orientamento in un quadro unitario, attraversando – senza eluderla – la sfida delle differenze. La scelta del relativismo diventa per questo ineluttabile?

Oggi, in un mondo globalizzato, dove la distanza viene eliminata da possibilità di viaggi sempre più rapidi e comunicazioni istantanee, e dove l'intreccio dei dati è sempre più evidente, la differenza si presenta soprattutto come *pluralità* culturale[4]. Sbaglierebbe, però, chi pensa che sia un problema limitato all'integrazione degli alunni immigrati o ai conflitti tra costumi e usi diversi a livello sociale. Si tratta invece di un'autentica sfida pedagogica che da un lato è sempre esistita nella storia dell'educazione e della scuola, ma che a ogni generazione emerge in forme nuove. Non solo, ma oggi l'incontro-scontro tra culture si presenta sotto l'aspetto del conflitto interno alle società, su temi antropologici, del lavoro, della bioetica. Non è possibile, quindi, proiettare all'esterno degli

2. D. SIMARD, *Education et herméneutique. Contribution à une pédagogie de la culture*, Saint Nicolas (Québec), Les Presses de l'Université Laval, 2004.

3. Cfr. COMITATO PER IL PROGETTO CULTURALE DELLA CONFERENZA EPISCOPALE ITALIANA (ed.), *La sfida educativa*, Roma-Bari, Laterza, 2009.

4. Z. BAUMAN, *Dentro la globalizzazione. Le conseguenze sulle persone* (trad. dall'inglese), Roma-Bari, Laterza, 1999; U. BECK, *La società cosmopolita. Prospettive dell'epoca post-nazionale* (trad. dall'inglese), Bologna, il Mulino, 2003.

ambiti sociali la valutazione delle differenze e la necessaria ricerca del dialogo: dobbiamo, invece, operare un cammino verso l'unità attraverso le differenze partendo da noi stessi e da ciò che accade accanto a noi.

La pluralità culturale e le sue categorie: universale, uniforme, comune

Può essere utile, per affrontare il tema delle categorie culturali nella pluralità, seguire il pensiero di François Jullien, un filosofo francese che ha affrontato recentemente l'argomento del dialogo delle culture attraverso l'analisi di tre concetti: l'*universale*, l'*uniforme*, il *comune*[5].

L'*universale*, secondo Jullien, è – in senso forte – ciò che è prescritto, una universalità di principio, che abbiamo ereditato in forma di concetto dalla filosofia greca. Non a caso, si distingue dalle categorie filosofiche ed epistemologiche del pensiero orientale. Dal punto di vista storico-giuridico dobbiamo la scoperta dell'universale all'estensione dell'Impero romano. Sul piano religioso, si può considerare la teologia di san Paolo come la fonte esemplare della visione cristiana per cui l'umanità è una sola in Cristo.

In questa ricostruzione, si potrebbe obiettare, manca l'universalismo biblico del Dio di Israele salvatore di tutte le genti, e altre integrazioni si potrebbero fare; ma, proseguendo nell'*excursus* storico, risulta indiscutibile il senso tutto occidentale della specificità europea che «ha proiettato i propri valori sul mondo nell'intento di convertirlo» e che ha prodotto il «dover essere» dei diritti umani[6]. È un universale prescritto, costitutivo, prestabilito. Tale principio, invece di saturarsi, conduce a un effetto di superamento, di mancanza, una forza motrice che mira alla pienezza. Contro l'universale, spiega Jullien, ci sono state, nella storia, tre rivolte: nell'anti-

5. F. JULLIEN, *L'universale e il comune. Il dialogo tra culture* (trad. dal francese), Roma-Bari, Laterza, 2010.

6. Ivi, p. 67.

chità, in difesa della Sostanza; nella filosofia moderna, invece, per difendere il Soggetto, e infine oggi in difesa dell'Altro[7].

Quale educazione, possiamo chiederci, nasce dall'idea universalistica?

Norberto Bobbio considera concezioni etiche universalistiche quelle che guardano come meta ultima della storia, se pure ideale, alla formazione della *civitas maxima*, della città al di sopra di tutte le patrie. Ideale razionale e saggio, l'educazione cosmopolitica vuole l'uomo libero dalla barbarie e capace di trascendere i suoi interessi particolari in nome dell'interesse generale. Alle sue origini c'è il pensiero di Kant, l'idea di progresso della natura che va verso un'inarrestabile e obbligata concordia. Ottimismo della storia e volontà dell'educazione concorrono a una visione di bene universale, a cui tendere attraverso l'educazione[8].

Il modello universalista presenta aspetti anti-naturalistici, un respiro olistico, propugna la fede nella conoscenza e nell'educazione. Si può definire, quindi, un modello razionalistico, ispirato a valori umanistici ordinati a un fine e fondato soprattutto sulla conoscenza. È il sapere e la cultura, infatti, in questo modello, a trasformare una coscienza chiusa in una aperta e rispettosa dell'altro.

Va però notata l'impotenza dell'universalismo nell'incidere profondamente sulla morale personale. Viene in evidenza, qui, il limite di un'affermazione astratta di principio e di valore, difficilmente traducibile in comportamenti e cambiamenti di vita. Infatti, noi abbiamo bisogno di appartenenza civica a una determinata comunità, e questo interroga un universalismo prescrittivo e a rischio di astrazione. Il tema delle radici dell'uomo contemporaneo, alla ricerca di patria, pone con forza il problema del "far parte", dell'appartenere a qualcosa.

Siamo di fronte, oggi, non tanto all'universale, quanto al globale. Nel mondo post-1989, dopo la scomparsa dei blocchi, ci si trova di fronte a un mondo frammentato, in cui i contesti più grandi si sono sgretolati in più piccoli, e che, per essere compreso, «va scoperto ed esplorato attraverso esempi, differenze, variazioni

7. Ivi, p. 11.

8. M. Santerini, *Cittadini del mondo. Educazione alle relazioni interculturali*, Brescia, Editrice La Scuola, 1994.

e particolarità, un pezzo alla volta e un caso dopo l'altro»[9]. Nel mondo post-11 settembre, invece, la crescita della globalizzazione evidenzia una situazione a due facce: da una parte disorientamento e disgregazione, che favoriscono particolarismi, neo-tribalismi e fenomeni di fondamentalismo, in Occidente come in Oriente; dall'altra, il commercio mondiale e un'accresciuta rete di comunicazioni, che ha reso il mondo infinitamente più piccolo.

All'epoca della cultura-mondo la società è strutturata in contesti separati, con una molteplicità di obiettivi e funzioni in cui ogni istanza unificatrice, come quella religiosa, sembra debole. Le identità degli individui si presentano meno definite, in mutamento, a differenza dei ruoli rigidi – difensivi ma certamente più imprigionanti – del passato[10]. Di fronte alla diversità delle culture, l'universalismo tende a ricostruire una visione organica e a considerarle manifestazioni di un principio comune. Ne consegue che, di fronte alla loro diversità, esso ispiri la ricerca di ciò che unisce e che può essere simile nella diversità. Il modo di pensare la realtà è *univoco* (una sola realtà-cultura diviene misura di tutte le altre). Questa posizione, tuttavia, nasconde spesso un punto di vista eurocentrico, e la volontà di assimilare l'altro. Tutti devono convergere verso gli stessi modi di vivere, ma da quale punto di vista e per quale autorità questi modi possono essere definiti "universali"?

Mentre l'universale si oppone all'individuale o al singolare, l'*uniforme* ha come alternativa il *differente*. La globalizzazione dei consumi, si è detto, tende a rendere il mondo uguale. La pervasività della dimensione economica e sociale della vita, e il crescente produttivismo delle società-mercato ci rende simili nel vestire, nel divertimento, nell'immaginario, nei valori (o dis-valori), ma rimette in causa un progetto civico basato sulla solidarietà. "Cittadino", sempre più, equivale a "consumatore". Come rileva nei suoi lavori Dominique Schnapper, i cittadini valutano lo Stato più per i vantaggi economici loro forniti che per le possibilità di partecipazione.

Anche la scuola, potremmo chiederci, sta diventando "uni-

9. C. Geertz, *Mondo globale, mondi locali. Cultura e politica alla fine del ventesimo secolo* (trad. dall'inglese), Bologna, il Mulino, 1999, p. 17.

10. C. Taylor, *Il disagio della modernità* (trad. dall'inglese), Roma-Bari, Laterza, 1999.

forme"? Mentre si dibatte sull'emergenza immigrati e sul "pericolo" della diversità culturale, molti registrano, invece, una progressiva e massificante invasione di campo delle forze del mercato non solo nella vita di singoli e famiglie, ma anche nel sistema dell'istruzione. Le critiche più radicali considerano la globalizzazione come una forma, imposta, di occidentalizzazione del mondo, che obbliga la scuola e i sistemi educativi ad adattarsi ai bisogni e ai ritmi dell'economia e del mercato del lavoro. Opponendosi a un'ideologia neo-liberista che avrebbe invaso anche la scuola, i critici della globalizzazione vedono quest'ultima costretta a riprodurre – ieri a livello nazionale, oggi transnazionale – modelli di vita e di cultura imposti dall'esterno, e in particolare dai poteri economici.

Viene messo in rilievo, a questo proposito, come, dopo decenni di crescita della scuola di massa, si assista oggi a una svolta, generata da un arresto in tale progresso, che aveva visto, nel mondo occidentale, la massiccia scolarizzazione a livello di base delle giovani generazioni. Oggi, le restrizioni imposte dalla crisi economica imporrebbero un arresto nello sviluppo e, al contempo, una mercantilizzazione dell'istruzione: in questo quadro la formazione diviene un'attività commerciale, la scuola un prodotto e le famiglie clienti. A guidare la scelta di programmi, l'organizzazione, i contenuti curricolari non sarebbe tanto la logica del sapere, quanto i bisogni dell'economia e della manodopera. In questo senso, poiché la crescita produttiva e le rapide trasformazioni tecnologiche impongono una formazione flessibile, la scuola deve adattarsi a tali richieste, fornendo persone capaci di inserirsi rapidamente nel lavoro, dotate di un bagaglio culturale minimo, ma utile agli scopi.

Andrebbe in questo senso il passaggio, ormai segnato in tutti i paesi europei, dai "saperi" alle "competenze", dove i primi attengono ai contenuti e le seconde ad abilità funzionali[11]. Sempre in questa direzione va vista "l'essenzializzazione" dei curricola e la riduzione degli orari scolastici e dei cicli, ovvero lo sfrondamento dei programmi dagli aspetti di cultura generale, ritenuti superflui. Vengono invece potenziati, nella maggior parte dei programmi di riforma europei, gli strumenti di base come la lingua, la matematica, l'uso delle tecnologie, oltre ad abilità sociali quali la capacità

11. F. CAMBI, *Saperi e competenze*, Roma-Bari, Laterza, 2004.

di lavorare in gruppo. I saperi generali e umanistici, a rischio di obsolescenza, devono essere quindi ridotti.

La "scuola profit" o modello unico che, secondo queste analisi, emerge a livello globale, dall'est all'ovest, dall'Asia al Nord America, risponde a un modello omogeneo e indifferenziato. Come nel caso delle catene commerciali, i principi di razionalizzazione basati su efficienza, prevedibilità, controllo, vengono trasposti nei sistemi educativi, dando luogo quasi ovunque a processi di privatizzazione, selezione, controllo dell'efficienza. Colpisce e inquieta che, a distanza di anni dalle tesi radicali di Ivan Illich, ci si possa trovare di fronte a una nuova richiesta di descolarizzazione, ora non più a favore dello sviluppo della comunità e della società civile, ma dei poteri economici.

Anche se lo scenario delineato dai critici della globalizzazione potrebbe sembrare eccessivamente pessimista, le convergenze tra le attuali politiche formative e scolastiche dei vari paesi del mondo risultano sorprendenti, e troppo simili per far pensare a un caso. Le prospettive tracciate da vari esperti pongono in evidenza i rischi di derive che potrebbero realizzarsi, se non venissero attivati adeguati correttivi. In questo senso, non va sottovalutato l'allarme di chi teme che, posta al centro delle riforme, la logica dell'efficienza (che contraddice sostanzialmente la *ratio* pedagogica, centrata sul processo e non sul risultato) possa condurre più lontano di quanto si pensi o si voglia.

La terza categoria della pluralità è il *comune*. Anche se l'etimologia è incerta, alcuni la considerano derivante da "*cum-munus*", ovvero dallo scambio e dalla reciprocità. *Communitas* diviene, quindi, il luogo dove si fonda la relazione, dove si attua una condivisione. In questo senso *comune*, osserva Jullien, si oppone a *particolare*. Ciò che è *comune* può divenire la frontiera dell'appartenenza, l'elemento che può unire senza rinunciare alle differenze, la categoria che mette in dialogo senza rinunciare ognuno ai propri modi di sentire, credere, vivere? Vale la pena di praticare questa strada, ad alcune condizioni, e cioè a patto di considerarla allo stesso tempo un dato e una realtà antropologica fondamentale (stessa umanità) e anche una prospettiva escatologica (stesso destino).

La strada interculturale, per contribuire a rendere possibile e pacifica una convivenza umana non irenica, e per sviluppare una comprensione profonda – messa alla prova dalle differenze – ha, d'altronde, sviluppato proprio questa idea di *comune*[12].

Può esserci un progetto di futuro nella convivenza se non in una tensione "escatologica" verso lo stare-insieme, che riconosce la differenza senza fusione né la ignora relegandola nel ghetto dell'alterità? La maniera migliore di rispettare una cultura contemporanea è dialogare con essa, metaforicamente o meno. E ciò è possibile solo sulla base della ricerca comune di valori universali, quando i significati vengono interrogati e messi a confronto – indica Lévinas – sulla base del Senso. Si ha bisogno di uno sguardo antropologico attento e fiducioso che non disprezzi, non oscuri o rimuova le differenze, ma neanche le mitizzi o le congeli in un'alterità immutabile. Mentre il troppo familiare impoverisce e un estremo relativismo crea incomunicabilità, si ha bisogno di pensare la differenza coinvolgendosi nello scambio e nel dialogo, entrando nell'universo culturale unico e irripetibile di ciascuno, e di lasciare che gli incontri cambino le nostre menti. Non esistono, infatti, le culture in quanto entità astratte, delimitate geograficamente, pure e separabili le une dalle altre.

La cultura non è neanche una "seconda natura" che ereditiamo con i geni. Esistono, invece, le persone con il loro bagaglio di lingua, di storia, di fede, di abitudini, ognuna con il suo mondo multiculturale dentro. Credere nel dialogo e nell'educazione interculturale significa coinvolgersi nelle storie individuali e venire a contatto con una diversità e una relatività da non ignorare, ma che non può essere irrigidita e fissata in modo astorico e astratto. Un'apertura critica sul proprio modo di pensare, ovvero la coscienza della relatività, è il fondamento del dialogo, ma essa non può tuttavia esaurire la comprensione interculturale: sul piano etico occorre ribadire che le culture sono inserite nell'ordine morale, all'interno del quale il valore assoluto è rappresentato anzitutto dalla persona umana.

La ricerca di valori comuni universali è un processo razionale cui le parti devono sottoporsi, la via obbligata della convivenza.

12. M. Abdallah Pretceille, *Vers une pédagogie interculturelle*, Paris, Publications de la Sorbonne, 1990; A. Perotti, *La via obbligata dell'interculturalità* (trad. dal francese), Bologna, EMI, 1994; M. Santerini, *Intercultura*, Brescia, Editrice La Scuola, 2003.

Quando, però, ci sono differenze di interpretazione nascono conflitti sul modo di interpretare valori universali. Ma, come si è più volte affermato, in una società pluralistica la ragione, seppure importante, non basta, perché a essa si deve associare simpatia, fiducia nella sensibilità morale dell'altro, ricerca di un *modus vivendi*. La vita in una società multiculturale esige una tensione profonda, un coinvolgimento e un'assunzione di responsabilità[13]. Abbiamo bisogno di *ripensare* l'altro in un mondo globale, ma occorre anche *sentirlo* meglio. La percezione della profondità dell'esistenza umana ci fa riconoscere l'altro in noi e ci spinge a "esigere" l'unità. La domanda diviene allora quella del poeta Edouard Glissant, scomparso recentemente, «come essere se stessi senza chiudersi agli altri e come aprirsi agli altri senza perdere se stessi».

Per questo il dialogo interculturale, nella misura in cui porta a comunicare, fa riferimento a un "mettere in comune". La base su cui si poggia questa convivenza può essere solo la ricerca di ciò che è comune[14]. È fondamentale però chiarire che oggi non possediamo chiaramente il significato di "ciò che è comune", ma esso va cercato attraverso il dialogo. Ci vuole pazienza, rispetto, ammirazione e curiosità per l'altro, fosse un immigrato, fosse un giovane che dovremmo guardare con attesa e apertura di cuore.

Si tratta di un dialogo ancora da realizzare: secondo la bella espressione del filosofo francese Ricoeur, di una *via lunga*, cioè del faticoso attraversamento dei segni in cui il soggetto, percepito come l'altro, si obiettiva. Tale coscienza di essere destinati all'incontro è bene espressa sempre da Ricoeur. Scrive il filosofo francese:

> La comprensione è un'avventura temibile nella quale tutte le eredità culturali rischiano di affondare in un sincretismo vago: solo una cultura viva, allo stesso tempo fedele alle proprie origini e in stato di creatività [...] è capace di sopportare l'incontro con altre culture, e anche di dare un senso a quell'incontro[15].

13. C. Vigna, S. Zamagni, *Multiculturalismo e identità*, Milano, Vita e Pensiero, 2002.

14. A. Riccardi, *Convivere*, Roma-Bari, Laterza, 2006.

15. P. Ricoeur, *Histoire et verité*, Paris, Editions du Seuil, 1955, p. 129; si veda anche E. Levinas, G. Marcel, P. Ricoeur, *Il pensiero dell'altro* (trad. dal francese), a cura di F. Riva, Roma, Edizioni Lavoro, 1999.

Tale comunicazione resta non facile ma *drammatica*, tuttavia è attraverso di essa che occorre passare per dialogare diversamente dallo scontro passato e presente.

Educazione interculturale e pluralità

Le tre categorie che abbiamo brevemente passato in rassegna – universale, uniforme, comune – possono rappresentare altrettanti modelli educativi, di diversa ispirazione, con esiti imprevedibili, che certamente non possono esaurire la varietà della complessità educativa e che, anzi, rischiano di orientare a senso unico la riflessione pedagogica. Se si vuole affrontare la sfida delle differenze non resta che approdare a un progetto di dialogo che possa attraversare l'uguale e il diverso, il particolare e il comune, l'universale e l'individuale. Non esiste, infatti, una staticità nelle culture e nelle persone, tutte singolarmente originali, in mutamento e in trasformazione. Una nuova ermeneutica interculturale considera l'educazione come lo strumento più importante per porre in comunicazione persone, ognuna originale e unica, non sistemi di valori o di tradizioni.

In che senso la scuola può affrontare l'incontro-scontro tra uguaglianza e diversità? La scuola è lo spazio pubblico in cui si accede all'universale, il luogo dove si conosce quello che c'è oltre la propria identità privata, imparando a confrontarsi e a decentrarsi. Essa non potrà, quindi, chiudersi nel locale e nel particolaristico, pena la morte del senso di apertura all'umano[16]. Tuttavia, ciò non autorizza il relativismo culturale che enfatizza i singoli apporti e rifiuta di cercare valori comuni trasversali. La tensione all'universale (diversa dall'universalismo) rende legittimo un giudizio morale sulle culture, sola condizione per realizzare il dialogo e la convivenza. Infatti il confronto critico e aperto tra le culture permette il superamento dei loro limiti, contribuendo alla ricerca di principi e norme che rispettino integralmente l'uomo.

Per estrarre ciò che è *universale* nel *locale* bisogna usare la ra-

16. M.C. Nussbaum, *Coltivare l'umanità. I classici, il multiculturalismo, l'educazione contemporanea* (trad. dall'inglese), Roma, Carocci, 1999.

gione, non geometrica, bensì pratica: la negoziazione, o la deliberazione democratica. Ma, come si è più volte affermato, in una società pluralistica la ragione, seppure importante, non basta, perché a essa si deve associare simpatia, fiducia nella sensibilità morale dell'altro, ricerca di un *modus vivendi*.

L'*uniforme* è insieme una realtà e un rischio. L'eterogeneità rappresenta la norma nelle società complesse; allo stesso tempo, queste ultime tendono all'uniformità creata dalla "cultura mondo" massificata e occidentalizzata. I consumi sono uno dei principali fattori dell'occidentalizzazione e uniformazione del mondo, tanto da invadere e snaturare le culture locali. Così, mentre nei paesi europei si teme la cultura dell'altro, non ci si accorge che in realtà tutti, italiani e stranieri, si stanno uniformando nel vestire, mangiare, ma anche nel modo di credere, sperare, vivere. Basti pensare alla forza della cultura della fabbrica dei sogni globali a livello di film, intrattenimento, videogiochi ecc., per capire la forza irresistibile del materialismo uniforme e del conformismo consumista.

Anche a livello della persona si delinea, nel complesso, una spinta neo-individualista che si confronta direttamente con il mercato. Se pensiamo alla crisi del modello dell'autorità, non possiamo negare che anche qui vince l'uniforme: la cultura dei consumi e del materialismo, il desiderio illimitato, del pan-comprare, del conquistare tutto e subito paiono erodere in profondità l'autorevolezza del "maestro". Il desiderio senza ostacoli, alimentato dalla virtualizzazione della realtà televisiva, infatti, vince sulla costruzione paziente di sé sotto la guida delle generazioni precedenti[17].

Certo, c'è una resistenza all'uniformità. Le culture locali non si lasciano troppo facilmente invadere da altre forme di vita; le accettano, ma riescono anche a trasformarle, dando un'impronta particolare e singolare a scelte, modelli e consumi che, in apparenza, sembrano uniformi. L'omogeneizzazione culturale è senza dubbio un rischio, che va denunciato, evitando però la caduta nel rischio opposto, e cioè, ancora una volta, nel particolarismo. Si è detto che la chiusura identitaria, infatti, è un pericolo simmetrico e corrispondente a quello dell'uniformizzazione globale. Alle spinte che

17. E. Damiano, *L'insegnante etico. Saggio sull'insegnamento come dimensione morale*, Assisi, Cittadella, 2007.

enfatizzano il "modello unico" dal punto di vista formativo fanno da contrappeso, spesso, reazioni di chiusura a livello regionale. Nei paesi europei, e in particolare in Italia, l'ancoraggio rivendicativo a pretese culture locali rischierebbe non solo il particolarismo, ma anche il folklore, nella misura in cui si dovessero rivisitare forme di vita e culture morte da tempo o mai esistite.

Una versione ambigua del *comune* sono alcuni modelli multiculturalisti (o "comunitaristi"), che si sono rivelati inadeguati a integrare le differenze, lasciando separati e impermeabili i sistemi culturali[18]. Un certo multiculturalismo, di cui si sta decretando la fine, si è opposto alla negazione e all'assimilazione dell'altro e ha scelto la strada opposta, l'esaltazione delle differenze. L'altro deve essere protetto, in quanto minoranza. Per proteggerlo si rischia però di chiudere, imprigionare le differenze, approdando al relativismo. Il contributo – apprezzabile – del pensiero relativista all'educazione può essere individuato nella "scoperta" della pari dignità delle culture. Tuttavia, se si amplifica solo la paura dell'eresia relativista, si arriva a dimenticare il rischio del provincialismo e della chiusura che impedisce una reale comprensione e simpatia verso l'altro.

Da un lato, si additano i rischi di un individualismo estremo, che indebolisce il legame sociale, crea frammentazione e mancanza di responsabilità; dall'altro, molti identificano il "neo-comunitarismo" come la fonte di un ritorno romantico e irrazionale a identità chiuse, di tipo tribale, in lotta tra loro. Il comunitarismo intollerante diviene fonte di divisione, soprattutto a livello dell'istruzione scolastica, se si approda al modello "a ogni gruppo la sua scuola". Tuttavia, tra le *identités meurtrières* – che uccidono la convivenza – e l'individualismo descritto come anomia e separazione è possibile trovare una conciliazione.

Conciliare comunitarismo e liberalismo moderno significa proporre un modello pluralistico che apporta una correzione all'instabilità e alla dissociazione della persona, sostenendo quella "voglia di comunità" positiva (non il rifugio al freddo della vita, di cui

18. W. Kymlicka, *Teoria e pratica del multiculturalismo di immigrazione*, in E. Caniglia, A. Spreafico (edd.), *Multiculturalismo o comunitarismo?*, Roma, Luiss University Press, 2003, pp. 123-157.

parla Bauman) che porta a favorire associazioni, assemblee, fedeltà locali. Anche attraverso quelli che un tempo si definivano i "corpi intermedi" si può cercare una strada in cui libertà individuale e responsabilità sociale si accordino, senza rinunciare al valore di quella autenticità di vita, cioè di libertà personale, conquistata nel tempo. Come scrive Giorgio Chiosso,

> dalla cultura comunitarista giunge il forte invito a riscoprire il senso dell'educazione in quanto progetto sovraindividuale, e a rilanciare tutti quei luoghi e quelle prassi che sono in grado di accrescere il senso di appartenenza e di identificazione in un 'bene comune'[19].

La scuola e il dialogo interculturale

Come scrive il *Libro bianco europeo sul dialogo interculturale*,

> gli approcci tradizionali di gestione della diversità culturale non sono più adeguati alle società che conoscono un livello di diversità senza precedenti e in costante sviluppo [...]. Una nuova strategia è necessaria per giungere a società inclusive, quella del dialogo interculturale[20].

Il nostro paese ha ripercorso, anche se con significative variazioni, le fasi attraversate dall'educazione interculturale nelle scuole occidentali negli ultimi decenni: la fase di *assimilazione* (inserimento delle culture minoritarie, con assente o scarsa attenzione alla cultura d'origine); la fase del *multiculturalismo* (scoperta del pluralismo, ma anche rischio di relativismo e di folklorizzazione delle culture). Riprendendo le categorie della pluralità di cui si è parlato finora, essa ha sostenuto ora l'universalismo etnocentrico, ora il comunitarismo, forse senza accorgersi che il pericolo maggiore veniva dall'uniformità dei consumi e del materialismo che tutto livella.

In generale, in questi anni documenti e politiche scolastiche italiani ed europei hanno espresso un chiaro orientamento verso l'intercultura. Tuttavia, sono grandi le contraddizioni tra il dire e

19. G. Chiosso, *I significati dell'educazione. Teorie pedagogiche e della formazione contemporanee*, Milano, Mondadori, 2009, p. 87.

20. Consiglio dell'Europa, *Libro bianco sul dialogo interculturale "Vivere insieme in pari dignità"*, Strasbourg, maggio 2008, p. 9.

il fare dei documenti ufficiali. Uno studio del parlamento europeo sull'Italia, curato da Cristina Allemann Ghionda, rivela un serio scarto tra le politiche ufficiali e le pratiche effettivamente svolte nelle scuole (affermazione vera, peraltro, anche per la maggioranza degli altri paesi)[21].

Ma c'è una peculiarità italiana: il nostro paese ha sviluppato l'educazione interculturale in un quadro tendenzialmente di tipo *inclusivo*, caratterizzato dalla sua storia di progressivo allargamento a tutte le fasce sociali, dall'assorbimento della grande migrazione dal meridione nel dopoguerra, dall'integrazione degli alunni disabili nelle classi ordinarie (L. 517/77). L'applicazione dei principi delle Convenzioni internazionali sui diritti dei minori ha altresì orientato verso l'assunzione di criteri "universalistici" e di riconoscimento di pari opportunità per tutti. Potremmo dire che, oggi, nella scuola italiana un *neo-assimilazionismo* si confronta con un'*intercultura di seconda generazione.*

Il *neo-assimilazionismo* tende ad affermarsi quando nella scuola si impongono politiche basate sull'emergenza, dimenticando che i neo-arrivati sono ormai solo una parte degli alunni di cittadinanza non italiana: la rigidità dei programmi, un discorso pedagogico che assume le parole d'ordine meritocratiche senza aver garantito pari opportunità, la pressione della società circostante protesa all'interesse particolare anziché collettivo e impaurita del nemico esterno, il funzionalismo che vede nell'immigrato braccia e non persone, famiglie, storie, progetti. Tutto questo indirizza l'insegnante, spesso sottilmente, verso una riaffermazione univoca della lingua italiana, verso curricoli impoveriti, anziché arricchiti del mondo culturale dell'alunno arrivato da lontano, verso la seducente idea di classi separate... Si tratta di un progetto di scuola tagliato per i medi, in cui gli alunni immigrati devono diventare rapidamente buoni alunni che non disturbano il lavoro della classe.

In che senso, invece, parliamo di *intercultura di seconda generazione*?

21. Il Rapporto *Intercultural Education in schools*, a cura di Cristina Allemann Ghionda, promosso dal Parlamento Europeo, *Directorate General for Internal Policies of the Union*, Bruxelles, giugno 2008, è consultabile su http://www.europarl.europa.eu/activities/committees/studies.do?language=en.

La definizione proposta nella ricerca già citata del Parlamento Europeo è la seguente:

> L'educazione è interculturale quando tiene conto della pluralità/diversità linguistica e socio-culturale a livello dell'organizzazione, dei contenuti del programma di studio e dei metodi di insegnamento. In tutte le materie, vengono adottate differenti prospettive, confrontate e analizzate in modo critico [...]. Indipendentemente dalla presenza fisica delle persone di origine socioculturale differente, l'idea essenziale è di rispettare ogni espressione socioculturale e linguistica[22].

Come si può capire, l'educazione interculturale di "seconda generazione", secondo l'espressione di Allemann Ghionda, si colloca in una società dove il pluralismo è la norma, e affronta le problematiche legate a un'immigrazione non transitoria, ma stabile, costruendo un futuro per la convivenza. Il caso italiano è in questo senso emblematico di un bivio in cui scegliere tra la visione ancora emergenziale e funzionalistica del fenomeno, limitando il ruolo della scuola a quello di assorbimento degli immigrati e adattamento al sistema sociale, oppure affidando all'istruzione il compito di creare una vera uguaglianza di opportunità tra tutti gli alunni, di qualsiasi origine e provenienza sociale ed etnica, peraltro ormai in maggioranza nati o cresciuti qui.

Si può quindi parlare di approccio interculturale all'educazione e all'insegnamento quando si comunica rispetto e valorizzazione della diversità, tolleranza e apertura, insieme a uno spirito critico e alla ricerca di valori comuni, superando un atteggiamento relativistico che impedisce il dialogo. La visione di cultura adottata è *soggettiva*, poiché riguarda la singola persona, e non oggettiva, cioè attribuita dall'esterno a un gruppo, spesso sulla base di pregiudizi. Parlare di cultura soggettiva a scuola significa semplicemente considerare ogni alunno nelle sue specificità, senza attribuirgli in modo stereotipato l'idea che si ha, quasi sempre superficiale o erronea, della sua "cultura".

"Scuola interculturale" sarà quella in cui una visione nuova delle relazioni tra le culture modifica e trasforma la struttura stessa dell'organizzazione, i metodi di insegnamento e di formazione, le relazioni tra insegnanti, alunni e famiglie, la prospettiva con cui

22. Rapporto *Intercultural Education in schools*, cit., p. 2.

guardare ai saperi e alle discipline. Le misure specifiche di accoglienza agli alunni immigrati, tra cui l'insegnamento della lingua d'origine e il sostegno allo studio, entrano a far parte di un quadro complessivo di attenzione alle differenze personali e di gruppo, ma non costituiscono un obiettivo in sé. Infine, interculturale sarà la scuola che non rinuncia a coniugare obiettivi di apertura e di valorizzazione delle differenze con la possibilità per tutti di apprendere competenze approfondite nella L2, di maturare un senso di appartenenza al paese, di conseguire buoni rendimenti[23].

Si tratta di cercare, quindi, nuovi modelli educativi e didattici per una scuola che ha dovuto da sempre incontrare e fare i conti con le differenze e che, superato il mito dell'emergenza, può ritrovare la sua identità nel dialogo interculturale, nella gestione della diversità e nella ricerca di equità e uguaglianza.

La dimensione della "cittadinanza" esprime bene l'esigenza di superare una visione estemporanea e differenzialistica della cultura, per mirare alla ricerca della coesione sociale. Le filosofie basate soltanto sull'assimilazione, pur attente alla necessità degli individui di appartenere alla nuova società, rischiano di privare gli immigrati dei loro diritti culturali, rendendo così più insicure le società; le varie forme di relativismo, che "congela" e pietrifica l'altro nella sua particolarità, proclamando il diritto dei gruppi a mantenere inalterate tradizioni anche lesive della dignità umana, hanno d'altra parte impedito un vero dialogo e la ricerca di valori comuni. La prospettiva interculturale, improntata a *creare cittadinanza*, a cercare ciò che è *comune*, pur non essendo certo una formula magica, resta comunque finora la strategia più saggia per affrontare i problemi della faticosa – ma possibile – convivenza nel pluralismo[24].

Secondo il Documento *La via italiana alla scuola interculturale e*

23. M. Santerini (ed.), *La qualità della scuola interculturale. Nuovi modelli per l'integrazione*, Trento, Edizioni Erickson, 2010.

24. Nella vastissima bibliografia sull'educazione alla cittadinanza si cita solo J.J. Cogan, R. Derricott (eds.), *Citizenship for the 21st Century. An International Perspective on Education*, London, Kogan Page, 1998; F. Galichet, *L'école, lieu de la citoyenneté*, Issy-les-Molineaux, ESF Editeur, 2005; Y. Lenoir, C. Xypas, C. Jamet, *Ecole et citoyenneté. Un défi multicultural*, Paris, Armand Colin, 2006; M. Santerini, *La scuola della cittadinanza*, Roma-Bari, Laterza, 2010.

all'integrazione degli alunni immigrati del 2007, elaborato dall'Osservatorio per l'integrazione degli alunni stranieri e per l'educazione interculturale, la scuola può – infatti – sviluppare in modo complementare azioni per l'integrazione e azioni interculturali, poiché

> la via italiana all'intercultura unisce alla capacità di conoscere ed apprezzare le differenze la ricerca della coesione sociale, in una nuova visione di cittadinanza adatta al pluralismo attuale, in cui si dia particolare attenzione a costruire la convergenza verso valori comuni.

Per delineare la scuola della cittadinanza occorre che la prospettiva interculturale si concretizzi in modelli educativi, didattici, organizzativi. La conoscenza e la comparazione tra le esperienze europee può aiutare chi lavora nella scuola nella ricerca di nuovi modelli, in maniera tale da:

- facilitare l'acquisizione della cittadinanza (che influenza a sua volta la riuscita scolastica, specie nella formazione professionale);
- qualificare la competenza nella L2 come fattore di integrazione;
- sviluppare gli approcci interculturali che prevedono il rispetto delle culture e l'apprezzamento delle differenze, smentendo lo stereotipo che il conflitto culturale favorirebbe l'insuccesso;
- approfondire le competenze dei docenti, combattendo pregiudizi e comportamenti razzisti;
- migliorare la comunicazione e la cooperazione scuola-famiglia.

La conclusione del Rapporto del Parlamento Europeo, convergente con l'analisi dei risultati OCSE-PISA, sottolinea che

> gli istituti scolastici e gli insegnanti hanno il dovere di percepire la diversità come qualcosa di normale e trattare ogni persona con rispetto e considerazione, offrendogli il sostegno psicologico necessario e appropriato[25].

La dimensione interculturale, intesa come apertura, rispetto e sensibilità verso le differenze, deve essere vista in stretto rapporto con la questione del rendimento scolastico. Ambedue gli elementi devono fare perno sulla valorizzazione delle caratteristiche personali e specifiche di ogni alunno, con la sua storia, la sua carriera scolastica, i suoi atteggiamenti verso lo studio, la qualità delle sue

25. Rapporto *Intercultural Education in schools*, cit., p. 45.

relazioni con gli insegnanti e i compagni. Una visione *personalista* della cultura rende ogni bambino/ragazzo un soggetto unico con le sue particolarità, tra cui la cultura d'origine, la provenienza e il progetto di vita che la scuola può accogliere e valorizzare.

La *normalità* della scuola interculturale è proprio la sfida che si pone oggi al nostro paese.

A un primo livello, *macro*, sul piano del contesto sociale e politico, occorre sviluppare una visione di apprezzamento della diversità e una considerazione non meramente funzionalistica dell'immigrazione. La scuola, come si è detto, non è isolata ma vive in un contesto sociale, respira e assorbe la cultura circostante, è orientata da scelte politiche e da norme nazionali ed europee. Nonostante l'insicurezza e la paura dell'immigrazione, spesso alimentata da "percezioni" più che da realtà, non si può prescindere dall'idea che l'integrazione è il migliore investimento per garantire la coesione sociale. I paesi che conseguono migliori risultati realizzano i loro modelli attraverso l'erogazione di risorse, tramite programmi intensivi su larga scala per la L2, mediante la costruzione di curricoli orientati alla cittadinanza e all'intercultura, grazie a un'attenta *governance* della distribuzione degli alunni nelle scuole, per mezzo della valutazione dei risultati secondo precisi standard, e infine attraverso la qualificazione e la formazione degli insegnanti.

Sul piano *meso*, a livello di istituto, è ormai chiaro che la qualità dell'approccio interculturale riguarda l'intera scuola, nella partecipazione e articolazione dei suoi livelli interni (dirigenza, commissione intercultura, collegio docenti, organismi di partecipazione). Didattiche specifiche e promozione di attività interculturali vanno poste in equilibrio senza che prevalga un'educazione di tipo compensativo, né un annacquamento dei temi interculturali. Tutto l'organismo scuola è coinvolto nell'accoglienza dei nuovi arrivati; il sistema di distribuzione nelle classi è equi-eterogeneo, cioè improntato a tener conto di molteplici fattori (età anagrafica, livello di apprendimento, storia scolastica ecc.); i programmi di insegnamento della L2 sono sofisticati e articolati secondo i diversi livelli di competenza; viene curata la continuità verticale.

A livello *micro* si pone l'esigenza di un'attenzione personalizzata agli studenti, di interventi individualizzati per sostenere l'apprendimento, del rinnovamento dei metodi di studio, dell'utilizzo dei mediatori, del *peer tutoring*. La relazione insegnanti-studenti e studenti-studenti va curata senza sopravvalutazione, ma neanche senza occultamento della differenza culturale. Contatti ed eventuali conflitti sono gestiti in modo personalizzato dentro una scuola-comunità che individua e contrasta ogni forma di discriminazione e razzismo.

Infine, a livello *extra* la qualità della scuola interculturale passa da un forte coinvolgimento delle famiglie immigrate in dialogo con quelle italiane, da forti *partnership* nel territorio, sia a livello degli Enti locali sia delle ONG e della Chiesa, oltre a un collegamento con i centri per giovani e adulti.

In sintesi, una scuola messa alla prova dalle differenze si trova di fronte a un bivio: eluderle, cercando di ri-creare una mitica omogeneità "monoculturale" mai esistita, oppure attraversarle, nello sforzo, non sempre facile, di mettersi alla ricerca di ciò che è comune.

Scoprire l'identità per vivere le differenze

di Costantino Esposito

L'ipotesi che cercherò di verificare in questo intervento è che "educazione" e "convivenza" non sono due questioni distinte tra loro, bensì costituiscono un unico plesso: l'educazione, ben prima di essere (tra le sue possibili applicazioni) un'educazione *alla* convivenza, traccia l'orizzonte di senso in cui ogni relazione tra gli uomini può e deve essere pensata; e viceversa la convivenza costituisce la verifica cruciale di ogni impegno educativo. Ma se questo è vero, bisognerà che la convivenza riguardi anzitutto quel rapporto di ogni uomo con se stesso, con la sua storia, la sua identità, la sua appartenenza più o meno vissuta, che solo può permettere di riconoscere e accogliere l'altro da sé. E ogni differenza andrà verificata come una dimensione della propria identità, come segno di quella struttura di rapporto che costituisce il volto più originale e al tempo stesso più condiviso dell'esperienza umana.

Sta qui, mi sembra, il valore dell'educazione all'irriducibilità dell'essere umano e alla sua razionalità libera, come contestazione, da un lato, delle pretese del potere ideologico-politico di determinare, oltre ai diritti, anche gli stessi bisogni dei cittadini, e dall'altro, dell'affermazione ormai incontestata del nichilismo come il nostro ultimo destino.

L'appartenenza in gioco

«E tu, a chi appartieni?»: nelle diverse flessioni dei nostri dialetti, fino a poco tempo fa non era difficile, soprattutto nella provincia meridionale, sentire rivolgere questa domanda per sapere come uno facesse di cognome, di quale famiglia fosse membro, che rapporti di parentela avesse, che posizione nel contesto sociale ricoprisse, e così via. Insomma tutto il mondo di una persona sospeso al filo della sua appartenenza e attraversato da esso.

Quello dell'appartenenza è un problema che – almeno a livello psicologico e sociale – è visto oggi come un *residuo*. In primo luogo il residuo di una personalità non ancora compiutamente emancipata o criticamente matura, che si attardi in maniera quasi patologica a concepire se stessa a partire dal rapporto con la sua origine, e quindi ancora in qualche modo "dipendente" da altro. Non che i legami di filiazione e di appartenenza a un ceppo familiare, a una terra, a una storia, a una cultura siano negati – e come potrebbero esserlo? –, ma essi vengono appunto ricondotti a una matrice psicologica o antropologico-culturale, a un deposito simbolico, a una preistoria emotiva. Né si può dimenticare la diffusa messa in discussione delle appartenenze ideologiche e delle identità religiose e politiche, che sembra abbiano lasciato come conseguenza più diffusa, anche solo nell'immaginario collettivo, che appartenere a una storia, a una comunità, a un gruppo sociale è sicuramente un bene e un passaggio inevitabile per il singolo, ma ultimamente impossibile a durare come costitutivo della propria conoscenza e della propria azione nel mondo, poiché prima o poi l'appartenenza va pagata al prezzo della libertà e dell'auto-determinazione, e se resta avrà la materia del "sogno" o dell'utopia. Un ideale, certo, ma staccato dalla realtà.

Per un altro verso, tuttavia, l'appartenenza è addirittura tornata a occupare la scena culturale del nostro tempo, intesa proprio come il grumo affettivo o ideologico rimosso – e quindi irrisolto – di molte storie individuali, troppo affrettatamente illuse di potersi auto-determinare liberandosi dai rapporti con la propria origine e la propria storia. Oppure essa ritorna come una specie di correttivo sentimentale rispetto a una razionalità calcolante e impersonale che sembra omologare tutto quello che tratta. Insomma, un disagio profondo che chiede di essere sempre nuovamente attraversato o una tendenza culturale (e in molti casi finanche alla moda) nel segno di un ritorno alle proprie radici o di un gusto per le tracce e i valori etnici di ogni cultura.

Se da un lato, dunque, quello dell'appartenenza si presenta nella nostra cultura come un fenomeno "residuale", dall'altro lato esso non giunge mai a esaurimento, ma resta come un problema aperto o un richiamo sempre ritornante. In altri termini, come un residuo irrisolto e irrisolvibile: e lo si vede soprattutto per il fatto che l'appartenenza è per così dire inchiodata a un vocabolario che ne definisce pregiudizialmente – se non ideologicamente – i connotati e i confini.

"Appartenenza" dice infatti "identità", intesa quest'ultima come un fenomeno storico-culturale determinato in un dato contesto spazio-temporale, in cui si sviluppa una certa visione di sé e del mondo, con alcuni precisi valori e altrettanto precise pratiche e costumi. In una parola, se appartenere a qualcosa significa avere un'identità, avere un'identità significa entrare nel campo del "relativo" – nel senso che essa va concepita sempre e solo *relativamente* a un certo mondo o sistema di riferimento, e questo – come molti antropologi si affrettano a precisare – anche, e forse soprattutto, qualora un'identità particolare concepisca se stessa come universale o naturale o comune.

Si noti comunque che nel lessico del discorso pubblico il concetto di "identità" è quasi per definizione un concetto "relativistico", come se l'esser-relativo costituisse un attributo intrinseco del fenomeno identitario. In fondo, ci troviamo di fronte alle estreme e più coerenti conseguenze del lavoro critico sviluppato in buona parte del cosiddetto pensiero "moderno", impegnato a decostruire la pretesa tipica delle identità storiche a porsi come punti di vista universali, affinché, attraverso la relativizzazione dei loro fondamenti storico-culturali (soprattutto religiosi), si potesse giungere a costruire un altro tipo di universalità, non più *fondata* su identità già presenti o accadute nel corso della storia, ma autocertificata come un modello o una matrice puramente razionale, come una pura natura comune a tutti gli uomini.

Senza neanche tentare in questa sede di ricostruire lo sviluppo storico del problema, mi limito a sottolineare soltanto che a partire dal Seicento – da quando cioè esplode in Europa il problema delle guerre di religione – le identità storiche e le appartenenze religiose vengono progressivamente pensate come fenomeni particolari e necessariamente parziali (ciascuna però con una pretesa di totalità, e quindi inevitabilmente in conflitto con le altre), di contro a una "natura umana" pensata come comune a tutti, ma non in quanto ritrovata attraverso esperienze di fatto, bensì in quanto stabilita per così dire a priori dalla stessa legge naturale. Un puro meccanismo che fa a meno della storia, con la funzione di costituire una regola suprema di ciò che accade storicamente, sebbene alla fine questo si riveli come un'astrazione o un puro esperimento mentale, giacché la natura umana non esiste mai in sé e per sé, ma si dà sempre concretamente in esperienze storiche determinate. Piuttosto bisogna osservare – ma tornerò più avanti su questo punto – che ogni esperienza storica, ogni determinata identità è l'unico modo che noi abbiamo per scoprire dei fattori comuni e universali della nostra natura, senza che le due cose siano in contraddizione tra loro. E invece da un certo momento in poi le cose cominciano inesorabilmente a divaricarsi: la natura comune o universale diviene il metro di misura di ogni esperienza particolare, e viceversa ogni identità storica particolare, ogni determinata appartenenza viene vista in qualche modo come una limitazione o una parzializzazione di una neutra norma antropologica.

Il passaggio dal "relativo" delle identità storiche all'"assoluto" della legislazione razionale aveva come obiettivo principale niente di meno che salvaguardare la pace sociale tra le diverse parti politico-religiose, attraverso una precisa strategia della tolleranza che, da un lato, si appellasse alla ragione umana, intesa come il criterio supremo dell'universalizzazione dei comportamenti e delle norme, come collante della convivenza sociale; dall'altro escludesse che una pretesa di verità possa in qualche modo sottrarsi alla regola del potere statale.

Prendiamo il caso di Locke (1632-1704), il quale nei *Saggi sulla legge di natura* del 1664 sostiene che gli uomini sono capaci per natura – cioè esclusivamente in base all'esercizio della loro ragione – di giungere alle verità fondamentali dell'etica, della politica e della religione. Di conseguenza la legge naturale presente in ogni uomo non va intesa come ispirata da Dio (come dicevano i puritani dell'epoca), ma come originaria verità razionale, conoscibile solo grazie all'"uso appropriato" delle facoltà naturali. Se non si accettasse questo argomento, verrebbe meno qualsiasi terreno comune su cui fondare una convivenza pacifica tra gli uomini, vale a dire non sarebbe possibile la tolleranza, specie in materia religiosa.

Ma con ciò il problema è molto meno risolto di quanto si potrebbe credere. Se non altro, resta aperta la questione di come la legge di natura possa dettare o divenire una norma civile. Anzitutto, come afferma esplicitamente lo stesso Locke, la legge di natura non è qualcosa di innato in noi (come attesterebbe il fatto che non si trova mai un accordo unanime nello stabilire in che cosa essa consista), né ci viene trasmessa per mera tradizione (perché a ben vedere vi sono comunità e culture diverse che assumono come legge di natura principi spesso radicalmente diversi tra loro). Bisognerà dunque che tale legge venga appresa *per conoscenza* – ossia per esperienza –, e ad essa si dovrà accedere mediante le facoltà della mente umana (cioè nel senso e nella ragione, le due facoltà che strutturano appunto l'esperienza). Non è un caso che, nell'introdurre il suo *Saggio sull'intelletto umano* (1690), Locke dichiara che l'opera era nata in realtà da una discussione tra cinque o sei amici intorno allo scottante tema della pacificazione politica tra le diverse confessioni religiose all'epoca presenti sul territorio inglese, solo che essi «ben presto si trovarono a un punto morto per le difficoltà che sorsero da ogni parte». E continua:

> Dopo esserci affaticati per qualche tempo, senza avere fatto un passo avanti nella soluzione dei dubbi che ci imbarazzavano, mi venne fatto di pensare che eravamo su una strada sbagliata e che, prima di impegnarci in ricerche di quel genere, era necessario esaminare le nostre stesse capacità, e vedere quali oggetti siano alla portata della nostra intelligenza, e quali invece siano superiori alla nostra comprensione[1].

Senza entrare qui nel merito della gnoseologia lockeana, basti ricordare che essa contempla non solo la possibilità di una «conoscenza certa» (*knowledge*), tanto evidente quanto limitata alle idee ricavate direttamente dall'esperienza (cioè sensazione e riflessione), quindi di per sé ancora incapace di orientare le nostre decisioni e con ciò condurre la nostra vita, ma anche una «conoscenza probabile» (*judgment*), che riguarda cose di cui non abbiamo direttamente una conoscenza certa, ma a cui diamo il nostro assenso indirettamente, o perché ne rileviamo l'accordo con la nostra esperienza, oppure perché ci basiamo sulla testimonianza credibile di altri uomini (e cioè per fede).

1. Cfr. J. Locke, *An Essay Concerning Human Understanding* (1690), ed. by P.H. Nidditch, Oxford, Clarendon Press, 1979; trad. it. di C. Pellizzi, riv. da G. Farina, *Saggio sull'intelligenza umana*, Roma-Bari, Laterza, 2006, p. 7 ("Epistola al lettore").

Il giudizio, dunque, può essere dato come assenso razionale, ma anche come assenso per fede (la fede infatti, secondo Locke, deve sempre poter esibire le sue buone ragioni, e quindi non va mai contrapposta alla razionalità). Dal giudizio esulano invece le cose che risultano «incompatibili o inconciliabili» con le nostre conoscenze razionali (certe o probabili che siano), e che si presentano come oggetto di un fideismo fanatico o di un «entusiasmo» misticheggiante, in quanto presumono di basarsi su una rivelazione che possa fare a meno della ragione. E mentre la vera rivelazione divina per Locke ha come suoi segni certi la ragione e la Scrittura, il fanatismo ha come segno la spada da impugnare per sconfiggere i nemici della propria confessione.

Per assicurare una reale situazione di *tolleranza*, dunque, la legge naturale non basta e la stessa evidenza della conoscenza razionale è sempre in pericolo di essere sopraffatta dal fanatismo irrazionale. Per questo, nel momento in cui l'*interesse religioso* degli uomini (con i suoi rituali, le sue credenze e i suoi costumi) entrasse in conflitto con l'*interesse civile*, è il potere civile che è chiamato a risolvere il conflitto e ad assicurare la convivenza pacifica nella società. Il magistrato infatti, secondo Locke, ha sempre il diritto di intervenire nelle cose che riguardano il bene pubblico, e dunque anche in quelle di religione, laddove esse lo contraddicano. Ad esempio, se una confessione religiosa, come il cattolicesimo, dà ai suoi membri la possibilità di cacciare dal trono un re scomunicato, e quindi in definitiva non riconosce lo Stato come ultima istanza della vita civile (giacché i "papisti" sono obbedienti al Papa prima che al re), essa va perseguitata; come pure va perseguitato l'islam per il fatto che non separa il potere spirituale da quello temporale e infine vanno perseguitati gli atei, i quali negando che vi sia un Dio impediscono di pensare i legami sociali come qualcosa di sacro e di inviolabile[2].

Sembrerebbero problemi e contesti assai lontani dalle questioni che agitano il nostro presente, e tuttavia, a ben guardare, in essi si trova come la chiave per aprire e comprendere nei suoi presupposti

2. Cfr. J. Locke, *Epistola de tolerantia. A Letter on Toleration* (1689), ed. by R. Klibansky, transl. by J.W. Gough, Oxford, Clarendon Press, 1968; trad. it. a cura di C.A. Viano, *Lettera sulla tolleranza*, Roma-Bari, Laterza, 2006.

di fondo le stesse discussioni che occupano la cultura contemporanea. E ancor più in essi possiamo rintracciare le matrici di tutta una problematica educativa che oggi sembra in affanno rispetto alle questioni legate al conflitto o alla coesistenza pacifica delle identità, presa com'è nel dilemma tra il modello multiculturalista e il modello integrazionista, cioè tra una mera coesistenza orizzontale di identità in sé chiuse, incommensurabili e impermeabili, e l'organizzazione dei loro rapporti in senso verticalizzato, e cioè tramite la loro simultanea riduzione ad alcuni denominatori comuni decisi dall'esterno. Vediamo.

Tra la politica e il niente

Nella soluzione moderna al problema delle identità la partita sembra giocarsi interamente sul rapporto tra la parte e il tutto: il tutto è la comunità civile, normata dalle leggi dello Stato, le parti sono le singole identità religiose. Le loro differenze sono tollerabili ma solo fino a quando non turbino l'ordine unitario del corpo sociale, il quale va dunque considerato come l'orizzonte di possibilità e di senso di ogni verità identitaria, e le identità, da parte loro, vanno sempre commisurate a una totalità entro la quale esse devono inserirsi e alla quale devono essere in qualche modo funzionali

L'alternativa drammatica è dunque la seguente: o le guerre di religione o la sottomissione di ogni identità al potere dello Stato. Da questo punto di vista arrivano a cambiare anche i termini della questione: il rapporto tra identità e differenze non va più visto a partire da ciascuna delle identità, perché esso deve trovare un punto di osservazione terzo ("terzo" nel senso esatto di "neutro"), un'istanza superiore, quella del potere (o meglio dei poteri) del governo civile, che assume per così dire totalmente su di sé il senso e il ruolo di una nuova, autentica e legittima "identità" artificiale, ricomprendendo, regolamentando e delimitando sotto di sé *tutte* le differenze. In altri termini tutte le identità costituiscono per ciò stesso altrettante differenze, non solo o non più tra di loro, bensì rispetto allo standard identitario comune delle istituzioni statali.

È quello che, nel secolo successivo, verrà teorizzato da Rousseau (1712-1778) – un autore che peraltro ha giocato e gioca un ruolo significativo anche in chiave pedagogica. Rousseau può essere considerato un pensatore molto distante, se non contrapposto a Locke, quando afferma che lo stato di natura è «uno stato che non esiste più, che forse non è mai esistito, che probabilmente non esisterà mai», ma che ci serve per poter «giudicar bene del nostro stato presente»[3]. La legge naturale non sembra più essere uno strumento di comprensione e di direzione razionale delle vicende degli uomini, dal momento che da quando questi sono entrati nella società (e cioè, da quando essi concretamente esistono, secondo le loro appartenenze, la loro cultura, i loro costumi ecc.) è iniziato un processo di inesorabile corruzione. Anzi, contro i giusnaturalisti Rousseau afferma che quando i filosofi tentano di identificare una "legge naturale" cooriginaria alla condizione primitiva dell'uomo, il più delle volte proiettano su di essa, e giustificano grazie a essa, i vizi e le corruzioni della vita civile. Quale sia l'originaria natura umana è ormai impossibile riconoscerlo, dopo le erosioni compiute dal tempo. Ciò che esiste effettivamente è solo e sempre la società, e la natura umana funziona per così dire come un concetto euristico grazie al quale poter determinare il modo in cui la società "crea" gli individui.

Per poter sopravvivere in società, l'uomo deve sottoporsi a una trasformazione di tipo ontologico (*changer sa manière d'être*)[4], e cioè trasformare la sua stessa natura, in maniera tale che l'essere assoggettati mediante i legami sociali non appaia più come una schiavitù ma come la conquista della libertà. Secondo Rousseau,

3. J.-J. ROUSSEAU, *Discours sur l'origine et les fondements de l'inégalité parmi les hommes* (1755), in *Œuvres Complètes*, édition publiée sous la direction de B. Gagnebin et M. Raymond, Paris, Gallimard, 1964, vol. 3; trad. it. a cura di M. GARIN, *Discorso sull'origine e i fondamenti della diseguaglianza*, in *Scritti politici*, vol. I, Roma-Bari, Laterza, 2005[3], Introduzione.

4. «Suppongo che gli uomini siano giunti al punto in cui gli ostacoli che si oppongono alla loro conservazione nello stato di natura vincono con la loro resistenza le forze che ogni individuo può impiegare per mantenere questo stato. Allora questo stato primitivo non può più sussistere, e il genere umano perirebbe se non *cambiasse il suo modo d'essere*»: J.-J. ROUSSEAU, *Du contrat social, ou, principes du droit politique* (1762), in *Œuvres Complètes*, cit., vol. 3; *Il contratto sociale*, trad. it. di M. Garin, a cura di T. MAGRI, Roma-Bari, Laterza, 2006[5], p. 29 (corsivo nostro).

com'è noto, tutto ciò può accadere solo a opera della legge dello Stato, che incarna la «volontà generale», cioè nell'alienazione totale di ciascun individuo e dei suoi diritti a vantaggio della comunità:

> Ciascuno di noi mette in comune la sua persona e tutto il suo potere sotto la suprema direzione della volontà generale, e noi tutti, in quanto corpo, riceviamo ciascun membro come parte indivisibile del tutto[5].

Così si compie il miracolo di essere al tempo stesso alienati in altri e liberi, condizionati e autonomi, di amare se stessi amando il bene dello Stato come il proprio. In questa maniera ci si congeda dall'"uomo" e si comincia a vivere come "cittadino": ma la seconda figura non è una specificazione della prima, bensì una netta alternativa a essa: «Bisogna scegliere se fare l'uomo o il cittadino; perché non si può fare insieme l'uno e l'altro». E ancora:

> L'uomo naturale è tutto per sé: è l'unità numerica, è l'intero assoluto che ha rapporto solo con se stesso o con il suo simile. L'uomo civile non è che un'unità frazionaria che dipende dal denominatore e il cui valore risiede nel rapporto con l'intero, che è il corpo sociale. Le buone istituzioni sociali sono quelle che meglio riescono a *denaturare l'uomo*, a privarlo della sua esistenza assoluta *per conferirgliene una relativa*, a inserire l'*io* nell'unità comune. Così che ciascun individuo non si creda più uno, ma parte dell'unità, e non sia più consistente se non nel tutto[6].

Notiamo qui una strana inversione del problema: non è tanto il carattere relativo di ogni individualità o identità che richiede, per essere composta con le altre identità a loro volta relative, l'inclusione totalizzante nel corpo dello Stato, ma è proprio la legge dello Stato, come espressione della volontà generale, a determinare il carattere relativo delle identità. E con ciò, la relatività cessa di significare relazione o referenza alle altre identità (e cioè alle differenze), e significa referenza all'istanza unica dell'universalità rappresentata dallo Stato.

Nel passaggio dall'autonomia naturale all'appartenenza sociale, l'identità dell'essere umano diviene ormai quella di un essere pub-

5. Ivi, pp. 30-31.

6. J.-J. Rousseau, *Émile ou de l'éducation* (1762), in *Œuvres Complètes*, cit., vol. 4; *Emilio*, trad. it. a cura di P. Massimi, Roma, Armando Editore, 1969, libro IV, pp. 427-428.

blico (il cittadino ricompreso nella volontà generale). Se l'uomo deve realizzarsi nello Stato, quest'ultimo deve costituire integralmente e radicalmente l'uomo, che non appartiene più a qualcuno o a qualcosa, ma a tutti, come tutti appartengono a lui: e cioè egli non apparterrà a nessuno e lui stesso non sarà altro che il «nessuno» a cui appartengono gli altri (la formula di Rousseau suona: «se tutti si danno a tutti, nessuno si dà a nessuno»). Di qui deriva il compito dello Stato:

> Chi affronta l'impresa di dare istituzioni ad un popolo deve sentirsi in grado, per così dire, di cambiare la natura umana; di trasformare ogni individuo, che in se stesso è un tutto perfetto e solitario, nella parte di un tutto più grande da cui questo individuo riceva, in qualche modo, la vita e l'essere; di alterare la costituzione dell'uomo per rafforzarla; di sostituire un'esistenza parziale e morale all'esistenza fisica e indipendente che noi tutti abbiamo ricevuto dalla natura[7].

La verità dell'io si trasforma nella volontà generale, e la libertà del singolo viene a coincidere con la sua appartenenza al corpo dello Stato e con la sua sottomissione alle leggi esprimenti il consenso comune. In definitiva, il rapporto dell'io e della verità può e deve realizzarsi solo in forma politica.

Mi sono attardato a considerare questi due autori decisivi per il cosiddetto pensiero moderno, non solo per l'importanza delle loro proposte teoriche (l'uno come riferimento obbligato del cosiddetto pensiero liberale e dell'individualismo su base proprietaria, l'altro delle diverse versioni del primato della società politica in chiave egualitaristica o collettivistica), ma per il fatto che in essi – come anche in altri autori che qui naturalmente non posso neanche citare – viene forgiato il lessico stesso e l'impianto categoriale con cui anche noi, post-moderni, oggi pensiamo i termini fondamentali del rapporto tra identità e differenze a livello pubblico (come è in gioco soprattutto nella scuola). Vale comunque la pena prendere sul serio la sfida di questi autori, per verificare – anche al di là delle loro soluzioni – la vera posta in gioco di tale rapporto.

La riflessione di Locke, in primo luogo, ci fornisce un elemento di grande rilievo e di sicura utilità per giudicare del nesso possibile tra identità e differenze nell'ambito della convivenza civile,

7. ROUSSEAU, *Il contratto sociale*, cit., p. 68.

ed è quello secondo cui il punto di verifica iniziale risiede in un problema di ordine cognitivo. Questo mi permette di sottolineare il fatto che tale problema – soprattutto al livello educativo che qui ci interessa – non è innanzitutto un problema di carattere etico-politico, bensì *conoscitivo*: o meglio, può essere risolto a livello etico e politico se viene in chiaro circa la sua dimensione cognitiva. Intendo qui il livello conoscitivo non come quello riguardante i presupposti teorici o ideologici delle scelte e dei comportamenti pratici, bensì il livello dell'auto-comprensione, ossia della coscienza che noi abbiamo di noi stessi e del mondo.

In altri termini, l'unica possibilità di intendere la nostra identità di singole persone e la nostra appartenenza a un'identità storica, culturale, religiosa ecc., e al tempo stesso la differenza rispetto ad altri individui e ad altre appartenenze, è di tipo conoscitivo, nella misura in cui comprende nuovamente le domande – cioè il bisogno di senso, ossia il desiderio del "reale" e del "vero" – che strutturano la nostra esperienza, che fanno di me e di noi qualcuno di identificabile nella propria esigenza, e a cui le nostre appartenenze danno di volta in volta una risposta più o meno adeguata.

L'inevitabilità di tale interrogazione può essere facilmente documentata, *sub contrario*, attraverso la semplice constatazione che la crisi delle identità (e quindi delle differenze) dipende da una crisi delle appartenenze; ma, a sua volta, la crisi delle appartenenze deriva dal fatto che esse *non* vengono percepite più come una risposta alla domanda di senso delle persone – e quindi o vengono abbandonate come non pertinenti al bisogno strutturale dell'io, oppure vengono reiterate come valori assoluti della tradizione. Ma in entrambi i casi le appartenenze non sono più dei modi di "essere" dei singoli.

Questa impostazione permette di evitare o di risolvere alcune questioni problematiche che oggi sembrano aver bloccato la possibilità di affrontare in maniera non conflittuale, ma neanche semplicemente omologante, il problema del rapporto tra identità e differenze nell'àmbito della società civile, della politica e della scuola.

La prima questione riguarda l'idea stessa che ogni identità debba essere affermata in senso relativo (se non relativistico), pena il perpetuarsi della pretesa identitaria come imposizione ideologica di una parte sul tutto. Il punto infatti non è tanto quello di reimpostare e limitare in senso politicamente corretto i fondamenti di verità di una cultura o tradizione o appartenenza (e questo il più delle volte viene realizzato a buon mercato, semplicemente negando che possano esservi dei fondamenti identitari stabili, e ancor più radicalmente negando che nelle esperienze storiche relative si dia qualcosa di così impegnativo come una verità). Si tratta piuttosto di tornare a porre la questione che trova soluzione o tentata soddisfazione nella propria identità di appartenenza. E al tempo stesso ritrovare la domanda o le domande che stanno alla base delle altre culture e identità.

Nella cultura del "nichilismo" realizzato, come è quella che oggi costituisce il nostro comune orizzonte (almeno nelle società occidentali), il relativo o è relativistico o non è; esso si contrappone all'assoluto, meglio è ciò che *non* è assoluto e basta, senza che nella parola e nel concetto che essa nomina si avverta più la "relazione" costitutiva di ogni identità individuale. L'altro, come la filosofia del Novecento ha più volte richiamato, non è solo l'altro *dell'*io, ma è anche e prima ancora l'altro *nell'*io; e questo vuol dire che in ogni identità vi è una trascendenza irraggiungibile o una differenza non totalizzabile nelle nostre misure, vale a dire una traccia della provenienza e una tensione al compimento entrambe irriducibili, perché tendenzialmente aperte all'infinito. Insomma noi siamo sempre più di ciò che pensiamo di essere o che vogliamo essere o che siamo capaci di fare e di costruire. Noi "siamo" altro *in quanto* noi stessi, proprio perché cerchiamo un significato ultimo, più grande di noi. Più precisamente, noi "apparteniamo" a tale significato. E la nostra domanda di significato è precisamente il segno universale che ogni identità porta in sé una differenza, e che tutte le posizioni differenti si riferiscono a una comune identità.

Compito specifico dell'insegnamento scolastico, e in esso del rapporto educativo, può essere allora proprio quello di richiamare l'attenzione e di favorire la scoperta del rapporto con l'altro nell'io, ma non tanto – come pure si sarebbe tentati di ridurre la questione – attraverso l'evocazione di una solidarietà compassionevole, bensì attraverso la condivisione di quella relazione fondamentale che è la domanda di senso. Solo tale domanda può far scoprire che il tutto o l'intero non è il risultato di una sommatoria di singole parti, ma è un fenomeno che è compreso all'interno di ogni parte, sta al cuore di ogni identità determinata. Solo che tale intero costituisce sempre una dinamica inconclusa: quanto più si individua un significato di sé e del mondo, tanto più si potenzia la domanda e si intensifica la scoperta di tale significato nella storia.

"Natura umana": identità e differenze

Ma vi sono ancora due questioni da affrontare. La prima di esse riguarda la contestazione, avanzata sempre più frequentemente, che si possa in generale parlare e appellarsi a una "natura umana", dal momento che non si tratterebbe di qualcosa di sostanziale o di stabile, tanto meno di immutabile, ma di un continuo processo di "antropo-poiesi" (per usare un'espressione utilizzata e forse anche enfatizzata in antropologia culturale). Ogni cultura non sarebbe un fenomeno identitario in senso assoluto, ma solo in senso fluido, non sostanzializzabile, nel quale si può parlare soltanto di costruzioni multiple e in qualche modo incommensurabili, se non per il fatto che sono tutte produzioni culturali, e in definitiva delle finzioni, che non devono essere mai intese illusoriamente come realtà originarie o segni di un'eccedenza del reale rispetto al soggetto, ma come l'attestazione della nostra unica natura, cioè la cultura come auto-produzione di sé. L'illusione che qui si tratti di un dato ontologico con una sua verità che non è a nostra disposizione, deve in qualche modo rovesciarsi nella considerazione di ogni dato ontologico come illusione.

Si tratta di una posizione in qualche modo estrema, ma indicativa di una tendenza più generale, che può essere ben sintetizzata da queste parole, tratte da un recente saggio di antropologia culturale:

> La prima consapevolezza è: noi sappiamo che non possiamo sottrarci al compito antropo-poietico; non possiamo delegare ad altri la responsabilità di fabbricare modelli di umanità e provare a realizzarli tra noi. La seconda consapevolezza è: noi sappiamo che i nostri modelli di umanità sono una delle possibilità tra tante (noi siamo fatti così, ma potremmo essere diversamente). La terza consapevolezza è: sappiamo anche che quello che facciamo non è altro che una "finzione", una "finzione di umanità".

> [...] Diventare uomini significa capire l'importanza della finzione e, nello stesso tempo, svelarla: significa dunque acquisire la terza consapevolezza come elemento indispensabile per la propria umanità e per il buon funzionamento della società[8].

Ma in virtù di che cosa noi possiamo capire il differenziarsi delle culture? Secondo la posizione appena citata lo possiamo fare solo sulla base del loro comune carattere di "finzione": se tutte sono inganni o auto-inganni, allora le differenze saranno variazioni su questo unico tema. Tanto è necessario trovare una base comune per poter riconoscere, comprendere e anche giustificare le differenze, che se ne deve trovare una – l'unica possibile, a questo punto – nell'illusorietà, nuova "sostanza" di una natura umana de-sostanzializzata, residuo di universalità in negativo. Ma ci si potrebbe chiedere: l'illusorietà della finzione è il punto zero, non ulteriormente questionabile, dell'interpretazione? Oppure essa è a sua volta l'esito di un'interpretazione pre-giudiziale del fenomeno che si vuole comprendere? Se anche rinunciassimo – ritenendola pretestuosa o violenta – alla pretesa di giudicare un'identità culturale come più o meno "vera" o "giusta" rispetto a un'altra ("occidente" rispetto a "oriente", "cristianesimo" rispetto a "islam", laicità rispetto a religiosità, modernizzazione globalizzata rispetto a tradizione di valori ecc.), non possiamo però rinunciare al riconoscimento che è *vera* ed è *giusta* la domanda stessa o l'esigenza strutturale che in ciascuna di esse mette in azione la produzione antropologica, anche se quest'ultima alla fine dovesse risultare una consapevole finzione. Per assumere consapevolmente una finzione come risposta al proprio bisogno di significato, bisogna pure che tale bisogno sia avvertito come un dato imprescindibile della nostra condizione di uomini. La natura umana è tale che sulla sua base l'uomo può essere chiamato l'animale che pone domande: e qui si radica quella *simpatia* tra le culture e le diverse identità che sta al fondo di tutte le loro possibili differenze.

Si noti inoltre che l'insistenza sul fatto che l'essere umano non ha l'identità di una sostanza naturale tra le altre, ma è piuttosto un processo di auto-realizzazione dinamica e storico-culturale *di per*

8. F. Remotti, *Contro natura. Una lettera al Papa*, Roma-Bari, Laterza, 2008, pp. 211-212.

sé non annulla affatto, né teoricamente né praticamente, l'ipotesi che tale dinamica venga mossa da un'interrogazione fondamentale, quella sul significato di sé, della propria comunità di appartenenza e sul mondo intero. E viceversa, la verità della natura o della condizione umana costituisce un livello che, lungi dall'essere predeterminato una volta per tutte, accade e si produce sempre e solo *storicamente*. Il domandare degli uomini concreti, in carne e ossa, sempre determinati in precise condizioni spazio-temporali, è il modo in cui ogni identità fa esperienza di un fenomeno comune, per quanto diversi o addirittura opposti possano essere i tentativi di risposta. Per questo il confronto tra le identità e le culture è possibile solo se è di continuo riaperto il confronto, *all'interno* di ogni identità e cultura di appartenenza, tra le domande di fondo e le risposte storiche, tenendo conto in particolare della pertinenza e del tasso di soddisfazione che le seconde possiedono rispetto alle prime. Il gioco non potrà che essere sempre aperto, mai definito assolutamente o per sempre, ma sempre riaffermante l'accadere del nesso tra la domanda di senso e la sua produzione.

Da questo punto di vista, responsabilità peculiare della scuola dovrà forse essere, sempre più marcatamente, quella di permettere di rintracciare nella propria esperienza i segni evidenti dell'esigenza del senso – cioè della domanda di essere e di esser-felice o compiuto – che permettano, in primo luogo, di mettere nuovamente in questione e verificare criticamente la congruenza o pertinenza delle risposte fornite dalla propria tradizione (cioè di mettere alla prova la propria identità, che sebbene ricevuta esige di essere scelta o rifiutata dal singolo io); e che, in secondo luogo, permettano di individuare proprio a questo livello di verifica, presente come esigenza metodologica all'interno di ogni identità, il principio della comprensibilità di tutte le culture, e quindi di tutte le differenze. Questo non certo per ridurre forzatamente le diversità a una struttura imposta artificialmente dall'alto, ma per verificare le condizioni alle quali gli uomini possono comprendersi (e di fatto si comprendono) tra loro e possono tradurre (e di fatto traducono) una cultura in un'altra.

Nella nostra esperienza noi apprendiamo, ogni giorno, che è possibile intendersi tra uomini di culture e identità differenti. Come mai? Che cosa lo rende possibile? Evidentemente dev'esserci già presente, o all'opera, un fattore o dei fattori che lo permettano. Essi, secondo la mia ipotesi, consistono nella domanda di senso e nell'esigenza del vero, del giusto e del buono, non intesi come prospettive vaghe o come indicazioni di un'ulteriorità utopica, ma come funzioni operative del nostro modo di stare al mondo.

L'ultima questione riguarda infine l'idea, oggi assai diffusa, che per salvare le differenze si debba rinunciare a ogni pretesa di verità, e che di contro ogni affermazione di verità implichi inevitabilmente un "monismo" culturale. Anche in questo caso opera in maniera determinante il vocabolario che usiamo: se la verità coincide con qualcosa di assoluto, di intemporale e di fissato una volta per tutte, ciò che è invece temporale, storico, contingente non potrà che fuoriuscire dalla pretesa della verità di essere immutabile. Anche qui giunge per così dire alle sue estreme conseguenze tutta una storia del pensiero moderno, secondo la quale il rapporto tra l'io e la verità giunge alla sua massima problematizzazione. Nel senso che o la verità oggettiva del reale viene vista come un valore assoluto che eccede e trascende l'esperienza individuale dell'io, oppure essa è ridotta alle certezze costruite all'interno dell'io stesso. E nella cultura contemporanea questa difficoltà di rapporto tra l'io e il vero sembra essere giunta a uno stato di crisi non più patologica ma fisiologica. L'io sembra che possa affermare se stesso, solo al prezzo di rinunciare al suo rapporto costitutivo con la verità; e al contrario, affermare la verità sembra essere possibile solo al prezzo del suo distacco dall'esperienza soggettiva dell'io. Considerate nei suoi esiti estremi, la prima *chance* è quella che porta tendenzialmente al relativismo nichilista, la seconda è quella che anima la prospettiva dell'assolutismo fondamentalista: un io senza verità e una verità senza io.

Ma la verità è tale che essa si presenta sempre nell'esperienza come un bisogno. Non voglio certo sostenere che la verità sia un prodotto culturale o artificiale delle nostre aspettative, ma che la nostra domanda del vero e del reale costituisce il segno più evidente che noi siamo già in rapporto con essa. Da dove infatti nascerebbe il nostro desiderio di capire come stanno veramente le cose rispetto a noi, agli altri, al mondo intero? E si noti che, anche nei casi in cui noi non volessimo sapere e preferissimo restare sospesi nell'incertezza o racchiusi nell'immaginazione, lo faremmo per *difenderci* da una verità che temiamo, ma paradossalmente proprio questo attesterebbe che non possiamo vivere senza questo rapporto. Come una volta ha scritto Agostino d'Ippona, tutti gli uomini, senza eccezione alcuna, provano piacere nel vero, una sorta di gusto nel conoscere la verità (*gaudium de veritate*), e non vale l'obiezione che questo non lo si riscontrerebbe nei menzogneri, poiché anche quelli che ingannano gli altri almeno non vorrebbero mai essere ingannati loro stessi[9].

Ma come scopriamo questo rapporto strutturale al vero? In che misura esso è operativo nel nostro io? Solo in un confronto serrato con i dati della realtà, sia quella naturale sia quella culturale. Solo in tale confronto il vero – cioè il senso oggettivo, ossia la *ratio* – può essere scoperto e messo alla prova: non inventato, costruito o imposto da noi (che è il rischio permanente dell'ideologia), ma accolto e ripensato come un significato portato dalla realtà stessa. Anche a questo proposito può aiutarci Agostino, il quale afferma, sempre nelle *Confessioni* (libro X, 6.10) che la realtà ci parla soprattutto attraverso la sua «bellezza» (*species*)[10], che per l'Ipponate non è un mero valore estetico, bensì la scoperta di un ordine, di un'armonia o di un *logos*, cioè della ragione profonda per cui le cose ci sono. Solo che, questa bellezza «non parla a tutti nella stessa maniera», o meglio: tutti la vedono, ma non tutti la colgono. Possono coglierla solo coloro che sanno fare domande (*homines autem possunt interrogare*), e cioè che sanno domandare con giudizio. Questa *iudex ratio*, come la chiama acutamente Agostino, opera come un continuo paragone in coloro che

> accolgono la voce ricevuta dall'esterno e la confrontano con la verità che è presente in loro stessi[11].

E se uno dei compiti più urgenti, ma anche più affascinanti, della scuola fosse quello di educare a cercare il vero riconoscendolo attraverso la bellezza della realtà? L'esperienza della bellezza (di cui naturalmente parlo qui non come l'oggetto di una specifica

9. Cfr. Agostino d'Ippona, *Confessionum libri tredecim*, testo latino dell'ed. Skutella riveduto da M. Pellegrino; *Le confessioni*, trad. it. e note di C. Carena, Roma, Città Nuova, 1965 ("Nuova Biblioteca Agostiniana"), qui X, 23.33 (trad. it., p. 329).

10. Cfr. ivi, X, 6.10 (trad. it., p. 307).

11. *Ibidem* (trad. modificata).

disciplina estetica, ma come la percezione della presenza di un significato di me e delle cose) coinvolge in maniera impressionante e totalizzante il nostro io, ma al tempo stesso essa non può mai essere semplicemente prodotta o pianificata da noi. Accade sorprendendoci, ma nel suo accadere accende il nostro vero bisogno. Il bello è per così dire la conferma più eclatante che solo quando si incontra una risposta alla nostra domanda di significato, tale domanda comincia effettivamente ad essere.

Forse è proprio in questa esigenza del vero e del reale, così come essa si ridesta nell'esperienza della bellezza, che noi potremo trovare una traccia forse inedita ma certamente provocante per affrontare il problema del rapporto tra identità e differenze in una prospettiva interculturale. In questo linguaggio, infatti, si realizza l'incredibile: che si possa non appena tollerare l'altro da noi, né includerlo nei nostri schemi, ma riconoscerlo come ciò di cui noi abbiamo bisogno per essere veramente noi stessi.

Postfazione

Un'altra scuola è veramente possibile*

di Carlo M. Fedeli

In questo saggio finale non mi propongo – sarebbe non solo impossibile, ma anche temerario – di portare a sintesi quanto è stato esposto in ciascuno dei contributi raccolti nelle pagine precedenti. Piuttosto, intendo rileggere la loro correlazione e sequenza come momenti, o problemi, in cui si articola l'unica sfida di un possibile cambiamento della scuola – la questione che è stata al centro del Convegno, e che i testi qui raccolti sviluppano e approfondiscono.

Desidero così porre in rilievo da un lato gli snodi essenziali, a mio giudizio, di tale cambiamento, dall'altro i principali interrogativi di natura propriamente pedagogica che esso suscita. Chiedo al lettore di tener presente che non potrò sviluppare l'analisi oltre un certo limite, per non incorrere in una controproducente dispersione: il che conferirà a questa postfazione il carattere di una ricognizione sintetica della situazione di fatto e delle problematiche più importanti con cui dobbiamo fare i conti, piuttosto che di una trattazione sistematica.

Sullo sfondo della competizione fra libro e nuove tecnologie

I saggi dedicati al libro e alle nuove tecnologie ci hanno anzitutto offerto un'informazione aggiornata sulle principali linee di tendenza della creatività letteraria e sulle più importanti trasfor-

* Il Convegno "Un'altra scuola è veramente possibile? Quattro questioni aperte, un'unica sfida" si è svolto a Torino nei giorni 7-8 ottobre 2010, per iniziativa della Facoltà di Scienze della Formazione dell'Università e con il contributo della Regione Piemonte e della Fondazione per la Scuola della Compagnia di San Paolo. I saggi qui raccolti presentano una versione riveduta e ampliata delle relazioni presentate in quell'occasione, insieme a contributi originali stesi per il presente volume.

mazioni strutturali che interessano la lettura, la comunicazione e l'apprendimento nel mondo contemporaneo.

Con l'insistenza, tuttavia, il primo sulla libertà e il secondo sul senso critico, entrambi hanno anche sottolineato la dimensione propriamente *antropologica* dello *scrivere*, del *leggere* e dell'*apprendere*, come atti distintivi dell'uomo rispetto agli altri esseri viventi. Inoltre, tutti e due hanno ricordato le numerose implicazioni, sempre sul piano antropologico, dei cambiamenti in corso – ad esempio, rispetto a quell'altro fenomeno così tipicamente umano che è la *memoria*; richiamando la nostra attenzione sul fatto che lo scrivere, il leggere e l'apprendere non sono solo modalità elementari di elaborazione della conoscenza, ma anche, e più in profondità, vie di rapporto e d'interazione fra l'uomo e la realtà, oltre che fra una generazione e l'altra: e cioè *media* anche educativi, a pieno titolo e secondo tutta la portata dei rispettivi dinamismi.

Di qui una prima riflessione. Essa scaturisce dalla constatazione del fatto – ormai da tutti riconosciuto – che la tecnica, con le sue molteplici innovazioni nell'elaborazione e nella trasmissione delle informazioni, oggi non rappresenta più solo uno *strumento* variamente utilizzabile nei diversi contesti del vivere e del comunicare, ma anche un vero e proprio *ambiente* di esistenza (e perciò di scambio comunicativo), che tende a plasmare – specie nelle nuove generazioni – l'intera sfera dei rapporti con le cose, con gli altri e con se stessi.

Facciamo due esempi, guardando ai soggetti della relazione scolare: la LIM e i *social networks*. La LIM è un'innovazione che richiede ai docenti una specifica competenza multimediale e pedagogica, per non continuare a essere utilizzata suppergiù come le lavagne del passato. *Facebook*, *Twitter* e i loro omologhi sono reti comunicative che hanno affiancato, con un certo spirito competitivo, le forme (e gli ambienti) tradizionali di relazione (la famiglia, la scuola, il quartiere, l'oratorio, l'associazionismo, le attività del tempo libero...) in cui si è attuata, fino a oggi, la porzione maggiore della crescita e dell'educazione delle generazioni adulte.

Un primo lato del problema pedagogico generato da questa trasformazione si può riassumere così: quali effetti tendono a produrre *sulle* e *nelle* nostre facoltà cognitive il diffondersi delle nuove tecnologie e la conseguente maggiore incidenza della tecnica sui processi conoscitivi? Un potenziamento, un impoverimento – o cos'altro ancora? In parallelo, che cosa accade ai fenomeni della conoscenza e della comunicazione, presi nel loro complesso?

Le ricerche in corso, pur offrendo indicazioni interessanti su vari aspetti della questione, non autorizzano (o, per lo meno, non autorizzano ancora) la formulazione di valutazioni risolutive[1]. Nell'attesa, non sarà forse inutile prestare attenzione anche a due ulteriori lati del problema.

Penso in primo luogo al rapporto tra l'informazione (e le conoscenze elaborate in base a essa) e la realtà delle cose. Intendo per "realtà delle cose" l'intera gamma degli oggetti del conoscere: dagli oggetti materiali alle persone, dai fenomeni della natura agli eventi della storia, dal dato particolare indicato da una parola o da un'immagine ai vari saperi, formulati nei più diversi codici linguistici, e infine alle discipline della scienza e della cultura in senso stretto. La civiltà cui apparteniamo ha sempre avvertito nel rapporto vivo con il reale il punto sorgivo – e perciò più delicato, ma insieme anche più originale e fecondo – del sapere autentico. Basta pensare a come Erodoto e Tucidide, narrando le vicende della loro patria, hanno posto le basi della conoscenza storica e del suo metodo; alla teorizzazione, da parte dei filosofi antichi e medievali, dell'intenzionalità come principio e legge del conoscere; alla mole di dati empirici e di rilevazioni da cui sono nate, tra il Seicento e l'Ottocento, le scienze moderne, prima della natura, poi della società; infine, a come uomini di scienza – del calibro di Planck ed Einstein, per fare solo due nomi – hanno più volte parlato della meraviglia e della religiosità come fattori costitutivi della ricerca scientifica. Per non parlare dell'arte e della sua storia, che meriterebbero un discorso a sé.

Ora, che cosa può accadere al rapporto vivo con la realtà, in tutta la concretezza del suo divenire e dei suoi tratti, nel momento in cui la cornice mentale e il contesto di relazione nei quali esso ha da attuarsi tendono a essere determinati più dalla pressione dei flussi comunicativi (con il loro incessante *streaming* d'informazioni

1. Per una visione d'insieme dello *status quaestionis* si veda F. PEDRÓ, *I discenti del nuovo millennio: principali conclusioni*, in N. BOTTANI, A.M. POGGI, C. MANDRILE, *Un giorno di scuola nel 2020. Un cambiamento è possibile?*, Bologna, Società Editrice Il Mulino, 2010, pp. 47-76.

e di *input* provenienti da ogni dove) che dalla metodica concentrazione sulla puntuale e precisa circostanza in cui qualcosa mi viene incontro come "oggetto" che, interpellando sia la mente sia il resto del mio essere, m'invita a compiere quell'atto di accettazione e quel lavorìo di osservazione, d'indagine e di appropriazione del dato che una lunga tradizione chiama "conoscenza"? Non incombe il rischio di una specie d'*interferenza* sul dinamismo cognitivo di base, che regge tutti gli altri, un'interferenza in grado di produrre effetti molto problematici – specie quando si verifichi nei luoghi destinati all'istruzione e alla formazione[2]?

L'aula, infatti, o il laboratorio, non sono "locali" qualsiasi. In passato, pur con tanti limiti, il senso della scuola e dell'università come istituzioni deputate all'apprendimento e alla cultura assicurava le condizioni perché tale distinzione risultasse visibile ed efficace – a prezzo, magari, di una certa distanza o, peggio, separatezza dagli altri ambiti vitali. La sospensione dei dinamismi del *negotium* mediante la creazione di luoghi di convivenza tra maestro e scolaro, liberati dai condizionamenti più immediati per far posto al conoscere e al ricercare – con la loro logica, i loro metodi e i loro tempi; la considerazione pressoché unanime per il sapere, portato ai massimi livelli di razionalità e di universalità nelle varie discipline che componevano l'enciclopedia dello scibile; il prestigio riconosciuto alle *auctoritates* come testimonianze esemplari di cultura, di umanità e di scienza – tutto ciò poneva i prerequisiti affinché, entrando in un'aula o in un laboratorio, ci si ritrovasse in un "universo" differente dal resto della vita quotidiana: dove si poteva respirare una misura della realizzazione umana più alta di quella mediamente reperibile nelle sfere dell'utile, individuale e collettivo, o di quella in cui le fatiche, le contraddizioni e le miserie dell'esistenza potevano indurre gli uomini ad abbassare l'immagine e la stima di sé.

Sotto questo profilo, come stanno oggi le cose? Negli ultimi decenni, da un lato la scuola e l'università hanno visto svanire, o comunque ridimensionare di molto, la loro autonomia e autorevolezza culturale, scientifica e pedagogica – cioè i loro principali

2. Naturalmente, l'effetto problematico può verificarsi in qualunque situazione in cui il conoscere deve giocare un ruolo di primo piano. La sua portata e gravità sono però sensibilmente maggiori, quando il contesto specifico è di tipo formativo ed educativo.

caratteri distintivi. Dall'altro, e proprio facendo leva sui momenti dell'informazione e della comunicazione, istanze economiche, politiche e sociali ben più potenti dell'insegnamento e della cultura le hanno sorpassate in velocità nel formare la mentalità e gli schemi di elaborazione e di legittimazione collettiva del sapere[3].

La questione è complessa. Esaminiamo il suo versante pedagogico, e consideriamo lo standard solitamente praticato dagli studenti di scuola superiore nell'elaborare una ricerca o una tesina. La modalità diventata abituale sembra essere, perlopiù, un *mix* di cinque fattori: il riferimento a internet come pressoché unica fonte di reperimento delle informazioni; un vocabolario limitato; un'intonazione prevalentemente analitica del guardare e del comporre; l'uso frequente di procedure tipo copia-incolla; un'abilità argomentativa circoscritta. Sullo sfondo, le modificazioni dei processi cognitivi studiate dalle ricerche cui ho fatto cenno: il pensiero "visivo", il pensiero "breve", il *multitasking*. Ora, quali effetti può sortire questo modo di elaborare l'informazione e il sapere sulla capacità umana elementare di osservare e d'indagare direttamente le cose, risalendo dalle rappresentazioni mentali, dal linguaggio e dai flussi comunicativi alla realtà "effettuale", per dirla con Machiavelli? E sulla sensibilità necessaria per individuare ciò che costituisce, nei diversi campi di conoscenza o di azione, il problema ogni volta essenziale? E ancora, sulla formazione di una razionalità in grado di inoltrarsi coerentemente oltre la soglia delle prime, più immediate e facili deduzioni?

In sintesi, il nocciolo della questione sta nell'incidenza sulla nostra disposizione conoscitiva elementare del modo di accostarsi alla realtà, di riceverne e di elaborarne l'informazione, indotto dal *medium* della tecnologia. Questo modo induce a fissare il baricentro dell'atto del conoscere sul reale in tutti i suoi elementi, oppure sui flussi comunicativi che ne pongono in rilievo l'uno o l'altro tratto? Quale atteggiamento cognitivo di fondo promuove in chi cresce – bambino, ragazzo, adolescente? È in grado di suscitare in loro la

3. Un solo esempio della forza di tale pressione: l'induzione, nel senso comune diffuso in molti ceti (inclusa la maggior parte della classe politica), della convinzione secondo la quale la riforma di cui scuola e università avrebbero oggi più bisogno sarebbe la loro modernizzazione tecnologica – in tutti i campi: didattica, ricerca, *governance*.

formazione di quella *percezione viva del reale* e di quella *disposizione personale alla ricerca*, in base alle quali, come affermava Dewey, il senso della realtà come *dato* e come *problema* può farsi *habitus* e mantenere sempre accesa in me la tensione e il desiderio di conoscere, quand'anche tutti quelli che mi circondano siano convinti già di sapere[4]? Oppure, all'opposto: esso non rischia di conferire legittimità epistemologica pressoché esclusiva a quell'atteggiamento di continua "costruzione" e "ricostruzione" dell'informazione che, negli ultimi decenni, è venuto affermandosi come *leitmotiv* di molte teorie pedagogiche e di un certo modo diffuso d'intendere, in chiave anche politica, la scuola e l'istruzione?

Non credo sia questione da poco. L'alternativa che si profila, sul piano gnoseologico e antropologico, mi sembra quella tra una visione del conoscere come processo autoreferenziale, per così dire "autocinetico", determinato dal gioco all'infinito degli *input* informativi, delle elaborazioni cognitive e delle mediazioni tecnologiche (in apparenza, *aperto* a sempre nuove ristrutturazioni e configurazioni, "fluide", dei saperi; in realtà, *chiuso* a priori entro tale gioco, oltre che strutturalmente in balìa dei poteri in grado di avviarlo, gestirlo e controllarlo[5]), e una visione che considera il conoscere non solo come processo interattivo o costruttivo, ma anche come sguardo d'insieme al reale, come intelligenza che cerca di scandagliarne le profondità e come presa di distanza critica rispetto a esso.

Qui si profila il terzo lato del problema – evocato dalle indicazioni della *saggezza tecnologica*, della *razionalità limitata* e dell'*intelligenza collettiva* come criteri-guida del futuro. Che cosa possono realisticamente prefigurare questi criteri, composti insieme, come rotta per "navigare" proficuamente nel contesto comunicativo e formativo che si sta delineando?

Pensiamo alla situazione in cui viene a trovarsi una persona quando viene informata telefonicamente di un evento, improvviso

4. «Tutto il pensiero è ricerca, e ogni ricerca è nativa, originaria, per colui che la effettua, anche se il resto del mondo è già sicuro di quello che egli sta ancora cercando» (J. DEWEY, *Democrazia e educazione*, a cura di A. Granese, Firenze, La Nuova Italia, 1992, p. 198).

5. Secondo quella logica di riduzione dell'uomo a "suddito" o "ingranaggio" del sistema economico, politico e culturale dominante, denunciata da tanti intellettuali e studiosi del Novecento – per tutti Adorno, Horkheimer, Pasolini.

e imprevisto, occorso a un conoscente. Quanto più grave sarà l'evento, e stretto il legame, tanto più essa sentirà l'insufficienza della comunicazione attraverso l'apparecchio telefonico – fosse anche il più tecnologicamente evoluto; e in misura ancora maggiore, se dovrà concorrere a prendere decisioni urgenti o cruciali.

Di che cosa questo è segno? Del fatto che la tecnica può realizzare *solo fino a un certo punto* una comunicazione pienamente umana. Certo essa è diventata capace di trasferire velocissimamente l'informazione: tuttavia, non appare strutturalmente in grado, se non a determinate condizioni e con certi limiti, di comunicare nel modo più completo possibile il contesto di realtà da cui muove l'informazione, così come ciò che la porta, l'accompagna e la riceve – da entrambi i lati: il sentimento, lo sguardo, il moto e la presenza fisica, il discorrere, il ragionare, l'intera disposizione e l'*ethos* della persona.

Ora, quel che caratterizza la situazione d'emergenza vale analogamente, fatte le debite proporzioni, per il momento più ordinario della convivenza e della comunicazione scolastica. Qui, ciò che balza in primo piano sulla scena, nell'interazione fra chi insegna e chi apprende, è senza dubbio la nozione nell'atto di formarsi e di comunicarsi – cioè di diventare informazione. Tuttavia, la *densità* dell'ora di lezione o di laboratorio come evento vivo, e delle dinamiche che in essa hanno luogo (ideazione, trasmissione, dialogo, ricerca, verifica, scoperta, appropriazione, rielaborazione...), come pure del rapporto educativo che ne costituisce l'alveo, non sarà adeguatamente percepita, né tantomeno sperimentata, fino a che non ci si addentra nella sfera più profonda del conoscere e della relazione umana che lo porta e lo rende fecondo – come documenta con molta efficacia uno degli esperimenti didattici più interessanti, compiuto qualche anno fa con l'intenzione di verificare la possibilità di creare un nuovo tipo di scuola, alternativo a quello tradizionale, "in presenza" del docente[6].

Se torniamo a guardare di qui i tre criteri-guida sopra ricordati, vediamo che la loro reciproca implicazione apre un orizzonte di pensiero più ampio di quello che vorrebbe concepire la formazione

6. Cfr. S. Mitra, *Istruzione scolastica alternativa: modelli di apprendimento autorganizzato*, in Bottani, Poggi, Mandrile, *Un giorno di scuola nel 2020...*, cit., pp. 103-115.

umana e l'utilizzazione delle tecnologie (tutte, comprese quelle multimediali) in chiave strettamente tecnica o funzionale. Già lo denota il ricorso al termine "saggezza", che, come risaputo, costituisce per Aristotele il punto più alto di sintesi fra conoscenza e virtù. Ma l'idea è oltremodo rafforzata dalla sottolineatura non solo dei limiti, ma anche dell'intrinseca apertura del soggetto e della sua ragione a una dimensione che trascende l'individualità: dalla sottolineatura, cioè, della sua connessione indiretta, "allargata", in vario modo implicita o cosciente, ma pur sempre reale, con altri soggetti e con ulteriori dimensioni della realtà, al di là di quanto è immediatamente registrabile.

La nostra riflessione è partita dal problema più vistoso suscitato dalla diffusione delle tecnologie multimediali – le sue conseguenze per l'assetto tradizionale del conoscere e dell'apprendere. Ma forse essa suggerisce qualcosa anche a proposito del libro – se è vera l'osservazione, non priva d'ironia, circa la sua sostanziale somiglianza con il più moderno *e-book*...

Anche il libro, infatti, come il computer, è figlio di una "rivoluzione tecnologica", anzi di due – l'invenzione della scrittura, con la conseguente elaborazione di testi che hanno potuto servire da *medium* educativo per una generazione e per quelle successive; e l'invenzione della stampa, che ha moltiplicato esponenzialmente la diffusione e la fruizione del testo scritto. Il fatto che entrambe si siano attuate in un lasso di tempo plurisecolare, attraverso epoche e civiltà anche ben diverse fra loro, permette di cogliere con maggiore chiarezza i lati sia positivi sia problematici del fenomeno.

Sul versante positivo vorrei sinteticamente sottolineare il coefficiente di *non-obsolescenza* (rispetto non tanto al formato, quanto al contenuto) del libro, molto maggiore rispetto a quello delle tecnologie. Nelle sue espressioni migliori questo fattore ha generato, nei vari ambiti del sapere, i "classici": della letteratura, dell'arte, della scienza, e via. Ora, rispetto a esso, dal punto di vista pedagogico la domanda-chiave mi sembra che, oggi, suoni così: di quale salute gode, nella sensibilità educativa diffusa tra i genitori, gli insegnanti e i formatori, la consapevolezza che, in ogni campo del conoscere, hanno visto la luce in passato (e possono ancora vederla nel presente) opere di una tale ricchezza di lettura e comprensione delle cose, da parlare non solo alla generazione che le ha concepite, ma anche a quelle successive?

Senza tale consapevolezza, non solo il patrimonio del passato e le stesse conquiste o ricerche delle generazioni adulte possono diventare molto in fretta, per le più giovani, lettera morta, specie in una cultura che tenda a definirsi perlopiù in termini di incessante cambiamento. Senza tale consapevolezza si corre anche il pericolo che s'inaridisca la capacità di generare quel fenomeno così importante che è la tradizione. Se essa, infatti, consiste non tanto nel lascito materiale, quanto nell'esperienza di conoscenza, di valutazione e di comprensione della realtà che una generazione comunica all'altra attraverso quel lascito, che cosa può succedere nel momento in cui questa comunicazione s'inceppa – vuoi per la distanza di cultura materiale fra le generazioni, vuoi per le eventuali maggiori difficoltà che possono insorgere nel condividere conoscenze, esperienze e significati[7]?

Quanto al versante problematico, senza addentrarmi nei campi della sociologia culturale o della storia economica e sociale, ma restando in quello della pedagogia, mi sembra che lo si possa mettere bene in risalto attraverso uno dei più acuti racconti di fantascienza mai dedicati alla scuola. In esso Isaac Asimov immaginava (più di sessant'anni fa...) la scoperta, da parte di un ragazzo e di una ragazza "del futuro" – abituati a leggere i libri su uno schermo televisivo e ad apprendere in una stanza apposita della loro abitazione, in stretta simbiosi con un maestro-computer – di un libro cartaceo, con le pagine «gialle e fruscianti», che narrava della scuola di un'epoca passata, nella quale «i maestri erano persone» e i ragazzi si riunivano tutti in un medesimo edificio per imparare, vivendo così con molta maggiore contentezza e soddisfazione l'esperienza dell'apprendimento e dello studio[8].

Nella genialità della finzione letteraria il racconto mostra dove comincia la criticità, dal punto di vista pedagogico, del fenomeno

7. Cfr. su questo punto la riflessione della Arendt sulla temporalità e sui pericoli insorgenti dalla sua frattura: H. Arendt, *Tra passato e futuro*, Introduzione di A. Dal Lago, Milano, Garzanti, 1991 (ed. orig. 1961) – in particolare la *Premessa: la lacuna tra passato e futuro*.

8. Si veda I. Asimov, *Chissà come si divertivano!*, trad. it. di H. Brinis, in *Il meglio di Asimov*, vol. I, Milano, Mondadori, 1975.

"libro" (cartaceo o elettronico che sia): esattamente nel momento in cui il suo nesso con il desiderio di conoscere e d'imparare, da un lato, e con il contesto personale e comunitario che ne rappresenta l'*humus*, dall'altro, viene in qualche modo trascurato, ridotto, ostacolato o reciso. Trascuratezza, riduzione, avversione o frattura depotenziano[9] la valenza educativa dell'esperienza di accostarsi a un libro, di prenderlo in mano e di leggerlo – si tratti di un'opera letteraria o di un saggio scientifico o filosofico, di una narrazione storica o di un manuale scolastico. Nel migliore dei casi esse la inaridiscono, riducendola a mera acquisizione, più o meno utilitaristica, di informazioni; nel peggiore, la trasformano in qualcosa d'incomprensibile o di noioso, anzi di ostile (meritevole perciò di rifiuto); sempre e comunque, contrastano o intaccano qualcuna delle disposizioni generali e degli *habitus* intellettivi della persona, da cui dipende l'accadere, lo svolgersi e il compiersi del leggere come atto compiutamente umano[10].

Quanto finora osservato, in riferimento prima alle tecnologie multimediali, poi al libro, vale, credo, per ogni forma di testo, qualunque sia il formato in cui venga redatto e il supporto su cui lo si voglia fissare e far circolare. Per questo mi sembra che la questione pedagogica decisiva, suscitata dal confronto fra libro e computer come strade antiche o nuove per l'istruzione e la formazione, non si ponga tanto sul piano della competizione fra immagine e parola, quanto su quello della maggiore o minore integralità d'esperienza del conoscere e del comunicare che da un lato il libro, dall'altro le tecnologie possono in vario modo supportare e promuovere, ma paradossalmente anche ostacolare.

Tale integralità d'esperienza, in ogni caso sempre da curare e da verificare puntualmente, mi sembra dipenda in prima battuta non tanto dall'uso di una determinata tecnologia, più o meno sofi-

9. In forme e proporzioni diverse, che qui non posso analizzare in dettaglio.

10. In questa prospettiva sarebbe interessante riflettere sul nesso tra il leggere e gli altri atti intellettivi che esso chiama più direttamente in causa – come l'immedesimarsi, il raffigurare, il riflettere, lo studiare; e, più in là, sui dinamismi d'esperienza e di conoscenza che presiedono all'ideazione e alla redazione di un testo scritto. In essi giocano un ruolo essenziale non solo i sensi e i linguaggi, ma anche la memoria, il pensiero propriamente detto e la volontà di comunicare ad altri l'esperienza e la conoscenza acquisite, nella convinzione che tale comunicazione sia, per sé e per tutti, intrinsecamente un bene.

sticata o evoluta, quanto piuttosto dall'*habitus* complessivo con cui chi insegna ed educa si dispone a entrare nell'interazione scolastica e formativa con il bambino – il ragazzo, l'adolescente, il giovane – suo interlocutore e partner.

Un punto di vista diverso sul rapporto fra cultura e competenza

Al termine della seconda sessione, colta una certa consonanza di fondo tra gli interventi, il lettore si sarà forse domandato come abbia potuto formarsi e consolidarsi quella tenace contrapposizione fra cultura e competenza che ha pesato molto, non solo in Italia, sulle riforme scolastiche dell'ultimo quarto di secolo. E forse avrà pensato, oltre che alle vicende e alla conflittualità politica della "seconda Repubblica", anche al fatto che «al genere umano piace pensare per contrasto», come osservava Dewey in *Esperienza ed educazione*, nella convinzione che questa sia la via migliore per risolvere i problemi, salvo poi accorgersi di averli ulteriormente complicati con un grave errore di metodo, che si fa sentire all'atto della loro impostazione e poi non li abbandona più[11].

In riferimento al nostro tema, entrambi i contributi hanno ricordato alcuni di questi errori e messo decisamente in guardia dal ricadervi.

In primis essi hanno denunciato quella mentalità di tipo unilaterale e settoriale, che guarda al reale in termini di *aut aut* fra le sue determinazioni e non riesce a cogliere il loro vivo intreccio e la loro reciproca correlazione – come documenta esemplarmente il modo d'intendere la "competenza" in radicale opposizione alla "cultura".

Il secondo errore sta nella concezione funzionalista della conoscenza e del pensiero. Essa riduce *a priori* l'ampiezza del rapporto fra l'uomo e la realtà alla sola dimensione orizzontale della loro interazione e delle relative cause ed effetti – finendo però così per trascurare, o censurare, da una parte la dimensione simbolica e

11. Cfr. J. Dewey, *Esperienza e educazione*, a cura di E. Codignola, Firenze, La Nuova Italia, 1949, pp. 4 s.

veritativa della cultura (con il conseguente depotenziamento dei saperi e la loro riduzione, specie in ambito scolastico, a "istruzioni per l'uso"), dall'altra la trascendenza costitutiva dell'uomo come soggetto e artefice della cultura stessa[12].

Il terzo errore prende la forma di una disposizione generale, di un *habitus* di sguardo e di pensiero che non riesce a registrare la presenza, i fattori e i dinamismi del reale se non in termini "depotenziati" – come il primo intervento ha osservato a proposito dello slittamento semantico nel modo d'intendere il fenomeno della cultura, e il secondo riguardo alla confusione indotta dal nominalismo nell'individuazione del *core* della competenza.

Questi tre principali errori di metodo – e quelli che possono nascere dalla loro combinazione – mi sembrano riconducibili, in radice, a una comune matrice: a una disposizione conoscitiva di fondo, a una razionalità doppiamente "riduzionista" e "semplificatrice". Riduzionista e semplificatrice, in primo luogo perché manca di riconoscere la complessità del reale – e già questo è un difetto non lieve, alla luce dell'epistemologia contemporanea; ma poi anche, e credo ancora di più, perché manca di riconoscere la profondità di campo dell'esperienza di educazione che l'uomo è in grado di compiere quando il suo rapporto con la realtà si attua secondo la totalità delle dimensioni, da un lato della realtà stessa, dall'altro della sua specifica umanità, nelle sue varie componenti e attitudini[13].

Rispetto a tale deriva riduzionista o semplificatrice, la questione pedagogica fondamentale mi sembra consista oggi nella riscoperta e nella riattivazione del circolo virtuoso fra due momenti essenziali (e altrettanto fecondi) del vivere, dell'imparare e del crescere.

12. Questo errore, che ha conosciuto la sua prima e più classica denuncia nel saggio di Maritain *L'educazione al bivio*, ha inciso non poco sull'avvio del processo riformatore della scuola italiana, promosso dal ministro Berlinguer nella seconda metà degli anni Novanta. Per le coordinate di fondo di quel disegno e per le sue più acute criticità si vedano G. Stelli, *La riforma della scuola*, in "Punti critici", I (1999), pp. 77-95, e G. Bertagna, C. Fedeli, *Oltre la Riforma. Ripensiamo la scuola*, Milano, Diesse – FOE, 2001.

13. Ho provato a istruire questa problematica comparando fra loro le concezioni dell'educazione di due grandi educatori e pensatori del Novecento: *L'educazione come esperienza. Il contributo di John Dewey e Romano Guardini alla pedagogia del Novecento*, Roma, Aracne, 2008.

Per un verso si tratta, sul piano intellettivo e dunque anzitutto a scuola, di istruire e di formare mirando metodicamente alla creazione di un *habitus* conoscitivo e di pensiero, di una *mens* capace di sostenere e di vincere quella che Morin, con espressione intensa, ha chiamato «la tragedia del sapere moderno»[14], o, se vogliamo, per esprimerci in modo più sobrio e propositivo, in grado di far sì che «la realtà diventi per noi spazio e ricchezza di forme, in cui potersi muovere senza perdersi», come quasi un secolo fa Guardini osservava al termine del suo saggio sull'opposizione polare[15]. Per l'altro si tratta, questa volta sia dentro sia fuori la scuola, di concepire e di praticare l'educazione come esperienza di «introduzione alla realtà totale», secondo la felice formula di Jungmann che rappresenta per Giussani la più sintetica e comprensiva definizione del fenomeno educativo[16].

A quest'opera di rinnovamento dell'educazione, perché sia all'altezza delle sfide della cultura e della società contemporanea, i due interventi della sessione hanno offerto un primo importante contributo, discutendo i termini essenziali della presunta antinomia fra cultura e competenza: dapprima, con la recensione dei tratti specifici di ciascuna (per render loro giustizia contro l'unilateralismo esclusivo); poi, tramite la riflessione sulla fecondità e i dinamismi che le caratterizzano e che le collocano, in maniera complementare, al centro di due distinte costellazioni dell'esistenza umana – il rapporto fra le generazioni e la tradizione; il lavoro e lo sviluppo scientifico-tecnologico.

Ora, con quali passi e in quale direzione possiamo continuare a cercare e a riflettere?

Sinteticamente direi: nella direzione di ripensare, alla luce delle coordinate così guadagnate, il senso dell'istituzione "scuola" come luogo *insieme* d'istruzione e di educazione, ritornando con metodo

14. E. Morin (con E.R. Ciurana e R.D. Motta), *Educare per l'era planetaria. Il pensiero complesso come metodo di apprendimento nella condizione umana di errore e incertezza*, Roma, Armando, 2004, p. 49.

15. R. Guardini, *L'opposizione polare*, in Id., *Scritti di metodologia filosofica*, Brescia, Morcelliana, 2010, p. 238.

16. Cfr. L. Giussani, *Il rischio educativo*, Milano, Rizzoli, 2005. Lo Jungmann aveva formulato questa definizione in uno studio dedicato ai criteri essenziali da porre alla base di un'educazione cristiana, adeguata al nuovo contesto religioso e culturale delineatosi nella prima metà del Novecento.

sui punti nevralgici della sua configurazione che hanno maggiormente accusato il colpo dei processi di destrutturazione e d'impoverimento, culturale e pedagogico, occorsi negli ultimi decenni.

Il primo di questi punti, bisognoso di riscoperta e di risignificazione, è il rapporto tra insegnante e alunno. Veniamo da un passato, non solo prossimo, in cui la concezione dominante è stata quella di una riduzione in senso cognitivo o tecnico-funzionale di tale rapporto. Per un verso, ciò ha indotto il docente a circoscrivere la concezione di sé a quella, nel migliore dei casi, di "professionista dell'istruzione"; nel peggiore, di controparte sindacale dell'apparato statale. Per l'altro, esso ha portato l'alunno e lo studente a vedere la scuola come luogo a lato, se non opposto alla vita, in cui non può dominare altro che la noia o la più cinica arte d'arrangiarsi. Ma non esiste altra possibilità? Se ripensiamo il rapporto tra insegnante e alunno accostandolo, rispettivamente, prima dal punto di vista della cultura e da quello della competenza; poi, componendo insieme i due sguardi – che cosa potremo scoprire in termini di ricchezza del suo contenuto, oltre che di percorsi e di prospettive di formazione da esso dischiuse?

Il secondo punto nevralgico riguarda lo studio. L'ipoteca utilitarista che il funzionalismo vi ha iscritto lo ha con troppa facilità ridotto a un atto sostanzialmente strumentale, certo più o meno tecnicamente supportato, per il raggiungimento di determinati e pur pregevoli scopi, specie (se stiamo a ciò che dice il vissuto dello studente) il superamento di un compito in classe, di un'interrogazione o di un esame. Ma in questo modo quanto è andato perduto della concezione antica, medievale e ancora moderna dello studio come fenomeno insieme culturale e antropologico, cioè come esperienza che rivela la "stoffa" dell'umano (Dante direbbe la nostra «semenza»), e che perciò rende possibile, certo non senza impegno e fatica, la conquista di una sintesi personale del sapere e di un punto di vista universale sulle cose, oltre che di una capacità creativa di opere in grado di attraversare il tempo e la storia?

Il terzo punto nevralgico bisognoso di riscoperta e di risignificazione è l'obiettivo finale del percorso dell'istruzione e della formazione scolastica (e poi accademica). Sulla base della concezione prevalente, siamo abituati a identificarlo – e senza dubbio con buone ragioni – con l'ingresso e con la collocazione, quanto più stabile e produttiva, nell'attività lavorativa. Ma questa finalizzazione pressoché esclusiva dello studio al lavoro (senza per il momento considerare le trasformazioni strutturali che, con l'avvento della società della conoscenza e della globalizzazione, hanno radicalmente investito e modificato sia l'uno sia l'altro) mi sembra costituisca non tanto la soluzione, quanto piuttosto uno dei dati di partenza del problema da risolvere, che è appunto la riqualificazione di un sistema scolastico e formativo, cui le istanze del funzionalismo e della *school effectiveness* hanno sottratto linfa e respiro.

Ora, se vale, come direttrice di fondo di tale riqualificazione, il principio della personalizzazione – in tutte le sue valenze: istituzionali, organizzative, pedagogiche, didattiche – forse potrà essere più adeguato individuare come punto d'arrivo del percorso scolastico e formativo non tanto il lavoro, quanto piuttosto la condizione adulta. Intendo con quest'espressione la disposizione complessiva, l'*habitus* sintetico in cui il giovane viene a trovarsi al termine dell'*iter* scolastico e formativo: comprensivo, da un lato, delle capacità sviluppate e delle competenze acquisite per l'esercizio dell'attività lavorativa; dall'altro, del grado di maturazione necessario per entrare in modo autonomo e responsabile nel tessuto delle relazioni personali e sociali – e cioè nella maniera di esistere che consideriamo tipica, sotto il profilo non solo giuridico, della "maggiore età".

Ri-dimensionare in chiave sussidiaria la scuola

Nel lessico corrente della legislazione e della burocrazia scolastica, "dimensionare" e "dimensionamento" indicano rispettivamente il processo e il risultato del riordino istituzionale e amministrativo delle singole scuole, finalizzato a ottimizzare sia la loro composizione e articolazione interna (numero degli alunni, dotazione organica di personale, allocazione sul territorio ecc.) sia l'organizzazione e i costi di esercizio del loro funzionamento. Partendo da tale uso linguistico, e in un certo senso però ampliandone il significato, potremmo riassumere lo snodo cruciale della transizione in corso e della sua auspicabile direzione con l'espressione *ri-dimensionare in chiave sussidiaria la scuola*.

Ciò significa anzitutto, dal punto di vista politico e istituzionale, tornare a sintonizzare (con maggiore forza e coerenza di quanto non sia stato fatto negli ultimi anni) il processo di riforma del sistema scolastico, in corso ormai dal 1997, con il processo di revisione della Costituzione, che ha conosciuto finora la sua prima tappa nella riformulazione del Titolo V.

Come il testo sottolinea in più punti, l'attuazione di una carta costituzionale è un fenomeno storico, politico e istituzionale vivo. In esso, con il trascorrere del tempo, si manifesta un'intrinseca, permanente dialettica tra l'affermazione dei principi enunciati nei diversi articoli o parti della Costituzione e la loro traduzione nella legislazione ordinaria, la loro messa in vigore attraverso il potere esecutivo e quello giudiziario, la verifica della loro significatività e portata tramite la riflessione giurisprudenziale.

Ora, le circostanze – sociali, storiche, politiche, culturali – nelle quali e attraverso le quali si realizza l'attuazione di una carta costituzionale non restano indifferenti rispetto alla decifrazione e alla comprensione delle questioni oggetto dell'azione legislativa e di governo, né rispetto alla loro rilevanza più generale per la società, per il sistema formativo e per quello giuridico. Così è stato, in rapporto ai modelli culturali e legislativi del tempo, per l'organizzazione scolastica centralistica che il parlamento del Regno deliberò e istituì centocinquant'anni fa, all'inizio della storia unitaria del nostro paese. Analogo discorso vale per la discussione in Assemblea Costituente intorno all'inciso «senza oneri per lo Stato» e per l'intonazione ideologica di fondo che ha pervaso la politica scolastica della Prima Repubblica. E così ancora sono andate le cose più di recente nella discussione intorno al principio di sussidiarietà, in sé e nel suo nesso con le correlate istanze di autonomia e di federalismo.

In questa prospettiva, ri-dimensionare in chiave sussidiaria la scuola significa rilanciare con più consapevole tensione politica, legislativa e giurisdizionale la sua trasformazione lungo le principali direttrici tracciate per un verso dalla Costituzione – là dove afferma il primato e la responsabilità educativa della famiglia, il ruolo delle formazioni sociali intermedie e il valore della libertà d'insegnamento e di educazione – e per l'altro dalla legge 62/2000, istitutiva del Sistema nazionale d'istruzione. Com'è stato notato, si tratta di una trasformazione ancora sostanzialmente incompiuta: da un lato, per l'ipoteca centralista e statalista che continua a gravare in tanti modi sull'istituzione scolastica, e che ostacola il riconoscimento di un più moderno ed efficace pluralismo; dall'altro, a causa della non ancora effettiva realizzazione, sul piano economico e fiscale, del regime di parità, che impedisce alle famiglie italiane di esercitare a pieno la loro libertà di scelta e la loro responsabilità politica[17].

Con ciò tocchiamo il primo nodo da sciogliere per dar vita, sotto il profilo istituzionale, a una scuola veramente "pubblica", diversa da quella che siamo abituati a vedere, a frequentare, e a criticare. Ve ne sono tuttavia anche altri, forse non altrettanto evidenti, ma egualmente rilevanti, e sempre correlati al suo "ridimensionamento" sussidiario.

Un secondo snodo è di natura storica e sociale, e concerne il processo di attribuzione pressoché esclusiva della funzione istruttiva ed educativa all'istituzione scolastica statale, sviluppatosi attraverso la lunga dialettica intercorsa tra lo Stato moderno e i vari corpi sociali, *in primis* la famiglia, nel periodo compreso all'incirca fra l'età napoleonica e l'ultimo quarto del Novecento.

Si tratta di un fenomeno complesso, ramificatosi capillarmente, per varie cause, nel sistema scuola e nei suoi dinamismi interni, nella prassi educativa e nella stessa pedagogia. E anche molto pervasivo rispetto alla mentalità, come si vede dal fatto che, nonostante il nostro tempo tenda a definirsi postmoderno, in realtà, per tanti aspetti del nostro pensare e praticare l'educazione noi restiamo ancora profondamente "moderni": cioè inclini a considerare l'istruzione come uno dei fondamentali parametri di cittadinanza, la scuola come un'istituzione tipicamente statale, la società (e di conseguenza anche il rapporto educativo) come un "aggregato" di singoli individui, di "monadi", disciplinato dalle leggi e dai poteri dello Stato – intesi come garanzia ultima sia del contratto so-

17. Su questo punto si vedano in sintesi G. Malizia, *A dieci anni dalla legge sulla parità*, in "Cultura oggi", XXIX, 2 (2011), pp. 8-13, e G. M. Salerno, *Autonomia e libertà della scuola pubblica paritaria*, in Centro Studi Scuola Cattolica, *Educare alla vita buona del vangelo nella scuola e nella FP. Scuola Cattolica in Italia – Quattordicesimo rapporto – 2012*, Brescia, La Scuola, 2012, pp. 117-128.

ciale che pone in essere l'ordine e il corpo politico sia di ogni successivo scambio, relazione o negoziazione che in esso si verifichi.

Ma la crisi dello Stato e del suo rapporto con la società civile, che ha portato a mettere in discussione i modelli di cittadinanza politica, di organizzazione scolastica e di *Welfare State* dominanti nel Novecento, così come i flussi migratori e i processi di trasformazione sociale innescati dalla globalizzazione (insieme alla discussione intorno al valore universale della civilizzazione europea, apertasi all'indomani del crollo del mondo bipolare) sollevano più di un interrogativo sulla giustezza di quella concezione del monopolio statale della funzione istruttiva ed educativa, sugli schemi di pensiero che l'hanno sorretta e sull'organizzazione politica e istituzionale che le ha dato attuazione.

Forse possiamo riassumere il problema da affrontare, nel presente e nel futuro prossimo, in specie nel nostro paese, con un'immagine. Il campo di ideazione e di azione in cui si è mossa fino agli anni Settanta l'istanza di «istruire ed educare la prole», per riprendere il dettato della Costituzione, appariva come delimitato e orientato da due soli modelli normativi, esattamente contrapposti: la scuola dello Stato, da una parte, l'istruzione paterna, dall'altra. Tutto ciò che non nasceva dall'iniziativa statale era lecito, purché restasse «senza oneri», ma soprattutto purché si conformasse, attraverso i contenuti dei programmi e il vaglio degli esami finali, all'istruzione statale. A metà degli anni Settanta i Decreti Delegati hanno cercato d'introdurre una leva d'innovazione, istituendo gli organi di gestione collegiale della scuola. Ma il modo di concepire l'istituzione scolastica non è stato scalfito in radice: era pur sempre la "scuola dello Stato" ad allargare le maglie della propria organizzazione e legittimazione, attraverso la formula e i dispositivi partecipativi. Non era ancora "fare un passo indietro", da parte dello Stato, rispetto al diritto-dovere alla libertà di educazione dei genitori e al riconoscimento della valenza istituzionale dell'iniziativa autonoma, in campo educativo e formativo, della società civile.

Questo è, invece, l'orizzonte aperto dalla riforma dell'amministrazione statale con la Legge Bassanini, dalla revisione del Titolo V della Costituzione e dalla legge 62/2000. La loro emanazione a breve distanza l'una dall'altra e la loro vicendevole e oggettiva correlazione hanno, per un verso, ridimensionato il ruolo dello Stato in materia di scuola e di educazione, restituendo almeno in linea di principio il primato educativo alla famiglia e alla società civile; per l'altro, hanno aperto come una "terza dimensione" rispetto al campo di possibilità inizialmente definito solo dalla scuola statale e dall'istruzione paterna, attraverso il riconoscimento di un legittimo potere e diritto di "far scuola" anche alle formazioni sociali intermedie (le associazioni di famiglie, le cooperative, le imprese, le fondazioni e gli enti di ricerca...) in cui si articolano il corpo e i dinamismi economici, culturali e politici della società civile[18].

Rispetto alla dominanza del modello centralistico di ascendenza napoleonica, sembra così essersi aperta un'epoca nuova o, più realisticamente, di transizione, «da una scuola sostanzialmente dello Stato a una scuola della società civile»[19], all'insegna della legittimazione dell'iniziativa della famiglia e delle varie formazioni sociali in campo scolastico e formativo. Quale discontinuità con un passato difficile, e costellato da pesanti vincoli, potrà verificarsi; quali forme anche nuove tale iniziativa saprà assumere; quali trasformazioni dell'assetto e del governo politico della cosa pubblica e della scuola dovrà e potrà stimolare o richiedere – queste domande circoscrivono il terzo snodo fondamentale della questione, di natura questa volta politica e culturale[20].

Qui infatti entra in gioco, tra gli altri fattori, la "cultura della sussidiarietà" come specifica istanza di pensiero e di azione, individuale e collettiva. Nel nostro paese essa è a tutt'oggi minoritaria, per quanto sentita ne sia l'esigenza (in particolare in certi campi o materie, come la sanità o il privato sociale) e per quanto attivi siano i soggetti che cercano di diffonderla e di promuoverla attraverso enti,

18. Per una visione d'insieme dello scenario e delle direttrici della transizione cfr. G. Chiosso, *Verso un nuovo modello scolastico: il caso dell'Italia*, in F. Gobbo (ed.), *Le scuole degli altri. Le riforme scolastiche nell'Europa che cambia*, Torino, sei, 2006, pp. 1-15.

19. C. Ruini, *Prolusione*, in Centro Studi per la Scuola Cattolica, *Per un progetto di scuola alle soglie del XXI secolo. Atti dell'Assemblea Nazionale sulla Scuola Cattolica – Roma, 27/30 novembre 1999*, Brescia, La Scuola, 2000, pp. 55-68 – qui p. 61.

20. Per un'istruttoria essenziale della questione si veda O. Grassi, *La sussidiarietà, i corpi intermedi e la scuola*, in Centro Studi Scuola Cattolica, *Educare alla vita buona del vangelo nella scuola e nella FP*, cit., pp. 141-155.

ricerche, pubblicazioni, iniziative politiche e legislative[21]. Stando a recenti indagini, la nozione di sussidiarietà e la consapevolezza del suo valore appaiono molto variamente – e disegualmente – presenti nel senso comune della popolazione, sia nel suo insieme sia nei vari ceti, nelle diverse aree geografiche di residenza, e infine rispetto alle questioni aperte (nel nostro caso, in materia di scuola e di formazione)[22].

Non c'è quindi da stupirsi della disomogenea sensibilità sussidiaria che si riscontra nelle tre componenti sociali più rilevanti per l'assetto del nostro sistema scolastico e formativo: la classe politica, il corpo docente e dirigente, i genitori. A partire di qui, perché un'altra scuola sia veramente possibile, è necessario lavorare per promuovere da un lato la cittadinanza educativa attiva della famiglia, dall'altro una specifica formazione *ad hoc* dei genitori, degli insegnanti, dei dirigenti e della rappresentanza politica, affinché almeno essi (per primi) imparino a conoscere, a comprendere e ad attuare il potere di riforma della scuola e della relazione educativa contenuto nei principi di sussidiarietà e di personalizzazione[23].

L'esigenza di una ragione più ampia, riflessiva e relazionale della "ragion moderna"

Questo snodo principale da cui dipende la possibilità di un'altra scuola mi sembra stia, infine, nella conquista di una concezione della "cultura", e così della ragione, più ampia, più riflessiva e più relazionale di quella che, almeno negli ultimi due secoli, ha governato quasi completamente l'ideazione e l'attuazione della scuola

21. Per un quadro aggiornato dei passi compiuti in direzione della piena attuazione del principio di sussidiarietà si veda F. Occhetta, *La sussidiarietà: da principio a prassi*, in "La Civiltà Cattolica", 2012, I, pp. 114-125.

22. Su questo tema cfr. Fondazione per la Sussidiarietà, *Sussidiarietà ed educazione. Rapporto sulla sussidiarietà 2006*, Milano, Mondadori Università, 2007 – in particolare i capp. 2 e 3 (P. Donati, *Cosa pensano le famiglie italiane. Il difficile cammino, fra incertezze, ambiguità e minoranze creative*, e O. Grassi, *La percezione del bisogno educativo. Qualità dell'istruzione e sistema scolastico*) e l'intera Parte II.

23. In questa prospettiva si vedano G. Chiosso (ed.), *Luoghi e pratiche dell'educazione*, Milano, Mondadori, 2009; L. Ribolzi, *Società, persona e processi formativi: manuale di sociologia dell'educazione*, Milano, Mondadori, 2012.

stessa, oltre che gran parte della restante prassi formativa ed educativa.

Ora, a questo proposito, partendo dal dato di fatto della diversità multiculturale, Milena Santerini ha tracciato i lineamenti di una "scuola della cittadinanza" come luogo non solo della ricerca comune di valori universali, ma anche, e più in profondità, della "messa in comune" di sé con gli altri, nella prospettiva di un processo di dialogo e d'inclusione in grado di comporre insieme le differenti identità in maniera non omologante né conflittuale. Costantino Esposito ha invece insistito, a sua volta, sulla scoperta dell'identità come strada maestra per accogliere e comprendere il fenomeno della differenza, in sé e negli altri, individuando anzitutto nell'interrogazione su se stessi e sul significato del reale, e poi nel fenomeno della bellezza, il tratto più universale che accomuna gli esseri umani e li abilita a vivere la scuola come "luogo della domanda del senso", in cui conoscere, conoscersi e riconoscersi.

Pur nella loro differenza, le riflessioni – accostate l'una all'altra e ponderate anche alla luce delle reciproche consonanze – mi sembra suggeriscano un comune itinerario di ricerca, lungo il quale ci attendono, in sequenza, tre grandi questioni "architettoniche", decisive per la forma e per il modo in cui impostare una nuova istruzione e formazione scolastica.

La prima questione è quella che Santerini ed Esposito hanno chiamato la questione dell'identità o, meglio, dell'auto-comprensione: della scoperta, della conoscenza e del significato di sé. Si tratta di una questione fondativa sul piano antropologico, come la tradizione filosofica occidentale mostra fin dall'epoca classica e come alcuni autori o correnti di pensiero del secolo scorso hanno sottolineato di nuovo con forza[24]. Essa è resa oggi oltremodo acuta dalla situazione in cui si trova l'uomo contemporaneo: per molti tratti dell'essere e della mentalità ancora profondamente segnato dalle sue appartenenze "moderne" (come la nazionalità), o addirittura "premoderne" (come la religione), ma d'altra parte "gettato" in una condizione esistenziale nella quale i legami con la tradizione e con gli altri uomini sono stati a mano a mano affiancati, e poi rim-

24. Cfr. i rimandi alla fenomenologia, ad Agostino, a Ricoeur e a Lévinas contenuti nelle relazioni.

piazzati, non tanto dalla sicurezza della ragione cartesiana o dalla bussola ideale dei diritti dell'uomo e della moralità universale, quanto piuttosto dall'erranza e dall'agnosticismo della condizione postmoderna. La domanda pedagogicamente cruciale può suonare allora così: come concepire l'educazione, oggi, perché contribuisca alla formazione nell'uomo contemporaneo di un'identità in grado di abbracciare fin dalla propria più intima costituzione il fenomeno della differenza – in sé e nell'altro da sé[25]?

La seconda questione architettonica, strettamente correlata alla prima, concerne il fenomeno della "cultura": più precisamente, del punto sorgivo, della radice da cui scaturiscono le diverse forme di cultura e di sapere in cui gli uomini articolano e trascrivono ogni modalità di "differenza" (etnica, sessuale, cognitiva, psichica, morale, sociale, politica, storica, religiosa, e via) in cui si attuano il loro essere e il loro esistere. Questo punto sorgivo, questa radice è qualcosa di reale, dotato di una propria consistenza e trascendenza rispetto a tutte le sue – tendenzialmente infinite – espressioni? Può essere esplorato, riconosciuto e condiviso, così da diventare criterio universale di dialogo e di accordo, per vagliare le problematiche aperte (o rese più acute che in passato) dalla globalizzazione e per contribuire alla realizzazione di una comunità politica giusta e inclusiva, a ogni livello? E ancora: che cosa esso rende manifesto dei tratti che contrassegnano più intimamente la nostra soggettività in quanto esseri umani[26]?

Come entrambi gli studiosi sottolineano, da prospettive diverse, le riflessioni e le ricerche svolte negli ultimi decenni dalla sociologia, dall'epistemologia, dalla pedagogia e dalla filosofia permettono di guardare con maggiore senso critico non solo le varie problematiche, ma anche le chiavi di lettura e i modelli d'interpretazione proposti per la loro soluzione. Ora, considerando il

25. La riflessione dell'ultimo Bruner sulla valenza pedagogica e interculturale della narrazione e quella dei pensatori di orientamento neoaristotelico o comunitarista sul fenomeno della tradizione mi sembrano due importanti tentativi di risposta a questo fondamentale interrogativo.

26. Sono gli interrogativi di fondo attorno ai quali Giovanni Paolo II sviluppò il suo storico intervento all'UNESCO nel corso del primo viaggio apostolico in Francia: GIOVANNI PAOLO II, *Genus humanum arte et ratione vivit. Allocuzione all'UNESCO*, Parigi, 2 giugno 1980.

fatto che veniamo da anni nei quali la lettura prevalente del fenomeno multiculturale è stata quella dello "scontro fra le civiltà", e da secoli nei quali l'identità individuale è stata perlopiù pensata nei termini dell'appartenenza etnica o nazionale (con tutte le tragedie che il Novecento ha messo sotto i nostri occhi), il problema pedagogico oggi fondamentale mi sembra quello che, con le parole di Pierpaolo Donati, si può formulare così:

> La cultura vive nella relazione sociale, non fuori di essa. Se la differenza percepita fa problema, è perché la comunanza, che esiste nella relazione, non emerge prima del sentire la differenza, ma solo dopo di essa. E allora ci si chiede: perché, nell'incontro fra persone di culture diverse, la differenza emerge prima di ciò che è comune[27]?

Per prendere sul serio l'interrogativo e cercare soluzioni adeguate – è la terza questione architettonica – non sembra però più possibile procedere, né a scuola né nella sfera più ampia del sapere e della cultura, con l'apparato concettuale e con l'immagine unitaria del mondo tipici della "ragione moderna", ampiamente ripercorsi e sottoposti a critica da entrambe le relazioni.

La visione dell'uomo niente più che come soggetto o individuo; la concezione della socialità come rete meramente negoziale, completamente poggiata sull'arbitrio della volontà soggettiva e sulla forza omologatrice e coercitiva della legge e dei poteri statuali; l'idea della politica come pura lotta o equilibrio di potere; la considerazione della religiosità come elemento d'arretratezza antropologica e culturale; la teorizzazione e la prassi della tolleranza come neutralizzazione dell'identità – sono, se non tutti, almeno i principali schemi concettuali di questo tipo di ragione. Con tutta evidenza, e in maniera molto eloquente nel caso del fenomeno multiculturale, essi non appaiono più in grado di far presa sulla realtà odierna: tanto rispetto a come si presenta ai nostri occhi e ai problemi che sorgono in essa, quanto rispetto al modo in cui istruirli e affrontarli.

Per questo l'ultima coordinata sintetica del cambiamento necessario perché un'altra scuola sia veramente possibile consiste – insieme alla presa di coscienza della posta in gioco sullo sfondo della

27. P. Donati, *Oltre il multiculturalismo. La ragione relazionale per un mondo comune*, Bari-Roma, Editori Laterza, 2010², p. XI.

competizione fra libro e tecnologie digitali; all'acquisizione di un punto di vista nuovo sulla dialettica fra cultura e competenza; al lavoro di ridimensionamento sussidiario dell'istituzione scolastica – nella ricerca e nella delineazione di una ragione più ampia, più riflessiva e più relazionale di quella che l'epoca moderna ha saputo concepire[28].

Il fatto che nell'ultimo quarto del Novecento tale esigenza abbia incontrato sempre maggiore attenzione in diversi ambiti del sapere e della cultura, così come in ambito religioso e confessionale, è motivo di speranza perché anche nel campo della scuola e dell'educazione possa verificarsi un cambiamento profondo nel modo d'intendere e di realizzare l'attività formativa.

Venendo in università, spesso mi capita di passare davanti a un muro, sul quale qualcuno ha scritto "MA QUALE GELMINI: LA SCUOLA È UNA M...". Mi pare l'espressione di un disagio più profondo della semplice contestazione di un ministro, di un governo, di un disegno di riforma. Credo la si possa leggere anche come segno di «una crisi dell'educazione come esperienza quotidiana»[29], oggi molto avvertita. Ogni volta, essa mi ricorda l'aspirazione diffusa (e finora rimasta incagliata in qualcuno dei suoi non facili passaggi) a una vera trasformazione della scuola.

Che, però, questa trasformazione richieda anche qualcosa di più della pur necessaria modernizzazione, discussa nelle quattro sessioni, degli strumenti di comunicazione, delle metodologie d'insegnamento e d'apprendimento, delle politiche della scuola e per la scuola, dei quadri culturali di riferimento; che essa implichi anche una tensione ideale profonda, un coinvolgimento in prima persona e un'assunzione di responsabilità da parte di tutti gli attori in gioco – i saggi qui raccolti mi sembra lo abbiano suggerito, con vario accento, più di una volta.

28. In questa direzione si vedano esemplarmente, senza pretesa di esaustività, i contributi di C. TAYLOR, *L'età secolare*, Milano, Feltrinelli, 2009; A.K. SEN, *Etica e economia*, Roma-Bari, Laterza, 1988; J. HABERMAS, *Tra scienza e fede*, Roma-Bari, Laterza, 2006; BENEDETTO XVI, *Fede, ragione e università. Ricordi e riflessioni*, Aula Magna dell'Università di Regensburg, 12 settembre 2006.

29. G. CHIOSSO, *La scuola italiana tra riforme e bene educativo*, in "Rassegna CNOS", 2/2010, pp. 75-84.

In conclusione, perciò, credo di poter dire che da essi traspaiono anche il «bisogno di un ritorno alla centralità dell'io» e l'esigenza «di una maggiore autenticità e integralità dell'umano»[30], come fattori sintetici, altrettanto importanti e decisivi, del possibile cambiamento del nostro attuale sistema scolastico e formativo.

30. G. Bertagna, *Pro-memoria educazione. Quattro principi da tener cari*, in "Avvenire", 16 novembre 2011, p. 1.

Bibliografia

Avvertenza – La presente bibliografia non intende offrire un ragguaglio esauriente della mole di studi e di ricerche, svolte negli ultimi decenni sui temi oggetto di ciascun capitolo. Essa vuole piuttosto segnalare alcune piste di approfondimento, sia attraverso la tradizionale saggistica sia tramite periodici e siti internet di rilevanza scientifica e istituzionale. Perciò ogni indicazione va inquadrata nella cornice di riferimento più generale tracciata da ciascuno studioso nel proprio contributo e dai capitoli nel loro complesso. Analoga avvertenza vale per le fonti e per gli studi indicati in nota nell'*Introduzione* e nella *Postfazione*.

Per approfondire il tema del primo capitolo

Barrett E., *Sociomedia. Multimedia, Hypermedia and the social construction of knowledge*, Boston, MIT Press, 1994.

Bolter J.D., Grusin R., *Remediation: competizione e integrazione tra media vecchi e nuovi*, Milano, Guerini, 2003.

Buckingham D., Di Nitto L., *Media education. Alfabetizzazione, apprendimento e cultura contemporanea*, Trento, Erickson, 2006.

Calvani A., Fini A., Ranieri M., *La competenza digitale nella scuola*, Trento, Erickson, 2010.

Flanagin A. J., Metzger M. (edd.), *Digital Media and Youth: Unparalleled Opportunity and Unprecedented Responsibility*, in *Digital Media, Youth, and Credibility*, Cambridge, MA, The John D. and Catherine T. MacArthur Foundation Series on Digital Media and Learning, The MIT Press, 2008, pp. 5-28. doi: 10.1162/dmal.9780262562324.005.

Henry J.M., *Storia e potere della scrittura*, Roma, Laterza, 1990.

Ito M., Horst H., Bittanti M., Boyd D., Stephenson B.H., Lange P.G., Pascoe C. J., Robinson L., *Living and Learning with New Media: Summary of Findings from the Digital Youth Project*, The John D. and Catherine T. MacArthur Foundation Reports on Digital Media and Learning, November 2008 (http://www.macfound.org/atf/cf/%7BB0386CE3-8B29-4162-8098-E466FB856794%7D/DML_ETHNOG_WHITEPAPER.PDF).

Jenkins H., *Culture partecipative e competenze digitali. Media education per il XXI secolo*, Milano, Edizioni Guerini e Associati, 2010.

Johnson S., *Tutto quello che fa male ti fa bene*, Milano, Mondadori, 2006.

Lévy P., *L'intelligence collective. Pour une anthropologie du cyberspace*, Paris, La Découverte, 1994.

–, *Cybercultura. Gli usi sociali delle nuove tecnologie*, Feltrinelli, Milano, 1999.

Montgomery K.C., *Youth and Digital Democracy: Intersections of Practice, Policy, and the Marketplace*, in *Civic Life Online: Learning How Digital Media Can Engage Youth*. Edited by W. Lance Bennett, The John D. and Catherine T.

MacArthur Foundation Series on Digital Media and Learning, Cambridge. MA, The MIT Press, 2008, pp. 25-50. doi: 10.1162/dmal.9780262524827.025.

Perissinotto A., Vitiello G., *Quando la cronaca diventa romanzo. Note su Lucarelli, Deaglio, Saviano e il "neogiornalismo narrativo"*, in M. Morcellini, *Neogiornalismo*, Milano, Mondadori Università, 2011.

Platone, *Fedro*, trad. di Piero Pucci, Bari, Laterza, 1974.

Prensky M., *H. Sapiens Digitale: dagli Immigrati digitali e nativi digitali alla saggezza digitale*, in "TD-Tecnologie Didattiche", 50, 2010.

Roncaglia G., *La quarta rivoluzione*, Roma-Bari, Laterza, 2010.

Per approfondire il tema del secondo capitolo

Aa.Vv., *La Riforma degli Istituti Tecnici. Manuale di progettazione*, Bari, Laterza, 2010.

Ajello A.M., Cevoli M., Meghnagi S., *La competenza esperta*, Roma, Ediesse, 1992.

Alessandrini G., *Manuale per l'esperto dei processi formativi*, Roma, Carocci, 2005.

Angelini G., *Educare si deve, ma si può?*, Milano, Vita e Pensiero, 2002.

Arendt H., *Tra passato e futuro*, Milano, Garzanti, 1991.

Ausubel D.P., *Educazione e processi cognitivi. Guida psicologica per gli insegnanti*, Milano, Franco Angeli, 1998.

Beck U., *Che cos'è la globalizzazione*, Firenze, Carocci, 1999.

Belardinelli S., *La normalità e l'eccezione. Il ritorno della natura nella cultura contemporanea*, Soveria Mannelli, Rubbettino, 2002.

–, *Sociologia della cultura*, alla voce "Cultura", in *Enciclopedia del Novecento*, Roma, Istituto della Enciclopedia Italiana, 2004.

Bernstein B., *Pedagogy, Simbolic Control and Identity*, London, Falmer Press, 2000.

Bertagna G., *Saperi disciplinari e competenze*, in "Studium Educationis", vol. 2, n. 3, 2009, pp. 137-155.

Bruner J.S., *Verso una teoria dell'istruzione*, Roma, Armando Editore, 1999.

Cambi E., *Saperi e competenze*, Roma-Bari, Laterza, 2004.

Chiosso G. (ed.), *Sperare nell'uomo. Giussani, Morin, MacIntyre e la questione educativa*, Torino, sei, 2009.

–, *I significati dell'educazione. Teorie pedagogiche e della formazione contemporanee*, Milano, Mondadori Università, 2009.

–, *C'è un'"alleanza" che vince l'ideologia di contenuti e metodi*, in "Il Sussidiario. net", 6 dicembre 2010.

–, *La personalizzazione dell'insegnamento: un filo rosso tra passato e presente*, 7 gennaio 2010, in: http://ospitiweb.indire.it/adi/PersonalizzazioneChiosso10/pc0_frame.htm.

Cluckhohn C., Kroeber A. L., *Il concetto di cultura*, Bologna, il Mulino, 1972.

Comitato per il Progetto Culturale della Cei, *La sfida educativa*, Bari, Laterza, 2009.

Dewey J., *Democrazia ed educazione*, Milano, Sansoni, 2004.

Durkheim E., *Le regole del metodo sociologico*, Milano, Edizioni di Comunità, 1969.

Ferratini P., *Non solo competenze: l'istruzione serve anche a trasmettere un patrimonio culturale*, in "Il Sussidiario.net", 20 aprile 2010.

Gardner H., *Sapere per comprendere. Discipline di studio e discipline della mente*, Milano, Feltrinelli, 1999.

Gentili C., *Cultura d'impresa e formazione*, Roma, Formazione e Innovazione, n. 2, 1992.

–, *Scuola ed extrascuola*, Brescia, La Scuola, 2002.

–, *Poli tecnologici e distretti formativi*, in Aa.Vv., *Formazione e sviluppo organizzativo*, Roma, Carocci, 2005.

–, *Umanesimo tecnologico e istruzione tecnica-Scuola, impresa, professionalità*, Roma, Armando Editore, 2007.

–, *Istituti tecnici. Le leve del cambiamento*, in "Nuova Secondaria", Anno XXVII (2010), n. 8, Brescia, Editrice La Scuola.

–, *La nuova Istruzione tecnica: un'opportunità per i giovani, una necessità per il Paese*, in "Rassegna cnos", Anno 26, n. 2, maggio-agosto 2010, Roma, cnosfap.

–, *La nuova domanda di formazione tra conoscenze e competenze*, in "Studium Educationis", vol. 3, n. 3, ottobre 2010, Trento, Edizioni Erickson.

–, *La riforma dell'istruzione secondaria superiore e le nuove prospettive della collaborazione scuola-impresa*, in "Autonomia e Dirigenza", n.1-2-3, anno XIX (2010), ANP.

Giugni G., *La programmazione didattica in prospettiva sociale*, Teramo, Giunti & Lisciani, 1987.

Gomez Davila N., *In margine a un testo implicito*, Milano, Adelphi, 2001.

Habermas J., *L'inclusione dell'altro*, Milano, Feltrinelli, 1998.

Hamel G., Prahalad C.K., *Alla conquista del futuro*, Milano, Il Sole 24 Ore, 1995.

Israel G., *Gli esperti che criticano la Gelmini sono mai stati in classe?*, in "Il Sussidiario.net", 9 aprile 2010.

–, *La scuola delle "competenze" demenziali*, in "Il Giornale", 18 novembre 2009.

Lafforgue L., Lurçat L. (edd.), *La débâcle de l'école. Une tragédie incomprise*, Paris, François-Xavier De Guibert, 2007, tr. it. *La disfatta della scuola. Una tragedia incompresa*, Milano, Marietti, 2009.

Lasch C., *La cultura di massa in questione*, in "Futuro Presente", 1993, n. 4, pp. 77-90.

Le Boterf G., *De la compétence. Essai sur un actracteur étrange*, Paris, Editions d'Organisation, 1994.

–, *L'ingénierie des compétences*, Paris, Editions d'Organisation, 1998.

–, *Repenser la compétence*, Paris, Edition d'Organisation, 2008 (2ª ed. 2010).

Margiotta U., *La formazione*, Milano, Mondadori, 2006.

Meghnagi S., *Il sapere professionale*, Milano, Feltrinelli, 2005.
Morin E., *La testa ben fatta. Riforma dell'insegnamento e riforma del pensiero*, Milano, Raffaello Cortina Editore, 2000.
Mutti A., *Capitale sociale e sviluppo. La fiducia come risorsa*, Bologna, il Mulino, 1998.
Nicoli D., *Il lavoratore coinvolto. Professionalità e formazione nella società della conoscenza*, Milano, Vita e Pensiero, 2009.
Nijhof W., Heikkinen A., Nieuwemhuis L. (Eds.), *Shaping Flexibiliy in Vocational Education and Training*, Dordrecth, Kluwer Academic Publishers, 2002.
Pasquini F., Tiraboschi M., *La certificazione dopo il collegato lavoro (L. 183/2010). Manuale di teoria e pratica*, Milano, Il Sole24Ore in collaborazione con Adapt - Centro Studi "Marco Biagi", 2011.
Polanyi M., *La conoscenza inespressa*, Roma, Armando Editore, 1979.
Regni R., *Educare con il lavoro, La vita activa oltre il produttivismo e il consumismo*, Roma, Armando Editore, 2006.
Regolamento recante norme concernenti il riordino degli istituti tecnici ai sensi dell'articolo 64, comma 4, del decreto legge 25 giugno 2008, n.112, convertito dalla legge 6 agosto 2008, n.133 (emanato con d.P.R. 15 marzo 2010, n. 88).
Salganik L.H., Rychen D.S., Moser U., Konstant J.W., *Project on competencies in the OECD context: analysis of theoretical and conceptual foundations*, Neuchâtel, sfso-oecd-essi, 1999.
Schwartz B., *Modernizzare senza escludere. Un progetto contro l'emarginazione sociale e professionale*, Roma, Anicia, 1995.
Sennett R., *L'uomo artigiano*, Milano, Feltrinelli, 2008.
Spencer L.M., Spencer S.M., *Competenza sul lavoro*, Milano, Franco Angeli, 1995.
Steiner G., *Errata. Una vita sotto esame*, Milano, Garzanti, 1997.
Tagliagambe S., *I licei a base di sole conoscenze affossano la ragione (e la scienza)*, in "Il Sussidiario.net", 12 aprile 2010.
Terenzi P., *Per una scuola di qualità*, Roma, Edizione Ideazione, 2002.
Tylor E.B., *Alle origini della cultura*, Roma, Edizioni dell'Ateneo, 1985.
Vairetti U., Medicina I., *Le mani nella testa. Il rapporto fra sapere e fare nel lavoro e nella formazione*, Milano, Franco Angeli, 2005.
Vergnaud G., *La teoria dei campi concettuali*, in "La matematica e la sua didattica", VI, 1992, n. 1.

Per approfondire il tema del terzo capitolo

Aa.Vv., *Sussidiarietà. La riforma possibile*, Milano, Etaslibri, 1998.
Ales E., *Lo sciopero nei servizi pubblici in Europa tra interesse generale e autotutela: spunti comparatistici*, Torino, Giappichelli, 1995.
Amato G., *Il mercato nella Costituzione*, in "Quaderni costituzionali", 1992, pp. 7 ss.

Antiseri D. (ed.), *Lettera sulla scuola a studenti, genitori e insegnanti*, Torino, sei, 1995.

–, *Ma per me i "buoni" ci salveranno la scuola*, in "Reset", settembre 1995, pp. 52 s.

Baldassarre A., *La riforma del governo locale in Italia*, in "Le Regioni", 1997, pp. 1067 ss.

Berlingò S., *La libertà della scuola confessionale*, in Aa.Vv., *Studi in memoria di Mario Condorelli*, I, Milano, Giuffrè, 1988.

Botta R., *Codice di diritto ecclesiastico*, Torino, Giappichelli, 1997.

Branca G. (ed.), *Commentario della Costituzione*, I, Bologna-Roma, Zanichelli, 1979.

Calamo Specchia M., *Libertà pluralistiche e pubblici poteri*, Torino, Giappichelli, 1999.

Cerulli Irelli V., Cameli R., *Il principio di sussidiarietà orizzontale nei lavori dell'Assemblea costituente*, in www.astrid-online.it.

Charrier F., *La sussidiarietà: da principio di dottrina sociale della Chiesa a criterio di attivazione di politiche sociali*, in "Politiche sociali", 1997, V, pp. 19 ss.

Chiarelli G., *Appunti sulla sicurezza sociale*, in "Rivista del diritto del lavoro", 1965, pp. 287 ss.

Chiti M., *Principio di sussidiarietà, pubblica amministrazione e diritto amministrativo*, in "Diritto pubblico", 1995, pp. 505 ss.

Cimbalo G., *La scuola tra servizio pubblico e principio di sussidiarietà. Legge sulla parità scolastica e libertà delle scuole private confessionali*, Torino, Giappichelli, 1999.

Colombo S., Zaninelli S., *Stato e formazioni sociali nell'Italia contemporanea: storia di una competenza negata*, in Aa.Vv., *Sussidiarietà. La riforma possibile*, Milano, Etaslibri, 1998.

Corso G., *Attività economica privata e deregulation*, in "Rivista trimestrale di diritto pubblico", 1998, pp. 629 ss.

De Siervo U., *Scelte e confronti costituzionali nel periodo costituente. Il progetto democratico cristiano e le altre proposte*, in "Jus", 1979, pp. 125 ss.

–, *Il pluralismo sociale dalla Costituzione repubblicana ad oggi: presupposti teorici e soluzioni nella Costituzione italiana*, in Aa.Vv., *Il pluralismo sociale nello Stato democratico, Atti del L Corso di Aggiornamento Culturale dell'Università Cattolica*, Milano, 1980.

Feliciani G., *Il principio di sussidiarietà nel magistero sociale della Chiesa*, in "Vita e Pensiero", 1994, pp. 181 ss.

Frattini F., *Relazione introduttiva*, in F. Roversi Monaco (ed.), *Sussidiarietà e Pubbliche amministrazioni*, Rimini, Maggioli, 1997.

Grassi S., *Il contributo di Giorgio La Pira ai lavori dell'Assemblea Costituente*, in U. De Siervo (ed.), *Scelte della Costituente e cultura giuridica, II, Protagonisti e momenti del dibattito costituzionale*, Bologna, il Mulino, 1979.

Hill M., *Le politiche sociali*, Bologna, il Mulino, 1999 (ed. orig. 1996).

Infantino L. (ed.), *In difesa della scuola libera. Il buono scuola*, Roma, Borla, 1994.

Lanchester F. (ed.), *Libertà sindacale, rappresentatività e diritto di sciopero*, in "Quaderni costituzionali", 1990, pp. 215 ss.

Lombardi G.M., *Obbligo scolastico e inderogabilità dei doveri costituzionali*, in "Giurisprudenza italiana", 1967, pp. 1089 ss.

Lorenzetti L., *Sussidiarietà*, in E. Berti, G. Campanini, *Dizionario delle idee politiche*, Roma, AVE, 1993, pp. 884 ss.

Margiotta Broglio F., *Il fenomeno religioso nel sistema giuridico dell'Unione Europea*, in F. Margiotta Broglio, C. Mirabelli, F. Onida, *Religioni e sistemi giuridici contemporanei. Introduzione al diritto ecclesiastico comparato*, Bologna, il Mulino, 2004.

Mazziotti M., *Il diritto al lavoro*, Milano, Giuffrè, 1956.

Minnei E., *Scuola pubblica e scuola privata. Gli oneri per lo Stato*, Torino, Giappichelli, 2004.

Morelli G., *Scuole private e sovvenzioni statali. Esame comparato del problema negli ordinamenti italiano, germanico e statunitense*, in Aa.Vv., *Studi in onore di G. Balladore Pallieri*, I, Milano, Vita e Pensiero, 1978.

Moscarini A., *Sussidiarietà e libertà economiche*, in "Diritto e società", 1999, pp. 433 ss.

Mura A., *Artt. 33 e 34*, in G. Branca (ed.), *Commentario della Costituzione*, Bologna-Roma, Zanichelli-Il Foro italiano, 1976.

Niccolai S., *Mercato come valore o mercato come regola? Osservazioni minime su un tema importante*, in "Giurisprudenza costituzionale", 1991, pp. 3680 ss.

–, *Sull'utilizzo del principio dell'utilità sociale in una recente sentenza sulla pianificazione*, in "Giurisprudenza costituzionale", 1991, pp. 472 ss.

Olivetti M., *Il dibattito sul principio di sussidiarietà alla Camera dei deputati*, in "Orientamenti sociali", 1998, pp. 61 ss.

Pajno A., Chiosso G., Bertagna G., *L'autonomia delle scuole: motivazioni, problemi, prospettive*, Brescia, La Scuola, 1997.

Paladin L., *Stato e prospettive dell'autonomia universitaria*, in "Quaderni costituzionali", 1988, pp. 161 ss.

Palma G., *Una coordinata della Costituzione tutta da riscoprire: il pubblico da soggettivamente pubblico a oggettivamente pubblico*, in Aa.Vv., *La Costituzione economica a quarant'anni dalla approvazione della Carta fondamentale*, Milano, Giuffrè, 1990.

Pini R., *Sussidiarietà ed essenzialità nei servizi pubblici*, in "Il diritto dell'economia", 1997, pp. 47 ss.

Poggi A., *Il sistema giurisdizionale tra «attuazione» e «adeguamento» della Costituzione*, Napoli, Jovene, 1995.

–, *Il "sistema nazionale di istruzione" dopo la revisione costituzionale. Spunti per una rilettura del principio pubblico-privato alla luce del principio di sussidiarietà*, in www.federalismi.it, 2005, n. 5 e in "Rivista della Scuola superiore dell'economia e delle finanze", 2005, n. 2, pp. 91 ss.

–, *Principio di sussidiarietà e il "ripensamento" dell'amministrazione pubblica: spunti di riflessione sul principio di sussidiarietà nel contesto delle riforme amministrative e costituzionali*, in Aa.Vv., *Studi in onore di Fausto Cuocolo*, Milano, Giuffrè, 2005.

Pototschnig U., *Istruzione (diritto alla)*, in *Enciclopedia del diritto*, XXIII, Milano, Giuffrè, 1973, pp. 101 ss.
Razzano G., *Il principio di sussidiarietà nel Progetto di riforma della Costituzione della Commissione bicamerale*, in "Diritto e società", 1997, pp. 523 ss.
Sicardi S., *La scuola pubblica nel contesto costituzionale*, in "Il Ponte", 1996, pp. 32 ss.
Somaini E., *Tre punti per la riforma dell'istruzione secondaria*, in "Il Mulino", 5, 1995, pp. 821 ss.
Sorace D., *Note sui "servizi pubblici locali" dalla prospettiva della libertà di iniziativa, economica e non, dei privati*, in Aa.Vv., *Studi in onore di Vittorio Ottaviano*, II, Milano, Giuffrè, 1993.
Spadaro A., *Sui principi di continuità dell'ordinamento, di sussidiarietà e di cooperazione fra Comunità/Unione europea, Stato e regioni*, in "Rivista trimestrale di diritto pubblico", 1994, pp. 1041 ss.
Tondi della Mura V., *Principio di sussidiarietà e formazioni sociali: spunti problematici alla luce dei lavori preparatori della Costituzione*, in L. Lippolis (a cura di), *Costituzione e realtà attuale, 1948-1988*, Milano, Giuffrè, 1990.
Tosato E., *Sul principio di sussidiarietà dell'intervento statale*, in Id., *Persona, società intermedie e Stato*, Milano, Giuffrè, 1989.
Violini L., *Il principio di sussidiarietà*, in Aa.Vv., *Sussidiarietà. La riforma possibile*, Milano, Etaslibri, 1998.

Per approfondire il tema del quarto capitolo

Abdallah Pretceille M., *Vers une pédagogie interculturelle*, Paris, Publications de la Sorbonne, 1990.
Agostino d'Ippona, *Confessionum libri tredecim*, testo latino dell'ed. Skutella riveduto da M. Pellegrino; *Le confessioni*, trad. it. e note di C. Carena, Roma, Città Nuova, 1965 ("Nuova Biblioteca Agostiniana").
Bauman Z., *Dentro la globalizzazione. Le conseguenze sulle persone* (trad. dall'inglese), Roma-Bari, Laterza, 1999.
Beck U., *La società cosmopolita. Prospettive dell'epoca post-nazionale* (trad. dall'inglese), Bologna, il Mulino, 2003.
Cambi F., *Saperi e competenze*, Roma-Bari, Laterza, 2004.
Chiosso G., *I significati dell'educazione. Teorie pedagogiche e della formazione contemporanee*, Milano, Mondadori, 2009.
Cogan J.J., Derricott R. (eds.), *Citizenship for the 21st Century. An International Perspective on Education*, London, Kogan Page, 1998.
Comitato per il Progetto Culturale della Conferenza Episcopale Italiana (ed.), *La sfida educativa*, Roma-Bari, Laterza, 2009.
Consiglio dell'Europa, *Libro bianco sul dialogo interculturale "Vivere insieme in pari dignità"*, Strasbourg, maggio 2008.
Damiano E., *L'insegnante etico. Saggio sull'insegnamento come dimensione morale*, Assisi, Cittadella, 2007.

Galichet F., *L'école, lieu de la citoyenneté*, Issy-les-Molineaux, ESF Editeur, 2005.

Geertz C., *Mondo globale, mondi locali. Cultura e politica alla fine del ventesimo secolo* (trad. dall'inglese), Bologna, il Mulino, 1999.

Jordan B., *L'humanité au pluriel. La génétique et la question des races*, Paris, Editions du Seuil, 2008.

Jullien F., *L'universale e il comune. Il dialogo tra culture* (trad. dal francese), Roma-Bari, Laterza, 2010.

Kymlicka W., *Teoria e pratica del multiculturalismo di immigrazione*, in E. Caniglia, A. Spreafico (edd.), *Multiculturalismo o comunitarismo?*, Roma, Luiss University Press, 2003.

Lenoir Y., Xypas C., Jamet C., *Ecole et citoyenneté. Un défi multicultural*, Paris, Armand Colin, 2006.

Levinas E., Marcel G., Ricoeur P., *Il pensiero dell'altro* (trad. dal francese), a cura di F. Riva, Roma, Edizioni Lavoro, 1999.

Locke J., *An Essay Concerning Human Understanding* (1690), ed. by P.H. Nidditch, Oxford, Clarendon Press, 1979; trad. it. di C. Pellizzi, riv. da G. Farina, *Saggio sull'intelligenza umana*, Roma-Bari, Laterza, 2006.

–, *Epistola de tolerantia. A Letter on Toleration* (1689), ed. by R. Klibansky, transl. by J.W. Gough, Oxford, Clarendon Press, 1968; trad. it. a cura di C.A. Viano, *Lettera sulla tolleranza*, Roma-Bari, Laterza, 2006.

Nussbaum M.C., *Coltivare l'umanità. I classici, il multiculturalismo, l'educazione contemporanea* (trad. dall'inglese), Roma, Carocci, 1999.

Perotti A., *La via obbligata dell'interculturalità* (trad. dal francese), Bologna, EMI, 1994.

Remotti F., *Contro natura. Una lettera al Papa*, Roma-Bari, Laterza, 2008.

Riccardi A., *Convivere*, Roma-Bari, Laterza, 2006.

Ricoeur P., *Histoire et verité*, Paris, Editions du Seuil, 1955.

Rousseau J.-J., *Émile ou de l'éducation* (1762), in *Œuvres Complètes*, cit., vol. 4; *Emilio*, trad. it. a cura di P. Massimi, Roma, Armando Editore, 1969.

–, *Discours sur l'origine et les fondements de l'inégalité parmi les hommes* (1755), in *Œuvres Complètes*, édition publiée sous la direction de B. Gagnebin et M. Raymond, Paris, Gallimard, 1964, vol. 3; trad. it. a cura di M. Garin, *Discorso sull'origine e i fondamenti della diseguaglianza*, in *Scritti politici*, vol. I, Roma-Bari, Laterza, 2005[3].

–, *Du contrat social, ou, principes du droit politique* (1762), in *Œuvres Complètes*, cit., vol. 3; *Il contratto sociale*, trad. it. di M. Garin, a cura di T. Magri, Roma-Bari, Laterza, 2006[5].

Santerini M., *Cittadini del mondo. Educazione alle relazioni interculturali*, Brescia, Editrice La Scuola, 1994.

–, *Intercultura*, Brescia, Editrice La Scuola, 2003.

– (a cura di), *La qualità della scuola interculturale. Nuovi modelli per l'integrazione*, Trento, Edizioni Erickson, 2010.

–, *La scuola della cittadinanza*, Roma-Bari, Laterza, 2010.

SIMARD D., *Education et herméneutique. Contribution à une pédagogie de la culture*, Saint Nicolas (Québec), Les Presses de l'Université Laval, 2004.

TAYLOR C., *Il disagio della modernità* (trad. dall'inglese), Roma-Bari, Laterza, 1999.

VIGNA C., ZAMAGNI S., *Multiculturalismo e identità*, Milano, Vita e Pensiero, 2002.

Per approfondire il tema della Introduzione e della Postfazione

ABRAVANEL R., *Meritocrazia. Quattro proposte concrete per valorizzare il talento e rendere il nostro Paese più ricco e più giusto*, Milano, Garzanti, 2008.

ANTINUCCI F., *La scuola si è rotta. Perché cambiano i modi di apprendere*, Roma-Bari, Laterza, 2001.

ARENDT H., *Tra passato e futuro*, Introduzione di A. DAL LAGO, Milano, Garzanti, 1991 (ed. orig. 1961).

ASIMOV I., *Chissà come si divertivano!*, trad. it. di H. BRINIS, in *Il meglio di Asimov*, vol. I, Milano, Mondadori, 1975.

BENEDETTO XVI, *Fede, ragione e università. Ricordi e riflessioni*, Aula Magna dell'Università di Regensburg, 12 settembre 2006.

BENTLEY T., MILLER R., *Possible Futures: Four Scenarios for Schooling in 2030*, Nottingham, National College for School Leadership, 2003.

BERTAGNA G. – FEDELI C., *Oltre la Riforma. Ripensiamo la scuola*, Milano, Diesse - FOE, 2001.

–, *Pro-memoria educazione. Quattro principi da tener cari*, in "Avvenire", 16 novembre 2011.

BLANDINO G., *Quando insegnare non è più un piacere. Proposte per insegnanti e formatori*, Milano, Raffaello Cortina, 2008.

BOTTANI N., CHECCHI D., *La sfida della valutazione*, Bologna, il Mulino, 2012.

–, *Requiem per la scuola? Ripensare il futuro dell'istruzione*, Bologna, il Mulino, 2013.

CAMPIONE V., TAGLIAGAMBE S., *Saper fare scuola. Il triangolo che non c'è*, Torino, Einaudi, 2008.

CERI-OCSE, *Personalizzare l'insegnamento*, Bologna, il Mulino, 2008.

CHIOSSO G., *Verso un nuovo modello scolastico: il caso dell'Italia*, in F. GOBBO (ed.), *Le scuole degli altri. Le riforme scolastiche nell'Europa che cambia*, Torino, SEI, 2006, pp. 1-15.

–, (ed.), *Luoghi e pratiche dell'educazione*, Milano, Mondadori, 2009.

–, *La scuola italiana tra riforme e bene educativo*, in "Rassegna CNOS", 2/2010, pp. 75-84.

DEWEY J., *Esperienza e educazione*, a cura di E. CODIGNOLA, Firenze, La Nuova Italia, 1949.

–, *Democrazia e educazione*, a cura di A. GRANESE, Firenze, La Nuova Italia, 1992.

Donati P., *Oltre il multiculturalismo. La ragione relazionale per un mondo comune*, Bari-Roma, Editori Laterza, 2010².

Elias N., *La società degli individui*, Bologna, il Mulino, 1990.

Fedeli C. M., *L'educazione come esperienza. Il contributo di John Dewey e Romano Guardini alla pedagogia del Novecento*, Roma, Aracne, 2008.

Fondazione Giovanni Agnelli, *Rapporto sulla scuola in Italia 2009*, Roma-Bari, Laterza, 2009.

Fondazione per la Sussidiarietà, *Sussidiarietà ed educazione. Rapporto sulla sussidiarietà 2006*, Milano, Mondadori Università, 2007.

Giovanni Paolo II, *Genus humanum arte et ratione vivit. Allocuzione all'Unesco*, Parigi, 2 giugno 1980.

Giussani L., *Il rischio educativo*, Milano, Rizzoli, 2005.

Grassi O., *La sussidiarietà, i corpi intermedi e la scuola*, in Centro Studi Scuola Cattolica, *Educare alla vita buona del vangelo nella scuola e nella FP. Scuola Cattolica in Italia – Quattordicesimo rapporto – 2012*, Brescia, La Scuola, 2012, pp. 141-155.

Guardini R., *L'opposizione polare*, in Id., *Scritti di metodologia filosofica*, Brescia, Morcelliana, 2010.

Habermas J., *Tra scienza e fede*, Roma-Bari, Laterza, 2006.

Malizia G., *A dieci anni dalla legge sulla parità*, in "Cultura oggi", XXIX, 2 (2011), pp. 8-13.

Mariani A.M., *La scuola può fare molto ma non può fare tutto*, Torino, sei, 2006.

Mincu M.E. (ed.), *A ciascuno la sua scuola. Teorie, politiche e contesti della personalizzazione*, Torino, sei, 2011.

Mitra S., *Istruzione scolastica alternativa: modelli di apprendimento autorganizzato*, in N. Bottani, A. M. Poggi, C. Mandrile, *Un giorno di scuola nel 2020. Un cambiamento è possibile?*, Bologna, il Mulino, 2010, pp. 103-115.

Morin E. (con E.R. Ciurana e R.D. Motta), *Educare per l'era planetaria. Il pensiero complesso come metodo di apprendimento nella condizione umana di errore e incertezza*, Roma, Armando, 2004.

Occhetta F., *La sussidiarietà: da principio a prassi*, in "La Civiltà Cattolica", 2012, I, pp. 114-125.

Pedró F., *I discenti del nuovo millennio: principali conclusioni*, in Bottani N., Poggi A.M., Mandrile C., *Un giorno di scuola nel 2020. Un cambiamento è possibile?* Bologna, il Mulino, 2010, pp. 47-76.

Ribolzi L., *Società, persona e processi formativi: manuale di sociologia dell'educazione*, Milano, Mondadori, 2012.

Ruini C., *Prolusione*, in Centro Studi per la Scuola Cattolica, *Per un progetto di scuola alle soglie del XXI secolo. Atti dell'Assemblea Nazionale sulla Scuola Cattolica – Roma, 27/30 novembre 1999*, Brescia, Editrice La Scuola, 2000, pp. 55-68.

Salerno G.M., *Autonomia e libertà della scuola pubblica paritaria*, in Centro Studi Scuola Cattolica, *Educare alla vita buona del vangelo nella scuola e nella FP. Scuola cattolica in Italia - Quattordicesimo rapporto - 2012*, Brescia, La Scuola, 2012, pp. 117-128.

Scheerens J., *Effectiveness schooling. Research, theory and practice*, London, Cassell, 1992.

–, *Improving School Effectiveness. Fundamentals of Educational Planning*, Paris, Unesco, 2000.

Scola A., *La passione di educare. Scritti sull'educazione, l'università e la cultura*, Venezia, Marcianum Press, 2012.

Sen A. K., *Etica e economia*, Roma-Bari, Laterza, 1988.

Spaemann E., *Persone. Sulla differenza tra «qualcosa» e «qualcuno»*, Roma-Bari, Laterza, 2005.

Stelli G., *La riforma della scuola*, in "Punti critici", I (1999), pp. 77-95.

Taylor C., *L'età secolare*, Milano, Feltrinelli, 2009.

Indice dei nomi

Teoria e Storia dell'Educazione

Alfieri P., *Oltre il "recinto". L'educazione popolare negli oratori milanesi tra Otto e Novecento*

Bianchini P., *Educare all'obbedienza. Pedagogia e politica in Piemonte tra Antico Regime e Restaurazione*

(a cura di), *Le origini delle materie. Discipline, programmi e manuali scolastici in Italia*

Chiosso G., *Alfabeti d'Italia. La lotta contro l'ignoranza nell'Italia unita*

– *Carità educatrice e istruzione in Piemonte. Aristocratici, filantropi e preti di fronte all'educazione del popolo nel primo '800*

– (a cura di), *Sperare nell'uomo. Giussani, Morin, McIntyre e la questione educativa*

Fedeli C.M. (ed.), *Un'altra scuola. Quattro questioni aperte, un'unica sfida*

Ghizzoni C.-Polenghi S. (a cura di), *L'altra metà della scuola. Educazione e lavoro delle donne tra Otto e Novecento*

Montino D., *Le tre Italie di Giuseppe Fanciulli. Educazione e letteratura infantile nel primo Novecento*

Morandini M.C., *La conquista della parola. L'educazione dei sordomuti a Torino tra Otto e Novecento*

Polenghi S., *La scuola degli Asburgo. Pedagogia e formazione degli insegnanti tra il Danubio e il Po (1773-1918)*

Sani R., *L'educazione dei sordomuti nell'Italia dell'800. Istituzioni, metodi, proposte formative*

Stramaglia M., *Amore è musica. Gli adolescenti e il mondo dello spettacolo*

Targhetta F., *La capitale dell'impero di carta. Editori per la scuola a Torino nella prima metà del Novecento*